데살로니가전후서 주해

An Exposition of the Letters to the Thessalonians

President of Seoul Bible Graduate School of Theology

Published by Hapdong Theological Seminary Press
Mt. 42-3 Woncheon-dong, Yeongtong-gu, Suwon, Korea

데살로니가전후서 주해

초판 1쇄 | 2008년 8월 22일
지은이 | 박형용
발행인 | 오덕교
펴낸곳 | 합동신학대학원출판부
주　소 | 443-791 수원시 영통구 원천동 산 42-3
전　화 | (031)217-0629
팩　스 | (031)212-6204
홈페이지 | www.hapdong.ac.kr
총　판 | (주)기독교출판유통 (031)906-9191
인쇄처 | 예원프린팅 (031) 906-6551

값 14,000원

ISBN 89-86191-83-7
*잘못된 책은 교환해 드립니다

이 도서의 국립중앙도서관 출판시 도서목록(CIP)은 e-CIP 홈페이지
http://www.nl.go.kr/cip.php에서 이용하실 수 있습니다.
(CIP제어번호 : CIP2008002491)

AN EXPOSITION OF THE LETTERS TO THE THESSALONIANS

데살로니가 전후서 주해

| 박형용 |

합신대학원출판부

저자의 말

데살로니가전서와 후서는 목자의 심정을 담고 있는 서신이다. 바울 사도는 데살로니가전서를 쓰기 전까지 여러 곳에 복음을 전하고 교회를 설립했다. 그런데 바울이 데살로니가 교회 성도들에게 제일 먼저 편지를 한 것은 다른 교회보다 데살로니가 교회가 더 많은 핍박을 받으면서 신앙생활을 하고 있다고 생각했기 때문이다.

어느 시대를 막론하고 성도들은 핍박을 받게 되어 있다. 그러므로 데살로니가전서와 후서는 현대의 성도들이 특별한 관심을 두고 읽어야 할 하나님의 말씀이다. 성경 말씀 전체가 고난 가운데 있는 성도들에게 귀중한 위로가 되지만, 특별히 데살로니가전서와 후서는 어려운 형편에 있는 성도들이 어디에서 위로와 격려를 받을 수 있는지를 가르쳐 준다. 그리고 성도들이 어떻게 종말의 때를 준비해야 하는지도 가르쳐 준다.

본 저자의 소원은, 본서를 통해 데살로니가 교회가 핍박 중에서도 믿음의 역사와 사랑의 수고와 소망의 인내를 이룬 것처럼, 한국교회도 한 걸음 더 하나님께 나아가고 마지막 때를 잘 준비하는 교회로 거듭날 수 있게 되는 것이다. 오늘의 한국교회는 복음의 핵심을 선명하게 전하지 못하는 것 같다. 오늘날 한국교회는 종말 의식이 희박해진 상태이다. 한국교회는 사회를 향해 할 말을 잃어 버렸다. 본 저자는 본서의 내용을 통해 한국교회의 강단이 말씀의 능력으로 풍성하게 되어 한국교회가 말씀에 근거한 생동력 있는 교회로 다시 태어날 수 있기를 바란다.

본서를 출판함에 있어 먼저 송파제일교회 성도들에게 감사의 마음을 표하고자 한다. 본서의 내용은 송파제일교회 강단을 통해 오랜 기간 동안 설교한 것을 토대로 한 것이다. 또 필자는 설교 후에 받은 감동을 본서의 내용에 첨가하곤 했다. 그러므로 본서는 송파제일교회 성도들의 도움으로 더 발전된 모습을 보이게 된 것이다. 마지막으로 본서의 출판을 위해 색인 작업을 도와준 박동근 목사와 본서 출판을 위해 여러 가지로 수고한 조주석 목사에게 심심한 감사를 표한다.

2008년 2월

박 형 용

| 차 례 |

제2장 | 주해

제3장 | 주해

제4장 | 주해

제5장 | 주해

데살로니가 후서

제3장 | 주해

서론

1. 저자

데살로니가전서

데살로니가전서가 바울 사도의 저작임은 고대로부터 인증된 견해이다. 데살로니가전서의 언어나 사상 모두 바울의 다른 서신과 다르지 않다. 말시온(Marcion, c. 100~165)은 비록 이단으로 정죄 받았지만 데살로니가전서와 데살로니가후서를 바울의 서신으로 그의 정경에 포함시켰다.[1] 그리고 데살로니가전서와 데살로니가후서는 무라토리안 정경(Muratorian Canon, AD 170~180)[2]에도 포함되었다. 이처럼 데살로니가전서와 후서가 바울 서신이라는 진정성은 초대교회 시대부터 의심의 대상이 되지 않았다.

데살로니가전서는 편지의 발신자로 바울과 실루아노(실라)와 디모데를 언급한다(살전 1:1). 실라와 디모데는 바울의 제2차 전도 여행 기간 동안 함께 동행한 사역자로서(행 15:40; 16:1~3) 데살로니가 교회 설립을 위해 바울을 도왔다(행 17:4; 살전 1:5, 9; 2:9). 바울은 실라와

---

1) Tertullian, *Against Marcion,* 5. 21에 보면 갈라디아서, 고린도전후서, 로마서, 데살로니가전후서, 에베소서, 골로새서(라오디게아서로 알고 있었음), 빌립보서, 빌레몬서의 배열로 기록되어 있다. 이 배열은 말시온의 신학을 반영하고 있다. 말시온은 바울의 모든 서신 가운데 갈라디아서를 가장 반유대주의적인 서신으로 생각했다.

2) 무라토리안 정경은 무라토리(Lodovico Antonio Muratori)에 의해 18세기 밀란(Milan)에 위치한 암브로시안 도서관(Ambrosian Library)에서 발견되어 1740년 처음으로 출판된 단편들이다. 무라토리안 단편은 신약 정경 문제를 공적으로 다룬 가장 오래된 문서로 초대 교회 당시 정경에 대한 견해를 보여 주는 귀중한 자료이다. Cf. B. F. Westcott, *A General Survey of the History of the Canon of the New Testament* (London: MacMillan and Co., 1870), p. 217; 박형용, 『신약정경론』(수원: 합동신학대학원출판부, 2002), pp. 67-71.

디모데가 데살로니가로부터 돌아 온 이후(행 18:5) 그들과 함께 고린도에 머물 때 데살로니가전서를 기록한 것으로 생각된다. 비록 세 사람의 이름이 발신자로 기록되어 있지만 주된 저자는 바울 사도이다(살전 2:18; 3:3; 5:27; 고후 3:17). 바울이 편지의 서두에서 실라와 디모데를 언급하고 편지의 내용에서 "우리"라는 표현을 통해 실라와 디모데의 참여를 암시하고 있지만 편지의 원 저자는 바울이요 편지의 사도적 권위는 바울에게 있음이 확실하다.

데살로니가후서

데살로니가전서와 마찬가지로 데살로니가후서도 편지 보내는 사람의 이름으로 바울과 함께 실라와 디모데를 포함시킨다(살후 1:1). 그리고 데살로니가전서처럼 "우리"라는 복수를 사용하여 편지의 기록에 바울 이외의 다른 사람들이 참여한 것을 암시하고 있다. 바울이 자신을 가리키는 단수로는 데살로니가후서에서 2회 사용한다(살후 2:5; 3:17).

초대 교회와 초대 교부들은 데살로니가전서와 마찬가지로 데살로니가후서도 바울의 저작으로 인정하고 받아 들였다. 저스틴(Justin, d. 165)은 그의 "트라이포와의 대화"(Dialogue with Trypho 32.12; 110.6)에서 데살로니가후서를 언급했고, 이레네우스(Irenaeus)는 "이단을 대항해서"(Against Heresies, 3.7.2)라는 자신의 글에서 데살로니가후서 2:8의 말씀을 언급하고 그 출처로 데살로니가후서를 구체적으로 지목한다. 그리고 말시온(Marcion)은 데살로니가전서와 함께 데살로니가후서를 바울의 서신으로 인정하고 자신의 정경에 포함시켰다. 무라토리안 정경도 데살로니가후서를 다른 바울 서신들과 함께 정경 목록에 포함시켰다. 열두 사도의 교훈(The Didache)은 데살로니가후서 2:9의 말씀을

인용한 것처럼 보이는 내용을 기록한다(Didache, XVI, 4).[3]

이처럼 초대 기독교의 증언이 일치를 보이고 있음에도 불구하고 계몽주의 이후 성경에 대한 비판 의식이 증가함에 따라 데살로니가후서의 진정성을 의심하는 기록을 접하게 된다. 트릴링(Trilling)[4]과 배일리(Bailey)[5]는 데살로니가후서의 용어와 문체가 데살로니가전서의 것과 비슷한 점을 들어 데살로니가후서의 진정성을 인정하려하지 않는다. 그들은 바울과 같은 훌륭한 학자가 데살로니가후서를 썼다면 데살로니가전서와는 다른 용어와 문체를 의도적으로 사용했을 것이라고 생각한다. 따라서 그들은 데살로니가후서가 바울 사도의 저작인 것처럼 모방한 다른 사람의 작품이라고 주장한다. 하지만 트릴링이 두 서신의 유사성을 근거로 데살로니가후서의 바울 저작을 부인하는 것은 설득력이 없다. 오히려 두 서신의 비슷한 점은 두 서신이 한 저자로부터 왔다는 사실을 증거하고 있다.[6] 그리고 두 서신의 유사성은 두 서신이 거의 같은 시기(AD 52)에 기록되었다는 것을 감안한다면 오히려 당연한 결과라고 생각된다. 바울이 거의 같은 시기에 쓴 에베소서와 골로새서에서도 서로 비슷한 용어와 내용을 발견하게 된다.[7] 트릴링 자신도 용어를 근거로 논리를 전개하는 것은 설득력이 약하다고 말한 것처럼 이들의 주장은 너무 주관적인 판단에 따른 것이다. 그리고 배일리는 편지를 확증하기 위해 "나 바울은 친필로 문안하노니"(살후 3:17)라고 쓴 바울의

---

3) The Didache XVI, 4: "그 후에 세상을 미혹하는 자가 하나님의 아들처럼 나타나게 될 것이며, 이적과 기사를 행할 것이다."

4) Wolfgang Trilling, *Untersuchungen zum zweiten Thessalonischerbrief* (Leipzig: St. Benno, 1972).

5) John A. Bailey, "Who wrote II Thessalonians?" *New Testament Studies* 25 (1978-79), pp. 131-145.

6) 데살로니가전서와 데살로니가후서에 공통으로 사용된 바울 사도의 특징을 나타내는 용어와 표현에 관한 자세한 내용은 William Hendriksen, *I and II Thessalonians* (*New Testament Commentary*, Grand Rapids: Baker, 1974), pp. 20-21을 참조하라.

7) 박형용, 『에베소서주해』 (수원: 합동신학대학원출판부, 2006), pp. 22-24.

후기가 데살로니가후서의 위작을 증거하는 예라고 주장한다. 하지만 바울이 데살로니가후서가 자신의 편지임을 증명하는 후기를 쓴 이유는 그 당시 거짓 편지들이 있었기 때문이요(살후 2:2) 또한 자신의 편지를 보호하기 위한 방법의 일환으로 그렇게 한 것이다. 그 당시 편지를 쓸 때 대서자를 활용한 관습은 흔히 있는 일이었기 때문에 바울은 편지의 말미에 그런 후기를 쓴 것이다. 바울이 쓴 "나 바울은 친필로 문안하노니"는 데살로니가후서가 바울의 저작임을 증거한다.

2. 저작 연대

데살로니가전서는 바울 사도가 데살로니가를 처음 방문하여 복음을 전한 후 얼마 되지 않아 기록한 것으로 보인다(참조, 살전 1:9~10; 2:17~3:6). 바울은 데살로니가를 떠난 후 베뢰아를 거쳐(행 17:10) 아덴에 도착한다. 이곳에서 바울은 디모데를 데살로니가에 보내 교회의 상황을 알아 오도록 한다(살전 3:2). 바울이 데살로니가전서를 쓸 당시에는 디모데가 데살로니가에서 돌아온 후였다(살전 3:6). 실라는 바울과 함께 아덴에 있지 않았다. 그러나 바울이 데살로니가전서를 쓸 때 디모데와 실라가 바울과 함께 있었음은 확실하다(살전 1:1). 빌립보서 4:15을 보면 바울이 데살로니가를 떠날 때에 빌립보 교회가 바울의 쓸 것을 도왔다고 기록한다. 사도행전 18:5은 디모데와 실라가 고린도에 있는 바울과 합세한 것으로 기록한다. 고린도에서 바울은 1년 6개월을 머문다(행 18:11). 이런 정황으로 볼 때 데살로니가전서는 대략 AD 52년 말쯤에 기록된 것으로 추정된다. 데살로니가전서의 저작 연대를 더 이른 시기로 생각하는 학자도 있다. 돈프리드(Donfried)는 특이하게 바울이 데살로니가전서를 AD 41~44년 어간에 기록했다고 주장한다.[8] 모리스

(Morris)는 데살로니가전서가 대략 AD 50년대 초기에 기록되었다고 추정한다.[9] 대부분의 학자들은 데살로니가전서가 AD 50년대 초기, 즉 AD 52년경에 기록되었다는 견해를 지지한다.

데살로니가후서의 저작 연대는 바울이 데살로니가전서를 기록한 이후 얼마 되지 않은 시점에 기록한 것으로 추정된다. 데살로니가후서는 바울이 고린도에서 1년 6개월 머무는 동안에 기록되었으며 대략 52년 말이나 53년 초로 추정한다.

3. 두 서신의 선후 관계

현재 우리가 소유하고 있는 신약성경의 순서는 기록 연대에 따라서 배열한 것이 아니요 부피에 근거하여 배열된 것이다.[10] 그러므로 성경의 어느 책이 현재의 신약성경에서 앞에 배열되었다고 반드시 먼저 기록되었다고 말할 수 없다. 그 한 예는 로마서가 바울 서신들 중 가장 먼저 기록된 서신이 아니지만 바울 서신 중 제일 앞에 놓은 이유는 그 부피가 가장 크기 때문이다. 우리가 소유한 현 성경의 배열 순서는 기록 연대의 선후를 보장하지 않는다. 그러므로 데살로니가전서와 데살로니가후서의 선후는 다른 이유를 근거로 확정되어야 한다.

데살로니가후서가 데살로니가전서보다 먼저 기록되었다고 주장하는 이론을 다음 네 가지로 정리해 볼 수 있다.

---

8) Karl P. Donfried, "The Theology of 1 Thessalonians," *The Theology of the Shorter Pauline Letters,* General Editor: James D.G. Dunn (Cambridge: Cambridge University Press, 1993), p. 12.

9) Leon Morris, *1 and 2 Thessalonians: Word Biblical Themes* (Dallas, London, Sydney, Singapore: Word Publishing, 1989), p. 5.

10) 박형용, 『신약 30 주제』 (서울: 도서출판 하나, 1996), pp. 56-62.; F. F. Bruce, *1 & 2 Thessalonians: Word Biblical Commentary*, vol. 45 (Waco: Word Books, 1982), p. xli.

(1) 데살로니가전서 2:14의 에파데테(ἐπάθετε)가 단순과거이기 때문에 데살로니가전서의 고난이 과거이고(참조, 살전 1:6; 3:3) 데살로니가후서 1:4에 언급된 고난이 현재이므로(참조, 살후 1:4~7) 데살로니가전서보다 데살로니가후서가 먼저 기록되었다고 주장한다.

(2) 데살로니가전서 4:10~12 및 5:14의 내용과 데살로니가후서 3:11~12의 내용은 비슷하다. 그런데 데살로니가전서의 내용은 바울 사도와 수신자들이 이미 잘 알고 있는 것처럼 표현되어 있으며, 데살로니가후서의 내용은 바울 사도가 금방 인지한 것처럼 표현되어 있다. 그러므로 데살로니가후서를 쓸 때 인지된 내용을 나중에 데살로니가전서를 쓸 때 다시 언급하고 있다는 근거에 따라 데살로니가후서가 데살로니가전서보다 먼저 기록되었다고 생각한다.

(3) 데살로니가후서 2:1~12에서 예수님의 재림 시기가 언급된다. 바울이 데살로니가 교회 성도들에게 재림의 때와 시기에 대하여 이미 설명해 주었기 때문에 데살로니가전서 5:1~2에서 "형제들아 때와 시기에 관하여는 너희에게 쓸 것이 없음은 주의 날이 밤에 도적같이 이를 줄을 너희 사신이 자세히 앎이라"라고 쓸 수 있었다. 그러므로 데살로니가후서가 데살로니가전서보다 먼저 기록되었다고 주장한다.

(4) 저자가 데살로니가 교회 내의 어려운 문제를 데살로니가후서에서는 방금 들은 것처럼 기록한 반면 데살로니가전서에서는 그 문제들이 저자에게 아주 익숙한 것으로 기록되었다. 독자들은 데살로니가후서 2장에서 예수님의 재림과 관계된 언급이 급박한 어조로 전개되고 있음을 느낀 반면 데살로니가전서 4:13~18이나 다른 곳에 언급된 예수님의 재림은 차분한 상황에서 기록한 것으로 느껴진다. 그러므로 데살로니가후서가 데살로니가전서보다 먼저 기록되었다고 주장한다. 그러나 이런 주장은 주관적인 것일 뿐 별로 많은 사람에게 설득력이 없다.[11]

---

11) Leon Morris, *1 and 2 Thessalonians*, p. 9.

비록 이런 주장들이 약간의 설득력을 기지고 있으나 데살로니가전서가 먼저 기록되었다는 이론이 더 타당하다고 생각된다. 그 이유를 열거하면 다음과 같다.

(1) 데살로니가후서 2:2에 언급된 "혹 영으로나 혹 말로나 혹 우리에게서 받았다 하는 편지로나 주의 날이 이르렀다고 쉬 동심하거나 두려워하거나 하지 아니할 그것이라"의 말씀과 데살로니가후서 2:15에 언급된 "형제들아 굳게 서서 말로나 우리 편지로 가르침을 받은 유전을 지키라"라는 말이 나온다. 이 말씀들은 바울이 데살로니가후서를 쓰기 전에 다른 서신을 데살로니가 교회 성도들에게 보낸 것을 암시한다.[12] 데살로니가후서 이전에 보낸 편지는 바로 데살로니가전서이다. 만약 데살로니가후서가 먼저 기록되었다고 가정하면 데살로니가후서를 기록하기 전에 다른 서신을 교회에 전했다고 인정해야 한다. 그러므로 데살로니가후서보다 데살로니가전서가 먼저 기록된 것으로 생각된다.

(2) 데살로니가전서 5:2에 언급된 것처럼 "주의 날이 밤에 도적같이 이를 줄을 너희 자신이 자세히 앎이라"는 종말의 교훈을 받은 데살로니가 교회 성도들이 종말의 시기에 대해 오해했기 때문에 바울 사도가 데살로니가후서 2:1~12의 종말의 때와 시기에 대하여 교정하고 교훈한 것으로 받을 때 앞뒤가 잘 어울린다.[13]

(3) 데살로니가전서 2:14의 고난이 과거의 고난이요 데살로니가후서 1:4의 고난이 현재의 고난을 가리킨다고 전제하면 데살로니가후서가 데살로니가전서보다 먼저 쓰였다고 주장하는 것은 설득력이 약하다. 문맥을 고려해서 본문을 해석할 때 데살로니가전서의 고난이 반드시 과거의 고난이요 데살로니가후서의 고난이 데살로니가 교회가 지금

---

12) Leon Morris, *The First and Second Epistles to the Thessalonians* (Grand Rapids: Eerdmans, 1970), p. 40.

13) F. F. Bruce, *1 and 2 Thessalonians*, pp. xli-xlii.

겪고 있는 현재의 고난인지는 확실하지 않다. 데살로니가 교회 성도들은 계속적으로 고난을 경험하고 있었다(살전 1:6; 3:4; 살후 1:4~7). 오히려 바울은 데살로니가전서에서 데살로니가 교회 성도들이 회심 이후에 따라 올 고난을 언급하고 있는 것이다.[14)]

(4) 데살로니가전서 2:17~3:6은 바울이 데살로니가 교회 성도들을 잠시 떠났다고 말하고 그들의 얼굴 보기를 간절히 원했다고 말한다(살전 2:17). 그러나 사단의 방해로 그들을 다시 볼 수 없는 상황에서(살전 2:18) 디모데를 그들에게 보내 그들을 격려하기 원한다고 말한다(살전 3:2~3). 바울의 이런 논리는 데살로니가전서가 먼저 기록된 서신임을 전제한 것이다.[15)]

데살로니가후서가 데살로니가전서의 후편이라고 생각하는 것은 더 합당하다. 바울로부터 첫 번째 편지인 데살로니가전서를 받은 데살로니가 교회 성도들 중 일부가 주의 날이 이미 시작되었다는 잘못된 교훈에 빠져 있었다. 머피 오코너(Murphy-O'Connor)는 바울 사도가 데살로니가전서에서 "실현된 종말론"(realized eschatology)을 가르친 것으로 이해하고 있는 네살로니가 교회 성도들의 의식을 "미래적 종말론" (futurist eschatology) 의식으로 바꾸기 위해 데살로니가후서를 썼다는 것을 근거로 데살로니가전서를 먼저 썼고 그 후에 데살로니가후서를 썼다고 주장한다.[16)] 바울은 데살로니가후서에서 주님의 날이 임하기 전에 어떤 사건과 징조들이 있을 것인지를 설명한다(살후 2:1~8). 그러므로 데살로니가전서와 데살로니가후서의 선후 문제는 바울이 데살로니가전서에서 예수님의 강림의 갑작성(suddenness)을 강조하고(살전 5:2) 데살로니가후서에서는 예수님의 강림의 임박성(immediacy)을 강조하

14) Gene L. Green, *The Letters to the Thessalonians* (*The Pillar New Testament Commentary*, Grand Rapids: Eerdmans, 2002), p. 65.

15) Leon Morris, *The First and Second Epistles to the Thessalonians,* p. 41.

16) Jerome Murphy-O'Connor, *Paul: A Critical Life* (Oxford: Oxford University Press, 1997), p. 123.

고 있다고(살후 2:1~12) 인식할 때 자연스럽게 해결된다. 그리고 데살로니가전서의 더 따뜻한 어조는 디모데가 방금 가져온 소식을 들은 이후 있을 수 있는 자연스러운 결과요(살전 3:6) 데살로니가후서의 더 냉철한 어조는 데살로니가전서보다 더 나중에 기록되었음을 증거한다.[17]

4. 데살로니가 교회

데살로니가 교회는 바울의 제2차 전도 여행 때 설립된 교회이다. 바울 사도 일행이 2차 전도 여행 기간에 처음으로 복음을 가지고 유럽을 방문한다(행 16:9~12). 바울 일행은 빌립보에서 복음을 전하고 교회를 설립하지만 많은 핍박도 받는다(행 16:19~24; 빌 1:29; 4:14 참조). 바울은 누가를 빌립보에 남겨두고 실라와 디모데를 데리고 그 다음 도시인 데살로니가로 떠난다. 사도행전은 빌립보를 떠나 온 바울이 데살로니가의 유대인의 회당에서 세 안식일에 걸쳐 자신의 규례대로 성경을 강론했다고 전한다(행 17:1~2). 바울이 가르친 내용은 복음의 핵심인 예수님이 그리스도시요, 예수 그리스도는 죽으시고 부활하셨다는 것이다(행 17:3; 참조, 롬 1:2~4; 10:9~10). 초대 교회의 설교의 핵심은 예수님의 죽음과 부활이었다. 바울이 구속의 복음을 전할 때마다 항상 핍박과 죽음의 그림자는 바울의 뒤를 따랐다. 누가는 유대인들의 시기로 인해 발생한 야손의 사건으로 바울이 데살로니가를 떠날 수밖에 없었다고 기록하며(행 17:5~9) 그 다음 도시 베뢰아로 갈 때 바울과 실라의 이름만 언급한다(행 17:10). 그런데 데살로니가의 유대인들이 베뢰아에 원정 와서 바울의 전도 사역을 방해하자(행 17:13) 베뢰아 형제들이 바울을 아덴으로 안전

17) D. A. Carson, Douglas J. Moo, and Leon Morris, *An Introduction to the New Testament* (Grand Rapids: Apollos, 1992), p. 351.

하게 모신다. 누가는 이 상황과 관련하여 실라와 디모데는 아직 베뢰아에 유하고 있었다고 기록한다(참조, 행 17:14~15). 이는 바울이 데살로니가를 떠날 때 실라와 디모데가 동행했고 베뢰아에서 함께 사역했다는 증거다.

바울 당시 데살로니가는 항구 도시로 마게도니아 지방의 수도였다. 데살로니가는 로마에서 동방으로 진출하는 주요 도로인 비아 에그나치아(Via Egnatia)에 자리 잡고 있어서 문화적으로나 경제적으로 번성한 도시로 발전했으며 그 당시 이미 인구가 20만을 수용할 만큼 큰 도시였다.

데살로니가전서는 주님의 재림의 긴박성을 강조하는 반면, 데살로니가후서는 주님의 재림 전에 어떤 사건들이 일어날 것인지를 기록하고 있다. 바울은 주님의 재림에 대한 소망이 성도들에게 가져다주는 위로를 강조하고 있다. 또한 바울은 성도들이 주님의 재림에 대해 항상 준비하고 있어야 하며 그 준비는 바로 이 땅에서 매일 매일의 삶을 성실하게 하는 것이라고 지적한다.

데살로니가전서

제1장 주해

1:1 · 서언

1:2-4 · 하나님의 선택된 백성

1:5-10 · 바울의 복음 전파와 그 결과

1:1 서언

바울과 실루아노와 디모데는 하나님 아버지와 주 예수 그리스도 안에 있는 데살로니가인의 교회에 편지하노니 은혜와 평강이 너희에게 있을지어다(살전 1:1)

바울 사도는 그 당시 편지 쓰는 방식대로 데살로니가전서를 쓴다. 바울 당시에 편지 쓰는 방식은 편지를 보내는 사람이 누구인지 밝히고, 그 편지를 받을 대상이 누구인지 밝힌 후에 인사말을 한다. 그런데 바울은 데살로니가전서에서 편지를 보내는 사람이 "바울과 실루아노와 디모데"(살전 1:1)라고 말한다. 편지의 서두에 세 사람의 이름이 언급되기 때문에 누가 데살로니가전서의 진정한 저자인가라는 질문이 있게 마련이다. 의구심에 대한 답부터 제시하자면 데살로니가전후서의 저자는 바울이다.[1] 그러면 왜 실라(실루아노)와 디모데의 이름이 여기 언급되었는가?

첫째, 동역자에 대한 배려에서 실라와 디모데의 이름이 함께 언급되었다.

실라는 제2차 전도 여행 때부터 바울을 동행한 선교 팀 중의 한 사람이다(행 15:40~41). 디모데는 바울의 제2차 전도 여행 중에 루스드라에서 바울의 선교 팀에 합류했다(행 16:2~3). 그 후 드로아에서 누가가 바울의 선교 팀과 합류하여 완전한 선교사단을 이루었다.[2] 이렇게

1) 데살로니가 후서도 서두에 바울과 실루아노와 디모데의 이름을 발신자로 언급하고 있다.
2) 박형용, 『사도행전 주해』(수원: 합동신학대학원출판부, 2003), p. 202. 사도행전에서 누가가 자신을 포함하여 부를 때 사용한 "우리 구절"(we passage)이 여기서부터(행 16:10) 시작된 것이 이를 증거한다.

바울, 실라, 디모데, 누가로 형성된 선교사 일행은 배를 타고 마게도니아로 건너가 빌립보에서 복음을 전하고 교회를 설립한 후 누가는 빌립보에 남아 빌립보 교회를 돕는다.[3] 반면 바울과 실라와 디모데는 데살로니가와 베뢰아와 아덴을 거쳐 고린도에 이르러 1년 6개월을 유하며 복음을 전하고 교회를 설립했다(행 18:11). 바울이 고린도에서 데살로니가전서를 쓸 때 잠시 베뢰아에 머물러 있던 실라와 디모데는(행 17:14) 고린도에 있는 바울과 합류한 상태였다(행 18:5). 그러므로 바울이 데살로니가전서를 쓸 때 실라와 디모데는 바울과 함께 동역하고 있었으므로 바울이 데살로니가전서와 데살로니가후서의 서두에 실라와 디모데를 언급한 것은 너무도 당연한 것이다.

둘째, 실라와 디모데의 이름이 언급된 것은 바울의 편지 쓰는 관습에서 나온 결과이다.

바울은 자신의 관습에 따라 다른 서신들을 기록할 때도 동역자의 이름을 서신 서두에 사용한다. 바울은 로마서와 에베소서와 목회서신(디모네선서, 디모데후서, 디도서)을 제외하고[4] 나머지 서신에서 자신의 이름과 동역자의 이름을 함께 언급한다. 고린도전서에서는 소스데네(고전 1:1)가, 고린도후서에서는 디모데(고후 1:1)가, 갈라디아서에서는 "함께 있는 모든 형제"(갈 1:2)가, 빌립보서와 골로새서에서는 디모데(빌 1:1; 골 1:1)가, 그리고 빌레몬서에서는 디모데(몬 1:1)가 바울과 함께 언급되었다. 이처럼 바울은 교회에 편지를 쓸 때 자신과 동역하고

---

3) 박형용, 『사도행전 주해』, p. 204. 사도행전의 저자 누가는 빌립보 사건을 묘사하는 행 16:10-18에서 "우리 구절"을 사용하고 잠시 멈추었다가 빌립보를 떠나는 사실을 묘사하는 행 20:5-6에서 다시 "우리 구절" 사용을 시작한다. 이 사실은 바울 일행이 빌립보를 떠났을 때 누가는 그곳에 남았을 가능성을 제시한다.

4) 로마서와 에베소서는 교회 내의 여러 가지 문제들을 감안하지 않고 그리스도 안에서의 구속 계획을 심도 있게 설명해 주고 있기 때문에 서신 서두에 동역자의 이름을 기록할 필요가 없었고, 그리고 목회서신의 경우는 서신의 특성상 다른 동역자의 이름을 언급할 필요가 없었다. 참조, 박형용, 『에베소서 주해』(수원: 합동신학대학원출판부, 1998), pp. 24-25.

있는 사역자들의 이름을 편지 서두에 넣는 것을 관습으로 하고 있다. 이런 관습으로 볼 때 데살로니가전후서에 실라와 디모데가 언급된 것은 자연스러운 것이다.

셋째, 데살로니가전후서에 사용된 "일인칭 단수"는 바울이 저자임을 증거한다.

바울 사도가 서신 전반에 걸쳐 일인칭 복수 "우리"를 많이 사용한 것은 사실이지만 그렇다고 일인칭 단수를 사용하지 않은 것은 아니다. 바울은 데살로니가전서에서 "나 바울은"(살전 2:18), "나도 참다못하여"(살전 3:5), "내가 주를 힘입어 너희를 명하노니"(살전 5:27)라고 일인칭 단수를 사용하며, 데살로니가후서에서는 "내가 너희와 함께 있을 때에"(살후 2:5), "나 바울은 친필로 문안하노니"(살후 3:17)라고 일인칭 단수를 사용하여 자신이 편지의 저자임을 밝히고 있다.[5] 바울 사도가 동역자들인 실라와 디모데를 서신 서두에 언급하여 마치 그들도 편지를 작성하는데 바울과 동일한 역할을 한 것처럼 보이지만 그것은 동역자들을 배려하는 바울의 아름다운 마음의 표현일 뿐 바울이 "우리"라는 말을 사용했다고 해서 선교 팀에서 바울의 지도자 역할이 축소됨을 뜻하거나 예수 그리스도의 사도로서의 권위가 도전 받거나 위축된 것은 아니다.[6] 바울이 데살로니가 교회에 편지를 쓸 때 실라와 디모데가 바울과 함께 있었기 때문에 그들이 편지 내용에 약간 영향을 미친 것으로 생각할 수 있지만 그들이 결단코 바울과 동등한 의미에서 본서의 저자라고 말할 수는 없다.

넷째, 데살로니가전서의 문체와 언어와 신학은 바울의 다른 서신들과 잘 일치된다. 이 사실은 바울이 데살로니가전서의 유일한 저자임을

---

5) John Stott, *The Gospel and the End of Time : The Message of 1 and 2 Thessalonians* (Downers Grove: Inter Varsity Press, 1991), pp. 71-74.

6) *Ibid.*, p. 74.

지지한다.[7] 실라와 디모데가 바울과 함께 데살로니가전서의 공동 저자일 경우 그들이 바울의 다른 서신들의 문체, 언어, 신학과 일치시키는 데는 어려움이 따랐을 것이다. 그러므로 본서의 저자는 바울임이 확실하다.

바울은 편지의 저자가 누구인지 밝힌 다음 "하나님 아버지와 주 예수 그리스도 안에 있는 데살로니가인의 교회에 편지"(살전 1:1)한다고 기록한다. 여기서 특이한 표현은 "하나님 아버지 안에 있는 데살로니가의 교회"(τῇ ἐκκλησίᾳ θεσσαλονικέων ἐν θεῷ πατρὶ)이다. 일반적으로 바울 사도는 "그리스도 안에 있는 교회"라는 표현을 자주 사용한다(고전 1:2; 엡 1:1; 빌 1:1; 골 1:2). 바울 사도가 "그리스도 안에 있는 교회"라는 표현을 사용하는 이유는 교회가 그리스도의 삶과 연합되었기 때문이다.[8] 바울이 본문에서 나타내고자 하는 사상은 데살로니가인의 교회가 예수 그리스도는 물론 하나님 아버지로부터 기인되었음을 확실히 하는 것이다. 데살로니가인의 교회의 기원은 하나님 아버지와 예수 그리스도로부터이다.[9] 데살로니가 교회는 그리스도 안에서 아버지 하나님의 부르심으로 존재하게 되었고 하나님 아버지의 뜻에 따라 삶을 이어가야 할 거룩한 무리들이다.

한 가지 주목할 것은 바울이 다른 서신들에서와는 달리 자신이 사도임을 강조하지 않는다. 바울은 대부분 자신의 서신에서 스스로 사도라 언급하고 편지를 시작한다(롬 1:1; 고전 1:1; 고후 1:1; 갈 1:1; 엡 1:1; 골 1:1). 심지어 믿음의 아들 디모데와 디도에게 편지할 때도 바울은 자신이

---

7) Leon Morris, *The First and Second Epistles to the Thessalonians* (*NICNT*, Grand Rapids: Eerdmans, 1970), pp. 36-37.

8) 그리스도와 성도들의 연합 개념에 대해 C.F.D. Moule, *The Origin of Christology* (London: Cambridge University Press, 1978), pp. 47-96을 참조하라.

9) 바울은 비슷한 의미로 "하나님의 교회"(τῇ ἐκκλησίᾳ τοῦ θεοῦ)라는 표현을 사용한다. 바울 서신의 인사말에서 이 표현이 사용된 곳은 고전 1:2과 고후 1:1뿐이다.

사도로서 편지하고 있음을 밝힌다(딤전 1:1; 딤후 1:1; 딛 1:1). 바울 서신 가운데 사도의 언급 없이 편지가 시작된 것은 빌립보서, 데살로니가전서, 데살로니가후서, 빌레몬서이다. 빌레몬서의 경우 바울은 자신이 사도임을 강조할 필요가 없었다. 그러면 빌립보서와 데살로니가전서와 데살로니가후서의 경우는 어떤가? 바울이 이 세 서신에서 자신이 사도임을 밝힐 필요가 없었던 것은, 바울과 마게도냐 지역에 있는 이들 교회가 서로 친밀한 관계를 유지하고 있었기 때문이다. 그린(Green)은, 바울 사도가 자신의 사도적 권위를 데살로니가 교회에 강조하지 않은 것이 자신과 마게도냐 신자들 사이에 존재하는 좋은 관계의 증거라고 주장한다.[10)]

바울 사도는 데살로니가 성도들에게 비교적 간략한 인사말을 전한다. "은혜와 평강이 너희에게 있을지어다"(살전 1:1). 로마서를 위시하여 다른 서신에서 바울은 "하나님 우리 아버지와 주 예수 그리스도로 좇아 은혜와 평강이 있기를 원하노라"(롬 1:7; 고전 1:3; 고후 1:2; 갈 1:3; 엡 1:2; 빌 1:2; 골 1:2; 살후 1:2)라는 긴 인사말을 사용한다. 바울 사도가 다른 서신들에 비해 데살로니가전서에서 간략한 인사말을 사용한 것은 같은 절에서 "하나님 아버지와 주 예수 그리스도 안에 있는"이란 표현을 이미 사용했기 때문에 다시 비슷한 표현을 사용할 경우 문장이 너무 무겁게 느껴질 것이기 때문이라고 생각할 수 있다.[11)]

바울 사도가 기원하는 "은혜와 평강"은 인간의 능력으로 줄 수 없는 것으로 오로지 하나님만 주실 수 있는 복이다. 은혜는 죄로 인해 죽을 수밖에 다른 길이 없는 인간을 하나님께서 무조건적으로 구속해 주시는

10) Gene L. Green, *The Letters to the Thessalonians: The Pillar New Testament Commentary* (Grand Rapids: Eerdmans, 2002), p. 82.

11) F.F. Bruce, *1 and 2 Thessalonians* (*Word Biblical Commentary*, vol. 45, Waco: Word Books, Publisher, 1982), p. 8. 바울은 데살로니가후서의 인사말에서 비슷한 표현을 두 번 사용하지만 1절과 2절로 분리되었기 때문에 크게 부담스럽지 않다.

호의를 뜻한다. 포도원 품꾼의 비유에서(마 20:1~16) 아침 9시(제3시)에 일을 시작한 품꾼이 한 데나리온을 받게 되어 있는데 오후 5시(제11시)에 일을 시작한 품꾼이 한 시간만 일하고도(마 20:12) 한 데나리온을 받은 것은 주인의 호의에 따른 것이다. 오후 5시에 포도원에 들어온 품꾼은 한 데나리온을 받을 자격이 전혀 없지만 주인의 무조건적인 호의로 한 데나리온을 받은 것이다. 이것이 바로 은혜이다. 그리고 평강은 구원받은 성도가 하나님과의 바른 관계를 유지함으로 얻을 수 있는 마음의 기쁨과 안정을 뜻한다. 탕자의 비유에서(눅 15:11~32) 탕자가 아버지를 배반하고 모든 재산을 허비한 후 많은 고난과 고통을 겪은 후에 자신의 죄를 회개하고 다시 아버지의 따뜻하고 포근한 품에 안길 때 느끼는 것이 평강이다. 탕자는 아버지와의 관계가 바로 회복되었기 때문에 다른 걱정을 할 필요가 없는 평온한 마음을 갖게 되었다. 성도들은 하나님의 호의로 구원받아 하나님과 화목의 관계를 유지하게 되었다(고후 5:18~19).

1:2~4 하나님의 선택된 백성

> 우리가 너희 무리를 인하여 항상 하나님께 감사하고 기도할 때에 너희를 말함은 너희의 믿음의 역사와 사랑의 수고와 우리 주 예수 그리스도에 대한 소망의 인내를 우리 하나님 아버지 앞에서 쉬지 않고 기억함이니 하나님의 사랑하심을 받은 형제들아 너희를 택하심을 아노라(살전 1:2~4).

1:2 바울의 감사와 기도

바울의 마음은 항상 교회를 기억하고 교회를 위해 기도하는 것이다.

바울 사도는 교회에 편지를 쓸 때 서론적 인사를 마친 다음 교회의 사역을 기억하고 하나님께 감사하며 또 교회를 위해 기도함을 언급한다(롬 1:9; 고전 1:4; 빌 1:3; 골 1:3; 살전 1:2; 살후 1:3; 딤후 1:3; 몬 1:4). 본 절에서 "하나님께 감사한다"는 표현이 복수형으로 사용된 것은 실라와 디모데와 함께 바울이 감사하고 있음을 가리킨다. 세 선교사 모두 데살로니가에 있는 교회의 사역을 기억하고 성도들의 믿음의 삶에 대해 하나님께 감사하고 있다.

바울은 데살로니가에 있는 성도들이 많은 고난과 핍박 가운데서도 믿음을 지키고 있는 것을 안다. 바울은 자신이 처음 데살로니가에서 복음을 전하고 교회를 설립했을 때 그 도시의 유대주의 신봉자들이 자신을 핍박했을 뿐 아니라 베뢰아로 떠나 복음을 전하고 있는 자신에게 쫓아와서 핍박한 사실을 기억하고 있다(행 17:1~15). 바울은 사도인 자신이 그리스도의 복음 때문에 그런 핍박을 받았는데 같은 복음을 믿는 성도들도 예외는 아닐 것으로 확실히 알고 있다. 그래서 바울은 "너희 무리를 인하여 항상 하나님께 감사하고"(살전 1:2)라고 표현했을 뿐 아니라 그들의 회심에 대해서도 감사하고(살전 2:13), 그들이 믿음 안에서 굳건하게 신앙 생활하는 데 대해서도 감사하는(살전 3:7~10) 등 데살로니가전서 여러 곳에서 감사하고 있다.

바울은 계속해서 데살로니가 교회 성도들의 아름다운 삶을 기억한다. 3절의 "너희의"(ὑμῶν)라는 표현을 "기억한다"라는 말의 목적어로 취급하여 "너희를 기억한다"로 해석할 수도 있고, "너희의"를 "믿음의 역사와 사랑의 수고와……소망의 인내를"(살전 1:3)과 연결시켜 해석할 수도 있다.[1] 본 구절의 구조로 보아 "너희의"를 "믿음의 역사……"와

---

1) Calvin은 remembering your faith로 ὑμῶν을 "믿음"과 연결시키거나, remembering you on account of your faith로 ὑμῶν을 "기억한다"와 연결시킬 수도 있다고 해석한다. See John Calvin, *The Epistles of Paul to the Romans and Thessalonians*, Trans. R. Mackenzie (Grand Rapids: Eerdmans, 1973), p. 334.

연결시켜 "너희의 믿음의 역사와 사랑의 수고와 소망의 인내"라고 번역해야 한다.[2)]

이제 이 서두 부분에서 바울 사도가 언급한 "믿음의 역사"와 "사랑의 수고"와 "소망의 인내"(살전 1:3)를 구체적으로 고찰하고자 한다.

1:3 믿음의 역사

우리의 믿음은 하나님께서 주신 것이다. 바울 사도는 우리들의 구원 전체가 하나님께 있다고 강조하면서 "너희가 그 은혜를 인하여 믿음으로 말미암아 구원을 얻었나니 이것이 너희에게서 난 것이 아니요 하나님의 선물이라"(엡 2:8)고 천명한다. 에베소서 2:8의 "이것"(τοῦτο)이 앞에 나오는 "믿음"을 가리키느냐, "구원의 전 과정"을 가리키느냐 하는 문제는 의견이 갈린다.[3)]

비록 두 견해를 지지하는 학자들의 명성으로 보아 우열을 분간하기 힘든 상황이지만 본문의 문맥으로 볼 때 "이것"은 "구원의 전 과정"을 가리키는 것으로 생각하는 것이 더 타당하다. 그 이유는 인접한 문맥에서 여성 명사인 "믿음"을 중성 명사인 "이것"으로 받았다고 생각하는 것은 아무래도 어색하기 때문이다. 여성 대명사가 없다면 모르지만 헬라어에서 분명히 여성 대명사가 있는데도 불구하고 여성 명사를 가리키기 위해 중성 대명사를 사용했다고 생각할 수 없다.[4)] 그러므로 에베소서 2:8의 "이것이 너희에게서 난 것이 아니요 하나님의 선물이

---

2) ὑμῶν은 뒤에 따라 오는 세 개의 소유격인 τοῦ ἔργου, τοῦ κόπου, τῆς ὑπομονῆς에 의존하고 있다.

3) "이것"이 믿음을 가리킨다고 생각하는 학자들은 W. Hendriksen, A. Kuyper, John Bengel, H.C.G. Moule, 이상근, C. Hodge 등이요, "이것"이 "구원의 전 과정"을 가리킨다고 생각하는 학자들은 S.D.F. Salmond, R.C.H. Lenski, John Stott, John Calvin, Geoffrey B. Wilson, Ray Summers 등이다.

4) 더 자세한 논의는 박형용, 『에베소서 주해』(수원: 합동신학대학원출판부, 1998), pp. 116-120을 보라.

라"는 성도들이 누리는 "구원의 전 과정"이 하나님의 선물이요 우리들의 공로로 이루어진 것이 아님을 분명히 하고 있다.

그러면 우리가 소유한 구원에 관계된 "믿음"은 어떻게 생기는가? 성경은 "믿음은 들음에서 나며 들음은 그리스도의 말씀으로 말미암았느니라"(롬 10:17)고 가르친다. 이 말씀은 "그리스도의 말씀"이 선포되면 사람들이 그 말씀을 듣게 되고, 그 말씀과 함께 성령이 역사하여 듣는 사람에게 믿음을 주신다는 뜻이다. 성령 하나님은 그리스도와 함께 역사하며 자의로 말하지 않고 듣는 것을 말하신다(요 14:26; 15:26; 16:13 참조). 성령 하나님은 우리 마음에 믿음을 주셔서 우리는 그 믿음으로 예수님의 수난과 부활이 우리를 위한 사건임을 확신하게 된다(롬 10:9~10). 그러므로 성도들이 소유한 "믿음"도 하나님이 주신 것이요 우리의 노력이나 공로로 얻은 것이 아니다. 믿음은 하나님께 근거를 두고 있다.

믿음은 하나님의 선물이지만 그 믿음을 활용할 사람은 성도들이다. 이런 믿음이 어떤 결과를 가져오는가? 믿음은 단순히 지식적으로 동의하는 것에 그치지 않는다. 귀신도 예수님이 "하나님의 거룩한 자"(눅 4:31~37)라는 사실에 동의했다. 진정한 믿음은 자신의 전체 인격을 하나님께 맡기는 것이다. 믿음은 즐겁게 그리고 기꺼이 하나님께 항복하는 것이다. 믿음은 우리의 생애의 문을 열고 하나님을 손님으로 초청하는 것이 아니라 우리의 주님이요 주인으로 초청하는 것이다. 더 나아가 진정한 믿음은 선행을 동반한다. 믿음과 선행은 서로 배타적이 아니다. 우리는 선행을 행함으로 믿음에 도달하지 않는다. 그러나 진정한 믿음은 자연적으로 선행을 수반한다. 믿음은 단순히 우리가 어떻게 생각하느냐에 그치지 않고, 우리들의 생활 방식에서 그 열매가 나타나게 되어 있다.

본문은 데살로니가 교회 성도들이 "믿음의 역사"를 이루고 있다고 증거한다. 바울 사도는 데살로니가 성도들의 삶의 스타일이 예수 믿기 이전의 그들의 삶의 스타일과 다를 뿐 아니라 이방인들의 삶의 스타일과도 다르다고 말하고 있다.[5] 데살로니가 성도들은 "많은 환난 가운데서 성령의 기쁨으로 도를 받았고"(살전 1:6), 복음을 그들에게 전해준 선교사 일행과 주님을 본받았고, 광범한 지역에 걸쳐 믿는 자의 본이 되었으며(살전 1:6~7), 복음을 열심히 전파하여 하나님을 향하는 그들의 "믿음의 소문이 각처에 퍼지게"(살전 1:8) 되었다. 데살로니가 성도들의 믿음은 많은 열매를 맺었다.

믿음의 역사는 병든 자들을 보살피고, 죽어 가는 자를 위로하며, 무지한 자를 가르치는 역사를 뜻한다.[6] 바울은 특히 본문에서 믿음의 역사는 환난과 핍박 가운데서도 복음을 전파한 일이라고 설명한다(살전 1:6~8).

1:3 사랑의 수고

바울 사도가 하나님께 감사하고 기도할 때에 기억하는 내용은 데살로니가 교회 성도들의 "사랑의 수고"이다. 인간은 본래 사랑을 베풀 수 있는 존재가 아니다. 에베소서 2:1~3에는 예수 믿기 이전의 불신자의 상태를 "허물과 죄로 죽었던 너희"(엡 2:1)라고 정의한다. 불신자의 상태는 "죽었던" 상태이다. 죽은 자는 움직일 수 없고 사랑할 수도 없는 상태에 있다. 그런데 긍휼에 풍성하신 하나님께서 "죽었던" 사람을 그리스도와 함께 살려 주셨기 때문에(엡 2:4~6) 성도들은 사랑을 베풀 수 있게 되었다. 바울 사도는 "우리가 아직 죄인 되었을 때에 그리스도께

---

5) Charles A. Wanamaker, *Commentary on 1 and 2 Thessalonians* (*NIGTC*, Grand Rapids: Eerdmans, 1990), p. 75.

6) William Hendriksen, *Exposition of I and II Thessalonians* (*NTC*, Grand Rapids: Baker, 1974), p. 48.

서 우리를 위하여 죽으심으로 하나님께서 우리에게 대한 자기의 사랑을 확증하셨느니라"(롬 5:8)고 말한다. 세상의 어떤 것도 하나님의 사랑에서 우리를 끊을 수 없다(롬 8:35~39). 그래서 성경은 "우리가 사랑함은 그가 먼저 우리를 사랑하셨음이라"(요일 4:19)고 가르친다. 하나님은 자신의 독생자를 희생시키는 큰 희생으로 우리를 먼저 사랑하셨다(요 3:16; 고후 5:21). 사랑은 수고와 희생을 감수한다. 그리고 사랑은 수고와 희생을 통해 전달된다.

본캄(Bornkamm)은 "사랑은 그 자체의 가치와 미덕 때문에 가장 귀한 것이 아니요 하나님의 과거 행위에 근거한 믿음과 미래를 지향하는 소망 사이를 조종하는 역할 때문에 가장 위대하다"[7]라고 말함으로 사랑이 믿음과 소망 사이의 가교 역할을 한다고 설명한다. 믿음을 가진 성도는 확실한 소망을 바라보면서 사랑을 실천하고 살아야 한다.

바울은 본 구절에서 데살로니가 교회 성도들이 하나님을 향한 사랑과 서로간의 사랑을 실천했다고 전한다(살전 3:12; 4:9; 살후 3:5 참조). "하나님을 향한 사랑"과 "성도 상호간의 사랑"은 분리해서 생각할 수 없는 내용이다. 그러나 이 구절의 강조는 데살로니가 교회 성도들이 "성도 상호간의 사랑"을 잘 했다는 데 있다.[8] 데살로니가 교회 성도들은 핍박받는 형편 속에서도(행 17:1~9 참조) 사랑의 실천을 게을리 하지 않았다.

1:3 소망의 인내

바울은 데살로니가 교회 성도들의 "믿음의 역사"와 "사랑의 수고"를

---

7) G nther Bornkamm, *Paul* (New York, Hagerstown, SanFrancisco, London: Harper & Row, 1971), p. 219.

8) John Eadie, *Thessalonians* (*Greek Text Commentaries*, Grand Rapids: Baker, 1979), p. 36.

언급한 이후 "소망의 인내"를 기억한다. "믿음은 과거에 의존하고 사랑은 지금 역사하며, 소망은 미래를 내다본다."[9]

믿음, 사랑, 소망은 그 자체로 추상적 개념 같지만 따지고 보면 실제 생활과 구체적으로 직결된다. 하나님을 진정으로 믿는 성도는 선행을 행하고, 하나님과 사람을 사랑하면 사랑하는 대상을 위해 기꺼이 수고와 희생을 감수하며, 주님의 재림을 고대하는 사람은 주님이 오실 때까지 계속해서 인내한다. 성도들의 소망은 그리스도 안에서 실현될 것이다. 그래서 바울은 "우리 주 예수 그리스도에 대한 소망의 인내"(살전 1:3)라고 하여 우리가 누구를 소망하고 있는지 밝히고 있다.[10]

성도들의 소망은 예수님의 재림 때에 완성될 것이다. 사실상 성도들은 믿음으로 현재 구원을 받은 상태지만 우리의 구원이 완전히 실현되는 때는 예수님의 재림 때이다. 그래서 바울은 "구원의 소망의 투구를 쓰자"(살전 5:8)라고 말한다. 하나님께서 예수 그리스도를 통해 그의 성도들에게 주실 바로 그 구원을 우리는 소망하는 것이다.

성도들은 이런 소망을 바라면서 인내하며 살아야 한다. 그래서 바울은 "우리가 소망으로 구원을 얻었으매 보이는 소망이 소망이 아니니 보는 것을 누가 바라리요 만일 우리가 보지 못하는 것을 바라면 참음으로 기다릴지니라"(롬 8:24~25)고 말한다. 우리는 구원을 얻었지만 우리의 구원의 완성은 미래에 있다. 그러므로 우리에게는 "소망의 인내"가 필요하다. 성도들의 삶은 여행과 같다. 돌아갈 목적지가 없는 여행은 불안할 수밖에 없다. 돌아갈 목적지가 확실한 여행은 중도에 약간 불편해도 행복하고 즐겁다. 성도들에게는 돌아갈 영원한 집이 있다. 그래서 성도들은 이 땅의 삶이 약간 힘들고 불편해도 인내하면서 사는

---

9) J.B. Lightfoot, *St. Paul's Epistles to the Colossians and Philemon*, 7th ed.(London: Macmillan, 1884), p. 134.

10) "우리 주 예수 그리스도의"(τοῦ κυρίου ἡμῶν Ἰησοῦ Χριστοῦ)는 목적격적 소유격으로 소망이 그리스도 안에서 실현될 것을 암시하고 있다.

것이다.

소망이 없으면 노력도 있을 수 없고, 소망이 없으면 인내를 할 수도 없다. 환자에게는 완치될 수 있다는 소망이 대단히 중요하다. 하나님은 성도들에게 움직일 수 없는 소망을 주셨다. 그러므로 우리는 그 소망을 붙잡고 계속 전진할 따름이다.

1:3 믿음, 사랑, 소망의 순서에 담긴 뜻

바울 사도는 다른 신약 저자보다 믿음 소망 사랑을 더 자주 함께 묶어 사용한다. 데살로니가전서 5:8에서도 바울은 "우리는 낮에 속하였으니 근신하여 믿음과 사랑의 흉배를 붙이고 구원의 소망의 투구를 쓰자"라고 믿음, 사랑, 소망을 언급한다. 바울은 갈라디아서 5:5~6에서도 믿음, 소망, 사랑을 언급하고, 골로새서 1:4~5에서도 역시 믿음, 소망, 사랑을 언급하며, 로마서 5:1~5에서는 약간 느슨한 방법으로 믿음, 소망, 사랑을 언급한다.

물론 바울 서신 중 믿음, 소망, 사랑이 가장 뚜렷하게 나타난 곳은 고린도전서 13:13이다. 바울은 고린도전서 13:13에서 "믿음 소망 사랑 이 세 가지는 항상 있을 것인데 그 중에 제일은 사랑이라"고 하여 사랑을 강조해서 설명한다.

바울 서신 이외의 서신에서 믿음, 소망, 사랑이 함께 언급된 곳은 "참 마음과 온전한 믿음을 가지고 하나님께 나아가며", "우리가 믿는 도리의 소망을 움직이지 말고", "서로 돌아보아 사랑과 선행을 격려하자"라는 의미로 히브리서 10:22~24에서 믿음, 소망, 사랑이 언급됐고, 베드로전서 1:21~22에서는 "믿음과 소망이 하나님께 있고", "거짓이 없이 형제를 사랑"해야 할 것이라는 내용으로 믿음, 소망, 사랑이 언급되었다.

믿음, 소망, 사랑은 성도들이 그리스도를 본받아 살려고 할 때 반드시 필요한 덕목이다. "믿음, 소망, 사랑 이 세 주제는 그리스도 안에서 하나님께서 주신 삶의 본질이다(참조, 살전 1:3; 5:8; 갈 5:5f.; 골 1:4f.). 아무도 사랑으로부터 제외되지 않는다. 그러므로 사랑은 어떤 이에게는 주어지고, 다른 이에게는 보류되는 '성령의 은사들'보다 위대하다."[11] 이 세 가지는 하나님께서 성도들에게 주셔서 이 땅위의 우리의 삶을 더 유익하고, 더 풍요하게 만드신다.

바울 사도는 여기에서 믿음, 사랑, 소망의 순서로 언급했고, 고린도전서 13:13에서는 믿음, 소망, 사랑의 순서로 언급했다. 바울은 고린도전서 13장이 사랑을 강조하는 장이기 때문에 거기에서 사랑을 강조하면서 사랑을 맨 마지막에 언급한다. 그래서 우리의 기억으로는 믿음, 소망, 사랑의 순서에 더 익숙해 있다.

그러나 바울은 데살로니가전서 1:3에서는 믿음, 사랑, 소망의 순서로 소망을 맨 마지막에 둔다. 그 이유는 데살로니가전서가 소망을 강조하고 있기 때문이다. 데살로니가전서는 예수님의 재림을 강조하는 서신이다. 그래서 비교적 짧은 서신이지만 매 장마다 예수님의 강림이 언급된다(살전 1:10; 2:19; 3:13; 4:13~18; 5:2, 23).

이처럼 예수님의 강림을 강조하는 서신에서 바울 사도가 믿음, 소망, 사랑 중에 소망을 강조하여 마지막에 언급하는 것은 너무나 당연하다. 헨드릭센은 "고린도전서에서 사랑이 강조된 것이 자연스러운 것처럼 그리스도의 재림의 확실한 대망을 주제로 광범위하게 다루는 서신에서 소망이란 용어를 절정의 위치에 두는 것은 당연한 것이다"[12]라고 설명한다. 브루스(F. F. Bruce)도 같은 의미로 "아마 소망을 강조 위치인

---

[11] G nther Bornkamm, *Paul*, p. 219.

[12] W. Hendriksen, *I and II Thessalonians* (*NTC*, Grand Rapids : Baker, 1974), pp. 47-48.

세 용어의 마지막에 둔 것은 전체 서신의 종말론적인 사상 때문일 것이다"(고전 13:13의 문맥이 사랑을 강조하는 위치에 두도록 요구하는 것처럼)[13]라고 지적한다. 바울 사도는 성도들이 소유해야 할 믿음, 소망, 사랑을 언급하되 기계적으로 언급하지 않고, 수신자들의 필요에 따라 순서를 바꾸어 언급하고 있다.

1:4 하나님의 선택

바울 사도는 데살로니가 성도들이 "믿음의 역사"를 이루고, "사랑의 수고"를 실천하며, "소망의 인내"를 감수할 수 있는 근거로 데살로니가 성도들이 하나님의 사랑을 받는 형제들이요 그들이 하나님의 선택된 백성이기 때문이라고 말한다(살전 1:4). 하나님의 선택은 인간의 공로나 덕목에 근거하지 않고 순전히 하나님의 사랑에 근거한 것이다(살후 2:13; 롬 1:7). 그러므로 하나님은 "우리가 아직 죄인 되었을 때에"(롬 5:8) 우리를 사랑하셔서 창세 전에 그리스도 안에서 우리를 택하신 것이다(엡 1:4). 본 문맥(살전 1:2~4)에는 세 개의 분사가 나온다. 첫 번째 분사는 "기억하는 것"(μνείαν ποιούμενοι)이요, 두 번째 분사는 "기억함이니"(μνημονεύοντες)이며, 세 번째 분사는 데살로니가전서 1:4의 "알면서"(εἰδότες)이다. 이 세 개의 분사는 모두 주된 동사인 데살로니가전서 1:2의 "우리가 하나님께 감사한다"(εὐχαριστοῦμεν τῷ θεῷ)와 연결되어 있다. 바울 사도는 "하나님께 감사"하는 계기가 기도할 때에 그들을 기억하기 때문이요(살전 1:2), 동기는 그들의 믿음의 역사와 사랑의 수고와 소망의 인내를 기억한 데서 나오며(살전 1:3), 궁극적 근거는 그들이 선택받은 자들임을 알기 때문이라고 말한다(살전 1:4).[14]

---

13) F. F. Bruce, *1 and 2 Thessalonians: Word Biblical Commentary*, vol. 45(Waco: Word Book Publisher, 1982), p. 12.

하나님의 선택은 심오한 지혜로 자신 안에서 계획하시고 이루신 것이기 때문에 선택을 이해하는 데 어려움이 있다. 그러나 성경의 교훈을 근거로 선택의 몇 가지 특징을 생각해 볼 수 있다.

첫째, 이 구절에서 "하나님의 사랑하심을 받은 형제들"과 "너희의 선택"은 서로 분리될 수 없다. 선택은 하나님의 사랑에 근거하여 이루어진다. 하나님의 선택은 선택받은 자 편에서 볼 때 아무런 노력이나 공로를 필요로 하지 않는다. 하나님의 선택은 주권적이고 무조건적인 선택이다(고전 1:27,28; 4:7; 엡 1:4; 2:8). 심지어 하나님의 선택은 선택받은 자가 좋은 일을 할 것이라고 미리 내다보고 선택한 것도 아니요, 믿음을 가질 것이라고 미리 내다보고 선택한 것도 아니다. 벌코프(Berkhof)는 "선택은 예수 그리스도 안에서 그리고 예수 그리스도로 말미암아 인류 가운데 어떤 사람들을 구원하기 위한 하나님의 영원하신 목적이다"[15] 라고 말한다. 하나님의 선택은 창세 전에 그리스도 안에서 신택한 것이기 때문에 선택받은 자의 공로가 하나님의 선택 행위에 영향을 미칠 수 없다(엡 1:4). 엘웰(Elwell)은 "바울에게 있어서 선택은 하나님의 사랑의 행위로서 하나님께서 개인들로 구성된 한 그룹을 그리스도 안에서 거룩하고 흠이 없도록 영원 전에 선택하신 것이다. 선택은 성도들의 소명과 칭의와 영화를 포함하는 예정된 계획에 따라 그들을 하나님의 가족으로 입양하도록 만든다"[16]라고 하나님의 선택과 사랑의 연계성을 잘 설명한다.

---

[14] John Eadie, *Commentary on The Greek Text of the Epistles of Paul to the Thessalonians* (Grand Rapids: Baker, 1979), p. 39.

[15] Louis Berkhof, *Manual of Christian Doctrine* (Grand Rapids: Eerdmans, 1973), p. 91.

[16] W.A. Elwell, "Election and Predestination," *Dictionary of Paul and His Letters* (Downers Grove: Inter Varsity Press, 1993), p. 227.

둘째, 하나님의 선택의 대상은 신분과 관계없이 모든 계층에 속한 사람들에게 적용된다. 하나님의 선택은 선택받은 자 편에서 공로가 필요 없기 때문에 그 전체를 대상으로 한다. 그러므로 하나님의 선택은 부자나 가난한 자, 유대인과 이방인, 남자와 여자 할 것 없이 모두에게 적용된다(롬 11:5).

셋째, 하나님의 선택은 변할 수 없다. 선택은 하나님의 신실성에 근거하고 있기 때문에 하나님께서 한번 선택하시면 그 효과는 100% 성취된다. 선택받은 자는 구원을 보장받은 사람들이요(롬 11:7), 결국 하나님 나라를 유업으로 받게 될 것이다(롬 8:28~30; 빌 1:6).

넷째, 하나님의 선택은 구원을 위한 선택이지만 또한 봉사를 위한 선택이다(골 3:12~17; 행 9:15~16). 선택은 삶의 모든 부분에 영향을 미친다. 선택은 추상적인 것이 아니요 실제적인 것이다. 하나님은 자기 백성을 선택만 하시지 않고, 선택받은 백성이 하나님의 자녀답게 살 수 있도록 계획하시고 인도하신다. 그러므로 어떤 사람이 선택 받았는지는 삶의 과정에서 분명히 드러난다(살전 1:4).

다섯째, 선택은 하나님의 영광을 궁극적 목적으로 한다. 선택은 하나님의 기쁨을 위해 행하신 사역이다(엡 1:4~6; 참조, 살후 2:13). 하나님의 선택은 인간의 공로를 배제하기 때문에 인간의 자만심을 감소시키고 하나님께 대한 감사와 찬송은 증가하게 만든다.[17] 인간의 궁극적 목적이 하나님의 영광을 위한 것이듯, 하나님의 선택도 그의 영광을 위해 행하신 하나님의 행위이다.

여섯째, 하나님의 선택은 전도나 선교와 상충되지 않는다. 어떤 이는 하나님의 선택은 인간의 노력을 배제하는 까닭에 전도나 선교를 할 필요가 없다고 생각한다. 그러나 하나님의 선택은 복음 전도를 통해

---

17) Wayne Grudem, *Systematic Theology* (Grand Rapids: Zondervan, 1994), p. 674.

드러난다. 스토트(Stott)는 "이 사실이 선택의 교리가 복음 전도를 불필요하게 만들지 않고 오히려 필요 불가결한 것임을 보여준다. 왜냐하면 오로지 복음의 선포와 복음의 수용을 통해서만 하나님의 비밀한 목적이 드러나고 알려지기 때문이다"[18]라고 말한다.

바울은 "저희가 믿지 아니하는 이를 어찌 부르리요 듣지도 못한 이를 어찌 믿으리요 전파하는 자가 없이 어찌 들으리요"(롬 10:14)라고 하여 복음 전파의 필수성을 설명한다. 복음 전파는 믿기로 작정된 선택된 자들에게 성령의 도움으로 믿음을 생성케 한다(고전 12:3; 롬 10:17; 9~10).

바울 사도가 "하나님의 사랑하심을 받은 형제들아 너희를 택하심을 아노라"(살전 1:4)고 말한 것은 데살로니가 성도들이 어떤 고난과 배척을 받을지라도 그들은 하나님께 속했고 살아 계신 하나님의 인정을 받는 사람들임을 확실히 하기 위함이었다.

1:5~10 바울의 복음 전파와 그 결과

> 이는 우리 복음이 말로만 너희에게 이른 것이 아니라 오직 능력과 성령과 큰 확신으로 된 것이니 우리가 너희 가운데서 너희를 위하여 어떠한 사람이 된 것은 너희 아는 바와 같으니라 또 너희는 많은 환난 가운데서 성령의 기쁨으로 도를 받아 우리와 주를 본받은 자가 되었으니 그러므로 너희가 마게도냐와 아가야 모든 믿는 자의 본이 되었는지라 주의 말씀이 너희에게로부터 마게도냐와 아가야에만 들릴 뿐 아니라 하나님을 향하는 너희 믿음의 소문이 각처에 퍼지므로 우리는 아무 말도 할 것이 없노라 저희가 우리에 대하여 스스로 고하기를 우리가 어떻게 너희 가운데 들어간 것과 너희가 어떻게 우상을 버리고 하나님께로 돌아와서 사시고 참되신 하나님을 섬기며 또 죽은 자들 가운데서 다시 살리신 그의 아들이

[18] John Stott, *The Gospel and the End of Time*, pp. 31-32.

하늘로부터 강림하심을 기다린다고 말하니 이는 장래 노하심에서 우리를 건지시는 예수시니라(살전 1:5~10).

바울 사도는 본문 1:5~8에서 복음이 데살로니가에서 세 단계로 전파된 것을 설명한다. 1:5은 바울 일행의 복음 전파에 관한 것이요, 1:6~7은 복음을 들은 성도들에 관한 것이요, 그리고 1:8은 복음을 들은 성도들의 복음 전파에 관한 것이다. 이 세 단계를 다음과 같이 정리해 볼 수 있다. 우리들의 복음이 너희에게 이르렀고(살전 1:5), 너희는 성령의 기쁨으로 말씀을 받았고(살전 1:6), 주의 말씀이 너희에게로부터 전파되었다(살전 1:8).

바울은 자신을 포함하여 실라와 디모데가[19] 복음을 데살로니가 도시에 전파할 때[20] 어떻게 복음이 전파되었는지 네 가지 표현을 사용하여 설명한다. 이 네 가지 표현은 말, 능력, 성령, 큰 확신이다.[21] 본문은 복음의 내용을 강조하기보다 복음이 어떻게 전달되었는지에 강조점을 둔다.

1:5 바울 일행의 복음 전파

첫째, 복음은 먼저 말을 통해 전파된다.

바울 사도가 "우리 복음이 말로만 너희에게 이른 것이 아니라"(살전 1:5)고 표현함으로 복음 전파에서 "말"의 위치와 중요성이 나타난다.

---

19) 바울이 "우리들의 복음"(τὸ εὐαγγέλιον ἡμῶν)이라고 표현한 이유는 실라와 디모데가 자신을 도와 복음을 전파했기 때문이다.

20) ἐγενήθη(γίνομαι의 1 aor. pass. 3rd. sing.)는 단순히 "되다"의 의미가 아니요, 수동형의 의미를 살려 "이르렀다," "왔다"(came)로 이해해야 한다.

21) 바울은 말씀(ἐν λόγῳ)과 능력(ἐν δυνάμει)과 성령(ἐν πνεύματι ἁγίῳ)과 큰 확신(ἐν πληροφορίᾳ πολλῇ) 등 네 개의 ἐν 구절을 사용하여 데살로니가에 복음이 전파된 상황을 설명하고 있다. 여기서 ἐν 구절은 복음이 전파되는 수단이 무엇이었는지를 가리킨다.

복음은 우선적으로 "말"을 통해서 전파된다. 성경은 복음을 전파하는 자가 있어야 들음이 있고, 들음이 있어야 믿음이 생기게 된다고 증거한다(롬 10:14). "믿음은 들음에서 나며 들음은 그리스도의 말씀으로 말미암았느니라"(롬 10:17). 바울과 실라, 그리고 디모데가 "그리스도의 말씀"을 데살로니가에 있는 사람들에게 전파했고 그들은 그 말씀을 들었다. 데살로니가 사람들은 그리스도의 말씀을 들을 때 성령의 도움으로 믿음을 갖게 되고(고전 12:3; 엡 2:8) 그 믿음으로 예수 그리스도의 죽음과 부활을 자신들을 위한 것으로 받아들여 구원을 얻게 되었다(롬 10:9~10). 바울은 복음이 어떻게 전파되는지를 너무도 잘 알고 있었다.

그러나 복음은 단순한 "말"로만 전파되지 않는다. 왜냐하면 복음은 생명 없는 사람들의 웅변이나 달변으로 전파되지 않고 효과를 수반한 살아 계신 하나님의 음성으로 전파되기 때문이다.[22] 고넬료가 베드로를 청해 놓고 "이제 우리는 주께서 당신에게 명하신 모든 것을 듣고자 하여 다 하나님 앞에 있나이다"(행 10:33)라고 말한 것도 같은 이치이다. 그리스도의 복음은 주로 "말"로 전파되지만 "말로만" 전파되는 것은 아니다.

둘째, 복음은 능력으로 전파된다.

바울은 본 구절에서 단순한 말로 전파된 복음 선포와 "능력과 성령과 큰 확신"(살전 1:5)으로 전파된 복음 선포를 대조시키지 않는다. 오히려 본 구절은 복음 전파가 말로만이 아니라 능력과 성령과 큰 확신으로 전파되었다고 강조한다.[23] 본 절의 "능력"은 어떤 외적 이적을 가리키기보다 성령의 내적 역사를 가리키는 것으로 이해해야 한다. 왜냐하면 성령의 능력으로만 하나님의 진리의 말씀이 선포되고 사람들의 의지와

---

22) John Calvin, *The Epistles of Paul to the Romans and The Thessalonians*, p. 336.

23) C.A. Wanamaker, *Commentary on 1 and 2 Thessalonians*, p. 79.

양심과 마음을 변화시킬 수 있기 때문이다(참고, 고전 2:1~5). 헨드릭센(Hendriksen)은 "실제로 성령의 능력은 물질적인 능력과는 차이가 나는 다른 것이다. 왜냐하면 물질적인 능력은 파괴적인 작용(destructive operations)에 제한되어 있지만, 성령의 능력은 건설적인 작용(constructive operations)을 하기 때문이다"[24]라고 설명한다. 바울이 복음을 전할 때 성령 하나님께서는 바울과 함께 말씀하셨다. 말씀과 성령은 떼래야 뗄 수 없는 관계에 있다. "말씀 없는 성령은 무기가 없는 것이요, 성령 없는 말씀은 능력이 없는 것이다."[25] 달리 표현하면 "말씀 없는 성령은 실탄이 없는 것과 같고 성령이 없는 말씀은 화약이 없는 것과 같다"라고 말할 수 있다. 본문의 "능력"은 사람의 마음속까지 감동시켜 변화하게 하는 성령의 능력을 뜻한다.

셋째, 복음은 성령의 도움으로 전파된다.

어떤 이는 본문의 "프뉴마티 하기오"(성령) 앞에 정관사가 없다는 이유로 본문의 "프뉴마티 하기오"가 "성령"을 가리키지 않고 사람을 감동시키는 신적 영(divine spirit)을 가리킨다고 주장한다. 즉 본문의 "성령"이 삼위 하나님 성령을 가리키지 않고 성령의 활동 혹은 성령의 역사를 가리킨다고 생각한다.[26] 저윅(Zerwick)은 바울이 "성령"(πνεύματι ἁγίῳ)을 "능력"이나 "확신"과 동일한 자리에 둔 것을 보아서도 "성령"을 성령의 활동으로 이해해야 한다고 주장한다.[27]

그러나 바울은 "성령"을 정관사 없이 자주 사용한다(참조, 롬 5:5;

---

24) William Hendriksen, *I and II Thessalonians* (*NTC*), p. 51.

25) John Stott, *The Gospel and the End of Time*, p. 34.

26) Nigel Turner, *A Grammar of New Testament Greek* (by James Hope Moulton), vol. III: *Syntax* (Edinburgh: Clark, 1963), p. 175; Ernest Best, *A Commentary on the First and Second Epistles to the Thessalonians* (*BNTC*, London: Black, 1977), p. 75; Maximilian Zerwick, *Biblical Greek* (Roma: Editrice Pontificio Istituto Biblico, 1963), p. 58(section 181).

27) *Ibid.*

9:1; 14:17; 15:16; 고전 12:3; 고후 6:6). 이럴 경우 "성령"이 삼위 되신 성령 하나님을 가리키는지, 단순히 성령의 활동을 가리키는지는 문맥의 도움을 얻어야 한다. 본문의 경우 "성령"이 삼위 되신 성령 하나님을 가리킨다고 생각하는 것이 더 바르다.[28] 바울은 성령 하나님의 도움으로 데살로니가에 복음을 전파했다.

넷째, 복음은 큰 확신으로 전파된다.

본문의 "큰 확신"은 선교사 일행이 복음을 전파할 때 어떤 마음의 상태를 가졌는지 보여 준다. "큰 확신"은 복음 선포자들의 주관적인 마음의 상태를 가리킨다.[29] 바울의 복음 선포는 그 효과에 있어서 능력이 있었을 뿐 아니라 선포할 때 큰 확신을 가지고 복음을 제시했다. 바울은 자신이 선포한 복음이 진리이고 진정한 복음인 것을 확실히 믿었기 때문에 복음 선포를 담대히 할 수 있었다. 이런 확신은 베드로와 요한이 당시의 권력자들로부터 "예수의 이름으로 말하지도 말고 가르치지도 말라"(행 4:18)는 경계를 받았을 때 "하나님 앞에서 너희 말을 듣는 것이 하나님 말씀 듣는 것보다 옳은가 판단하라"(행 4:19)고 담대히 대답한 것과 같다. 이디(Eadie)는 "큰 확신으로 된 것이니"(살전 1:5)라는 표현의 뜻은 "그들이 복음 진리에 대한 완전한 확신 가운데서 즉시 복음을 전했고, 그리고 복음을 선포하는 순간 그들은 주님의 뜻을 실행하고 있었다고 철저히 신뢰한 것이다. 이 태생적 확신은 성령의

---

28) F.F. Bruce, *1 and 2 Thessalonians*, p. 14; John Stott, *op. cit.*, p. 34; W. Hendriksen, *op. cit.*, p. 51; Charles A. Wanamaker, *op, cit.*, p. 79; Leon Morris, *The First and Second Epistles to the Thessalonians* (*NICNT*, Grand Rapids: Eerdmans, 1970), p. 57; William A. Stevens, "Commentary on the Epistles to the Thessalonians," *An American Commentary on the New Testament*, vol. V(Valley Forge: The Judson Press, 1890). p. 22.

29) F.F. Bruce는 "큰 확신"이 "복음 진리에 대한 데살로니가 성도들의 깊은 내적 확신으로 그들의 마음속에서 역사하시는 성령의 역사의 증거"라고 해석한다. Cf. F.F. Bruce, *1 and 2 Thessalonians* (*WBC*), p.14. 그러나 다음에 따라 나오는 καθὼς οἴδατε(이처럼 너희들이 안다)는 바울 일행이 복음을 선포할 때 가졌던 확신임을 지지해 준다.

내적 사역과 함께 그들에게 허락된 능력 있는 선포를 통해 나타난 것으로 그들의 청중 가운데 하나님의 택자로 곧 인정받게 될 사람들이 있다는 하나의 표증이었다"[30]라고 데살로니가전서 1:4과 연결시켜 해석한다.

이처럼 바울 일행은 말로만 아니라 능력과 성령과 큰 확신으로 복음을 선포했기 때문에 자신 있게 "우리가 너희 가운데서 너희를 위하여 어떠한 사람이 된 것을 너희 아는 바와 같으니라"(살전 1:5)고 말할 수 있었다. 이 말씀은 바울이 에베소 장로들에게 "내가 삼 년이나 밤낮 쉬지 않고 눈물로 각 사람을 훈계하던 것을 기억하라"(행 20:31)고 말하고, "내가 아무의 은이나 금이나 의복을 탐하지 아니하였고"(행 20:33) "범사에 너희에게 모본을 보였노니"(행 20:35)라고 말한 내용과 거의 같은 상황이다(살전 1:7 참조). 데살로니가에서 펼친 바울 일행의 사역은 공개적이어서 누구나 관찰할 수 있었다. 그래서 바울은 우리가 어떤 행동을 했는지 "너희 아는 바와 같으니라"고 자신 있게 말한다.

1:6~7 복음을 받은 성도들의 변화

바울은 데살로니가전서 1:6부터 관심의 초점을 복음 전파자에서(살전 1:5) 복음을 받는 데살로니가 성도들(살전 1:6~8)에게로 옮긴다. 데살로니가 성도들이 하나님의 선택받은 백성임은 그들이 "많은 환난 가운데서 성령의 기쁨으로 도를 받은"(살전 1:6) 사실에서 나타난다. 데살로니가에는 복음을 핍박하는 사람들이 많았다. 핍박자들은 소극적으로 복음을 핍박하지 않고 적극적으로 복음을 핍박했다. 그들은 데살로니가뿐 아니라 베뢰아까지 원정 와서 복음을 핍박할 만큼 열성이었다(행 17:5~15). 이처럼 데살로니가 성도들은 외부로부터 핍박을 받았지만,

30) John Eadie, *Thessalonians*, pp.42-43.

내적으로는 성령의 기쁨으로 말씀을 받았다. 참다운 그리스도의 제자에게는 예수님이 예고하신 것처럼(요 16:33) 기쁨만 아니라 환난과 핍박도 함께 따른다. 복음 전파자인 바울 일행을 도우신 성령은 복음의 수신자인 데살로니가 성도들을 도우신다. 기쁨은 성령의 열매 중 하나이다(갈 5:22). "성령의 기쁨"[31]은 복음을 받을 때 성령께서 성도에게 주시는 기쁨을 뜻한다. 성령은 복음 전파자에게도 기쁨을 주지만(빌 1:15~18) 복음을 받는 자에게도 기쁨을 주신다(살전 1:6).

또한 데살로니가 성도들이 선택받은 사실은 그들이 "우리와 주를 본받은 자가 된"(살전 1:6) 사실에서도 나타난다.[32] 복음의 진리를 받는 사람에게는 지적인 변화만 나타나는 것이 아니라 삶의 변화도 반드시 뒤따른다. "주를 본받은 자가 되었다"는 뜻은 단순히 외형적인 모방이나 교훈을 알아듣는 정도를 가리키지 않고 삶과 성품과 행동에서 내적으로 주님의 인격을 닮은 사람이 되었다는 뜻이다.[33] 데살로니가 교회 성도들은 복음을 받은 후 사도들과 주님을 본받는 자들이 되었디(살전 1:7). 데살로니가 성도들이 그리스도를 본받은 것은 안디옥 교회의 성도들이 "그리스도인"(Χριστιανούς)이라고 불린 것과 맥을 같이 한다(행 11:26). 바울 사도는 성도들의 어떤 삶이 외부인들로부터 "그리스도인"이라 불리는데 적합한 삶인지를 잘 알고 있었다. 바울은 안디옥 교회의 현장에 있었던 목격자이다(행 11:25~26). 바울 사도는 그리스도를 본받는다는 것이 어떤 것인지를 잘 알고 있었다. 그리스도를 아는 바울의 지식은 자신의 삶에서 나타났다. 바울과 실라가 데살로니가에 가기

---

31) μετὰ χαρᾶς πνεύματος ἁγίου에서 πνεύματος ἁγίου는 주격적 소유격으로 성령이 기쁨을 주시는 동인자이시다.

32) "너희는 우리와 주를 본받은 자가 되었다"는 살전 1:6의 서두에 위치할 뿐 아니라, 본 절의 주된 구절로 강조를 나타내고 있다.

33) W. D. Davies, *Paul and Rabbinic Judaism* (New York and Evanston: Harper and Row, 1948), pp. 147-148, note 7.

직전 빌립보 옥에서 환난을 경험한다(행 16:19~40). 이는 바울과 실라가 예수님을 닮는 한 단면이다. 바울 사도는 그리스도를 본받는 삶을 살았다(고전 11:1). 그래서 바울 사도는 자신 있게 성도들에게 자신을 닮는 삶을 살라고 권한다(고전 4:16; 갈 4:12; 살후 3:7; 빌 3:17; 4:9).

성도들은 주님을 닮는 사람이 되어야 한다. 그러나 그리스도를 모든 면에서 닮을 수는 없다. 예수님이 겪으신 겟세마네의 고뇌와 십자가의 고통은 성도들이 닮을 수 없는 부분이다. 성도들이 십자가상에서 참형을 당할지라도 그 죽음은 그리스도의 십자가상의 죽음과 비교할 수 없다. 예수님의 십자가의 죽음은 인류의 죄 문제를 해결하는 구속의 성취이지만 인간의 죽음은 단순한 순교에 지나지 않는다.[34] 그러므로 예수님의 구속적 성취는 닮을 수 없지만 예수님의 도덕적 삶은 닮아야 한다. 성도들은 예수님이 인간의 구주라는 부분을 닮을 수 없다. 그러나 성도들은 복음을 전하고, 선을 행하고, 다른 사람을 위해 고난을 감수하고, 자비를 베푸는 일에서는 예수님의 삶을 닮을 수 있다.

데살로니가 성도들의 순종의 삶은 그들의 믿음이 진실된 것임을 강하게 확증해 주고 있다.[35] "너희가 마게도냐와 아가야 모든 믿는 자의 본이 되었는지라"(살전 1:7). 마게도냐와 아가야는 문자적으로 마게도냐 전 지역과 아가야 전 지역을 가리키는 것으로 생각할 수 없다. 하지만 데살로니가 교회 성도들의 삶의 본이 널리 영향을 미친 것은 사실이다. 데살로니가 시는 마게도냐와 아가야에서 중심에 서는 도시 중 하나이다. 그러므로 소식은 이런 중요한 도시에서 널리 전파될 수밖에 없다. 데살로니가 교회가 복음을 받을 때 고난을 즐거움으로

---

34) John Calvin, *Institutes of the Christian Religion*, vol. I, trans. Ford Lewis Battles (Philadelphia: The Westminster Press, 1967), p. 652(BK Ⅲ, chap. Ⅳ, verse,26); Wayne Grudem, *Systematic Theology* (Grand Rapids: Zondervan, 1994), pp. 568-581.

35) Calvin, *The Epistles of Paul to the Romans and Thessalonians*, p.337.

참았다는 소식은 그 소식을 들은 고난 받는 성도들을 돕고 위로하는 역할을 했다. 바울은 본문에서 데살로니가 성도들이 이미 시작한 일을 계속하라고 권면할 뿐 아니라 다른 성도들도 복음의 반대 세력을 대할 때 꿋꿋한 마음으로 대할 수 있도록 격려하고 있다. 우리는 여기서 바울의 넓은 비전을 본다.[36] 그리스도의 복음은 이렇게 원을 그리며 확대해 나간다. 하나님 아버지께서 아들 예수 그리스도를 통해 성도들에게 기쁨과 고난의 모본을 보여 주셨다. 성도들은 예수 그리스도를 믿고 그를 닮아 가는 삶을 산다. 그리고 주님을 모방하는 사람들은 다른 사람에게 말과 행동으로 좋은 소식을 전한다. 그들은 다른 사람들에게 모본이 된다. 이렇게 해서 복음 전파는 널리 확산되어 나가고, 하나님은 이를 통해 영광을 받으신다.

1:8 성도들의 복음 전파

데살로니가 성도들이 선택받았다는 사실은 그들이 마게도냐와 아가야의 광범위한 지역에 복음을 전파한 데서도 드러난다(살전 1:8). 바울은 "주의 말씀이 너희에게로부터 마게도냐와 아가야에만 들릴 뿐 아니라 하나님을 향하는 너희 믿음의 소문이 각처에 퍼지므로 우리는 아무 말도 할 것이 없노라"(살전 1:8)고 말함으로 지리적인 표현에 정확성을 기하지 않는다. 본문의 "마게도냐와 아가야"는 문자적으로 그리스 모든 지역의 구석구석을 가리키는 것은 아니지만, 그리스 전체를 포함하는 광범위한 지역을 말한다. 데살로니가 성도들의 복음 전파가 그리스 전 지역에 미쳤다고 문자적으로 받을 수는 없다. 바울이 이렇게 말한 것은 과장법을 사용한 것이다(참조, 롬 1:8; 골 1:6).[37] 그러나 분명한

---

[36] R.C.H. Lenski, *The Interpretation of St. Paul's Epistles to the Colossians, to the Thessalonians, to Timothy, to Titus and to Philemon* (Minneapolis: Augsburg Publishing House, 1964), p. 230.

것은 데살로니가 성도들이 말과 삶의 본으로 복음을 널리 전파한 것은 확실하다.

"주의 말씀"(oἱ λόγος τοῦ κυρίου)이란 표현은 바울 서신에서 본 절과 데살로니가후서 3:1에만 나타난다. 그러나 사도행전에는 여러 차례 사용된다(행 8:25; 15:35, 36; 19:10). 본 구절에서 "주의 말씀"은 "주님에 관해 설명한 말씀"이 아니라 "주님으로부터 온 말씀"으로 이해해야 한다.[38] 데살로니가 성도들이 전한 "주의 말씀"과 그들의 삶의 본(살전 1:6~7)은 동서를 잇는 에그나치아 고속도로(the Egnatian Highway) 상에 위치한 데살로니가 도시의 장점에 편승하여 널리 퍼져나갔다. 그러므로 바울 사도는 이 부분에 대해 "우리는 아무 말도 할 것이 없노라"(살전 1:8)고 말하고 있다. 이 말씀은 데살로니가 성도들의 복음 전파에 대한 바울 사도의 지극한 칭찬이다.[39] "너희 믿음의 소문"(개역한글판)이란 사실 "너희의 믿음"(ἡ πίστις ὑμῶν)을 뜻한다.[40] 이

---

37) 박형용, 『성경해석의 원리』(수원: 합동신학대학원출판부, 2007), pp. 209-211.

38) 소유격(τοῦ κυρίου)은 목적격적 소유격이 아니라 주격적 소유격이다. 살전 1:8의 "주의 말씀"(ὁ λόγος τοῦ κυρίου)은 살전 2:9의 "하나님의 복음"(τὸ εὐαγγέλιον τοῦ θεοῦ), 살전 2:13의 "하나님의 말씀"(λόγον θεοῦ)과 같은 의미로 사용되고 있다. Cf. Karl P. Donfried, "The Epistolary and Rhetorical Context of 1 Thessalonians 2:1-12," *The Thessalonians Debate,* eds. Karl P. Donfried and Johannes Beutler(Grand Rapids: Eerdmans, 2000), p. 55.

39) C.A. Wanamaker는 바울 사도가 데살로니가전서에서는 데살로니가 교회의 믿음을 칭찬하지 않고(살전 1:8: "아무 말도 할 것이 없노라") 데살로니가후서에서는 데살로니가 교회의 믿음을 칭찬한 것(살후 1:4: "하나님의 여러 교회에서 우리가 친히 자랑함이라")을 근거로 데살로니가후서가 데살로니가전서보다 먼저 기록되었다고 주장한다(C.A. Wanamaker, *Commentary on 1 and 2 Thessalonians* (*NIGTC*), pp.37-45, 84). 그러나 Wanamaker의 이런 주장은 설득력이 약하다. 두 서신의 선후 문제에서 어느 서신이 먼저이건 기독교 교리나 데살로니가전후서의 내용을 이해하는 데 큰 변화를 주지 못한다. 하지만 살전 1:8과 살후 1:4을 비교하여 데살로니가후서가 먼저 기록되었다고 주장하는 것에는 논리의 비약이 있다.

40) 다음에 열거하는 여러 역본들의 번역을 참조하라. 개역개정판은 "너희 믿음의 소문"으로, 표준새번역은 "여러분의 믿음의 소문"으로, 표준새번역 개정판은 "여러분의 믿음에 대한 소문"으로, 우리말 성경은 "여러분의 믿음의 소문"으로, 아가페 쉬운성경은 "여러분의 믿음"으로, 그리고 표준신약전서는 "너희의 믿음"으로 번역했다. 영어

말씀은 데살로니가 성도들이 바울 일행으로부터 전달받은, 예수 그리스도 안에서 구원받는다는 진리가 여러 곳으로 퍼져 나갔다는 뜻이다. 그렇다면 바울의 큰 칭찬을 받을 만큼 데살로니가 성도들의 믿음의 소문이 각처에 퍼져 나갈 수 있었던 근거는 무엇인가? 그것은 데살로니가 성도들이 "하나님을 향하는 믿음"을 가지고 있었기 때문이다. 피조물은 그 어느 것도 믿음의 대상이 될 수 없다. 사람은 사랑의 대상은 되어도 신뢰의 대상은 되지 못한다. 데살로니가 성도들이 하나님을 바라보는 믿음을 가졌기 때문에 그들의 소문이 널리 전파된 것이다.

죄는 우리의 생활을 거칠게 만들고 귀에 거슬린 소리를 들리게 하지만 하나님의 은혜는 '하나님의 말씀'의 순결한 음성을 취해서 우리의 생활에 전해주는 공명판 역할을 한다. 평지에는 메아리가 없다. 높은 산이 있고 계곡이 있는 곳이라야 "메아리"가 울린다. 우리의 삶이 수평적인 데만 관심을 가진다면 "메아리"는 있을 수 없다. 우리의 눈을 하나님의 높은 보좌로 향하게 해야 한다. 산꼭대기로 올라가야 한다.

1:9~10 성도들의 삶의 세 가지 요점

바울 사도는 데살로니가 성도들이 복음을 받은 후 삶의 모습이 크게 변화되었다고 말한다. 그런데 이들의 삶의 변화에 관한 보고는 선교사들이 직접 목격한 것이 아니요 데살로니가 성도들이 전파한 복음을 들었던 사람들이 보고한 것이다. 그래서 바울은 "저희가"(αὐτοί)를 사용해서 말을 이어간다. 데살로니가 성도들로부터 복음을 받은 사람들은 선교사 일행이 데살로니가에 들어가서 활동한 것[41]과 선교사들로부터 복음을

역본 중 NIV는 "your faith in God"로, NASB는 "your faith toward God"로, 그리고 AV는 "your faith to God-ward"로 번역했다.

41) "어떻게 너희 가운데 들어간 것"(ἔισοδον)은 단순히 선교사 일행이 데살로니가에 들어간 것(enter)을 뜻하지 않고, 선교사 일행의 복음전파를 포함한 데살로니가 도시의 방문 전체(visit)를 뜻한다. Cf. C.A. Wanamaker, *op. cit.*, p. 84.

전해들은 데살로니가 성도들이 어떻게 변화된 삶을 살게 되었는지를 증거하고 있다. 바울은 데살로니가전서 1:9~10에서 데살로니가 성도들의 삶의 세 가지 요점을 데살로니가 성도들로부터 복음을 받은 사람들의 말을 빌어 정리하고 있다

첫째, 데살로니가 성도들은 "우상을 버리고 하나님께로 돌아섰다"(살전 1:9).

사람이 우상을 갖는 것은 창조주 하나님을 인정하지 않는다는 말이다. 세상에는 창조주 하나님과 피조물만 있을 뿐이다. 그런데 피조물 중 어떤 것을 하나님처럼 믿는 것은 창조주이신 하나님을 무시하는 것이다. 그러므로 성도들의 삶 속에서 하나님의 자리를 차지하는 모든 것은 우상이라고 할 수 있다. "우상을 버리고 하나님께로 돌아섰다"는 뜻은 데살로니가 성도들이 그들의 삶 속에서 하나님의 자리를 올바로 인정했다는 뜻이다.

본문의 "돌아섰다"(ἐπιστρέφω)[42]는 말은 과격한 방향 전환을 뜻한다. 본 구절은 그 과격한 방향 전환을 강조하기 위해 "우상들로부터 하나님을 향해"(πρὸς τὸν θεὸν ἀπὸ τῶν εἰδώλων)라고 표현한다. 바울 사도는 데살로니가 성도들의 철저한 회심을 강조하기 위해 "…으로부터(ἀπό) …을 향해(πρός)"라는 표현을 사용한다.[43] 본문의 "돌아섰다"라는 말의 뜻은 회심(conversion)과 같은 의미를 가지고 있다. 본문에서 "'돌아서다'(ἐπιστρέφω)를 사용한 것은 옛 생활로부터 돌아서는 것을

42) ἐπιστρέφω는 신약에서 36회 사용되었다. 누가가 절반이 다 되는 18회(누가복음에 7회와 사도행전에 11회)를 사용한 것으로 보아 누가가 즐겨 사용한 용어임에 틀림없다(눅 1:16, 17; 2:20; 8:55; 17:4, 31; 22:32; 행 3:19; 9:35, 40; 11:21; 14:15; 15:19, 36; 16:18; 26:18, 20; 28:27). 바울 서신에는 3회(고후3:16; 갈 4:9; 살전 1:9) 사용되었다. 명사형 ἐπιστρεφή는 유일하게 행 15:3에만 사용되는데 개역성경은 "돌아온 일"로 번역했지만 "회심"과 같은 뜻이다. ἐπιστρέφω는 여러 곳에서 μετανοέω와 같은 뜻으로 사용되었다.

43) 개역한글판은 "…을 버리고 …께로 돌아와서"라고 번역했다.

뜻하지 않고, 그리스도에게 돌아서는 것을 강조하며, 그리스도를 통해 하나님께 돌아서는 것을 강조하고(참조, 요 14:1,6), 그리하여 새로운 삶으로 돌아서는 것을 강조한다."[44] 데살로니가 성도들은 철저하게 회심한 것이다. 스토트(Stott)는 데살로니가 성도들의 철저한 회심을 우상들과 하나님을 비교함으로 다음과 같이 잘 설명한다. "우상들은 죽었고 하나님은 살아 계시다. 우상들은 거짓이요, 하나님은 참이시다. 우상들은 많지만 하나님은 한 분이시다. 우상들은 보이며 만질 수 있지만 하나님은 시각과 접촉의 한계를 넘어 계셔서 보이지 않고 만질 수 없다. 우상들은 피조물들이요 인간의 작품이지만 하나님은 우주와 온 인류의 창조주이시다."[45] 데살로니가 성도들은 그동안 섬겼던 우상들을 버리고 하나님께로 확실하게 돌아선 것이다. 성경이 가르치는 회심은 회개함으로 죄로부터 돌아섬과 함께 믿음으로 그리스도에게 향하는 것이다. 그러므로 회심은 그리스도를 의지하는 믿음과 죄를 뉘우치는 회개라는 양면을 포함하고 있다.[46] 이런 관점에서 데실로니가 성도들은 "우상을 버리고 하나님께 돌아옴"으로 확실한 회심을 했을 뿐 아니라 "모든 믿는 자의 본"(살전 1:7)이 되었다.

둘째, 데살로니가 성도들은 "사시고 참되신 하나님을 섬겼다"(살전 1:9).

본문은 "하나님"(θεῷ)을 정관사 없이 사용했다. 그러나 바로 앞에 언급된 "우상들을 버리고 하나님께로"(살전 1:9)에서 "하나님" 앞에 정관사를 사용하여 유일신 하나님을 가리키고 있기 때문에 뒤따라

---

44) F. Laubach, "ἐπιστρέφω," *The New International Dictionary of New Testament Theology*, vol. I (Grand Rapids: Zondervan, 1975), p. 355.

45) John Stott, *The Gospel and the End of Time*, p. 39.

46) John Murray, *Redemption Accomplished and Applied*, (Grand Rapids: Eerdmans, 1968), p. 113; Wayne Grudem, *Systematic Theology* (Grand Rapids: Zondervan, 1994). pp. 713-714.

나오는 "하나님" 앞에 반드시 정관사를 붙일 필요가 없다.[47] 그리고 "사시고 참되신"(ζῶντι καὶ ἀληθινῷ)이 "하나님"을 수식하고 있기 때문에 여기 언급된 하나님은 유일하신 창조주 하나님을 가리키는데 전혀 오해가 있을 수 없다. 하나님을 수식하는 "사시고 참되신"이란 두 단어는 하나님이 어떤 분이신 것을 분명하게 설명한다.

하나님은 살아 계신 분이다. 하나님은 "나는 알파와 오메가라 이제도 있고 전에도 있었고 장차 올 자요 전능한 자라"(계 1:8)고 말씀하신다. 하나님은 "어제나 오늘이나 영원토록 동일"(히 13:8)하신 분이다. 살아 계신 하나님은 죽은 우상과 대조를 이룬다. 하나님은 죽은 우상에 반하여 살아 계신 분이시요, 우상은 거짓 신들인데 반해 하나님은 참되신 분이시다. 하나님은 모든 생명의 근원이시다.

하나님의 살아 계심은 예수님을 죽은 자들 가운데서 살리신 사건에서 나타나며, 성도들에게 깨어 있는 믿음을 주신 사실에서 나타나며, 인간을 심판하실 그의 준비에서 나타난다.[48]

그래서 시편 기자는 "만방의 모든 신은 헛것이요 여호와께서는 하늘을 지으셨음이로다"(시 96:5)라고 말하고 "저희 우상은 은과 금이요 사람의 수공물이라 입이 있어도 말하지 못하며 눈이 있어도 보지 못하며 귀가 있어도 듣지 못하며 코가 있어도 맡지 못하며 손이 있어도 만지지 못하며 발이 있어도 걷지 못하며 목구멍으로 소리도 못하느니라"(시 115:4~7)고 천명한다.

하나님은 참되신 분이다. 성경에 "하나님은 참되시다"라는 표현이

---

47) 이와 비슷한 용법이 행 14:15(θεὸν ζῶντα); 롬 9:26(θεοῦ ζῶντος); 고후 3:3(θεοῦ ζῶντος); 딤전 3:15(θεοῦ ζῶντος); 딤후 4:10(θεῷ ζῶντι); 히 3:12(θεοῦ ζῶντος); 히 9:14(θεῷ ζῶντι); 히 10:31(θεοῦ ζῶντος); 히 12:22(θεοῦ ζῶντος); 벧전 1:23(ζῶντος θεοῦ)에서 나타난다.

48) James Moffatt, *The First and Second Epistles to the Thessalonians* (*The Expositor's Greek Testament*, Grand Rapids: Eerdmans, 1980), p.25.

두 가지로 사용된다. 하나는 "하나님은 참되시다"(ἀληθής) 할 때 하나님의 도덕성을 강조해서 사용한 경우요(요 3:33; 롬 3:4), 다른 하나는 "하나님은 참되시다"(ἀληθινός) 할 때 하나님의 본질을 강조하여 사용한 경우이다(요 1:9; 17:3). 본문의 "참되신 하나님"(θεῷ ἀληθινῷ)은 "하나님은 진실하시다" 혹은 "하나님은 성실하시다"의 뜻보다는 "하나님은 실재(real)하시다," "하나님은 완전(perfect)하시다" 혹은 "하나님은 실체(substantial)이시다"라는 뜻이다.[49] "하나님은 참되시다"(ὁ θεὸς ἀληθής ἐστιν)는 하나님이 거짓말하실 수 없다는 의미에서 "하나님은 참되시다"(요 3:33)라고 말할 수 있지만 본 구절의 "참되신 하나님"(θεῷ ἀληθινῷ)은 우상들과는 구별된 하나님을 묘사하는 표현이다(살전 1:9). 그래서 본문은 모든 우상이 인간의 수공물에 지나지 않은 비실재하는 것임에 반해 하나님은 천지를 창조하신 분으로 실재하신 하나님이심을 강조하고 있다. "이스라엘에는 참 신이 없고"(대하 15:3)[50]라는 말의 뜻은 이스라엘이 실재하신 하나님, 완전하신 하나님을 섬기지 않고 신이 아닌 인간의 작품인 우상을 섬겼다는 뜻이다. 데살로니가 성도들은 이처럼 살아 계실 뿐 아니라 실재하신 완전한 하나님을 섬긴 것이다.

셋째, 데살로니가 성도들은 "그의 아들이 하늘로부터 강림하심을 기다렸다"(살전 1:10).

데살로니가전서는 비록 짧은 서신이지만 매 장마다 예수님의 강림에

---

49) Marvin R. Vincent, *Word Studies in the New Testament*, vol. II (Grand Rapids: Eerdmans, 1975), p. 44: "The difference is that ἀληθής signifies *true*, as contrasted with *false*; while ἀληθινός signifies what is *real*, *perfect*, and *substantial*, as contrasted with what is *fanciful*, *shadowy*, *counterfeit*, or merely *symbolic*." A.C. Thiselton, "Truth," *The New International Dictionary of New Testament Theology*, vol. 3 (Grand Rapids: Zondervan, 1979), p. 883; John Eadie, *Thessalonians*, p. 52.

50) LXX: "τῷ 'Ισραὴλ ἐν οὐ θεῷ ἀληθινῷ."

대해 다룬다(살전 1:10; 2:19~20; 3:13; 4:13~18; 5:2, 23). 바울 사도가 이렇게 "예수님의 강림"을 강조한 것은 고난과 핍박 중에서도 성실한 신앙생활을 하고 있는 데살로니가 성도들을 위로하고 격려하기 위함이다(행 17:10, 13 참조, 살전 1:6~8). 데살로니가 성도들은 핍박 중에서도 소망의 인내를 가지고 다른 사람들의 본이 되는 성도의 삶을 살았다. 그들의 소망은 하나님의 아들이 하늘로부터 강림하여 선과 악을 구별하고, 하나님의 사랑을 받을 자와 하나님의 진노를 받을 자를 구분하는 심판을 기다리는 것이다.

스토트(Stott)는 데살로니가전서 1:9~10에 묘사된 데살로니가 성도들의 삶의 변화를 다음과 같이 묘사한다. "바울은 데살로니가 성도들의 삶에서 변할 수 없는 회심의 본을 우리에게 보여준다. 물론 사람들이 돌아서야 할 다른 우상들이 있다. 그리고 그들이 하나님을 섬기는 다른 모양이 있다. 그러나 과거와의 단절은 항상 단호한 것이어야 하며(우상들을 버리고), 현재의 경험은 자유함을 주는 것이어야 하고(사시고 참되신 하나님을 섬기며), 미래의 전망은 간절히 기다리는 것이어야 한다(그의 아들이 하늘로부터 강림하심을 기다린다). 이처럼 돌아섬, 섬김, 기다림이 없이는 아무도 회심했다고 주장할 수 없다."[51]

본문의 "기다린다"(ἀναμένειν)라는 용어는 신약성경 이곳에서만 사용된 용어이다. 그러나 이 용어에 특별한 의미를 부여할 필요는 없다. 바울 사도는 자신의 서신에서 "기다린다"는 의미를 가지고 있는 다른 용어(ἀπεκδέχομαι)를 더 자주 사용한다(롬 8:19, 23, 25; 고전 1:7; 갈 5:5; 빌 3:20). 바울이 사용한 이 두 용어는 종말을 고대하는 모습을 묘사하기 위해 사용되었다.[52] 본문의 "기다림"은 하나님의 아들 예수 그리스도의 재림을 기다리는 것이다. 본 구절에서 "기다림"의 직접

51) John Stott, *The Gospel and the End of Time*, p. 43.
52) Walter Grundmann, "ἀπεκδέχομαι," *TDNT*, vol. Ⅱ, p. 56.

목적어는 하나님의 아들이다. 데살로니가전서 1:10은 성도들이 하나님의 아들을 기다릴 때 기억해야할 중요한 요소 몇 가지를 설명한다. ① 성도들은 기다리는 대상이 예수님임을 기억해야 한다. 베들레헴에서 태어나 팔레스틴에서 33년 사시다가 죄인들을 대속하시기 위해 십자가 위에서 돌아가신 바로 그 역사적 예수님을 기다려야 한다. 하나님의 구속 역사 진행에서 과거는 미래와 밀접하게 연관되어 있다. ② 성도들은 하나님의 아들이 "하늘로부터" 오실 것임을 기억해야 한다. 하나님의 아들은 구속을 성취하시고 "하늘"로 올라가셨다(행 1:11; 엡 4:8). 하늘에 오르신 예수님은 하나님 우편에 앉아 계신다(행 2:33, 34; 5:31; 롬 8:34; 골 3:1; 히 8:1; 12:2; 벧전 3:22).[53] 성도들은 영광과 권세의 자리에서 다시 오실 예수님을 기다리는 것이다. ③ 다시 오실 예수님은 재림 때에 성도들을 "장래 노하심", 즉 "하나님의 진노"에서 구하시게 될 것이다. 하나님의 진노는 예수님을 구세주로 고백하지 않는 모든 사람들에게 고통으로 임하게 될 것이다. 따라서 하나님의 진노는 하나님의 공의로운 심판의 시행을 뜻한다. 하나님은 사람들에게 예수님을 구주로 고백할 수 있는 충분한 기회와 핑계치 못할 증거들을 주셨다(롬 1:18~20). 이제 예수님이 재림하셔서 악인은 멸망으로 성도는 영생으로 공의롭게 심판하실 것이다. ④ 그런데 앞으로 재림하시어 심판주 역할을 하실 하나님의 아들이 다름 아닌 십자가에서 죽으신 후 사흘 만에 부활하신 나사렛 예수시라는 점이다(살전 1:10). 예수님이 죽은 자들 가운데서 다시 사시지 않으셨다면 성도에게는 전혀 소망이 없다.[54] 사실상 예수

---

[53] 하나님의 우편이라는 뜻은 실제적으로 우편 좌편을 뜻하지 않는다. "하나님은 영이시며"(요 4:24) "변함도 없으시고 회전하는 그림자도 없으시기" (약 1:17) 때문에 하나님에게는 우편 좌편이 있을 수 없다. 하나님의 우편이라는 뜻은 영광과 존귀와 권세의 자리라는 뜻이다. 예수님은 부활하신 메시아로서 능력으로 심판하실 것이다.

[54] Gene L. Green, *The Letters to the Thessalonians,* pp. 109-110.

님의 부활은 그가 마지막 때에 심판주가 될 수 있도록 하는 자격 규정이 된다. 예수님은 부활 승천하심으로 심판주가 되신 것이다.

그러나 바울 사도는 예수님의 부활을 거의 모든 경우에 수동적으로 묘사한다.[55] 예수님의 부활은 예수님 자신이 부활한 것으로 묘사되지 않고 하나님이 부활시킨 것으로 묘사된다. 바울은 예수님의 부활을 수동적으로 묘사함으로 부활에 있어서 예수님과 성도들의 연합을 강조하기 원했다(롬 4:24; 8:11; 10:9; 고후 1:9). 이런 방법을 통해 바울은 예수님의 부활과 그의 백성들의 부활 사이의 차이점에 관심을 둔 것이 아니라 양자 사이의 공통점에 관심을 쏟았다. 본 구절(살전 1:10)에서도 같은 사상이 나타난다. 하나님은 "죽은 자들 가운데서 다시 살리신" 일을 하셨고, 그의 아들은 죽은 자 가운데서 일으킴을 받았다. 부활하신 그의 아들이 성도들을 마지막 심판에서 구원하실 것이다.

55) 살전 4:14은 예수님이 자신의 부활에서 능동적인 역할을 한 것으로 묘사되는 하나의 예외이다.

제2장 주해

2:1-4 · 복음 전파에 대한 바울의 태도

2:5-16 · 복음 전파에 대한 바울의 변증

2:17-20 · 복음 전파의 열매

2:1~4 복음 전파에 대한 바울의 태도

> 형제들아 우리가 너희 가운데 들어감이 헛되지 않은 줄을 너희가 친히 아나니 너희 아는 바와 같이 우리가 먼저 빌립보에서 고난과 능욕을 당하였으나 우리 하나님을 힘입어 많은 싸움 중에 하나님의 복음을 너희에게 말하였노라 우리의 권면은 간사에서나 부정에서 난 것도 아니요 궤계에 있는 것도 아니라 오직 하나님의 옳게 여기심을 입어 복음 전할 부탁을 받았으니 우리가 이와 같이 말함은 사람을 기쁘게 하려 함이 아니요 오직 우리 마음을 감찰하시는 하나님을 기쁘시게 하려 함이라(살전 2:1~4).

1절 서두에 "왜냐하면"(γάρ)이 나온다. 이는 바울 사도가 데살로니가전서 2장의 내용을 앞에 나온 내용(살전 1:2~10)과 관련시켜 생각하고 있다는 뜻이다. 바울은 이미 데살로니가전서 1:9에서 "우리가 어떻게 너희 가운데 들어간 것과"[1]라고 말한 것처럼 본 절에서도 "우리가 너희 가운데 들어감이 헛되지 않았다"(살전 2:1)라고 밝히고 있다. 바울은 자신들이 데살로니가에 들어 간 것이 헛되지 않았음을 데살로니가 성도들이 친히 알고 있다고 말한다. 데살로니가 성도들이 바울 일행의 데살로니가 방문을 안 것은 이미 언급되었다(살전 1:5).

바울은 자신들이 데살로니가에 들어감으로 좋은 결과와 열매가 있었다고 증언한다(살전 2:1). 본문의 "헛되지 않은 줄"은 완료시상으로 바울의 선교 사역이 계속해서 영향을 미쳤다는 뜻이다.[2] 선교사들은 하나님의 말씀을 들고 데살로니가를 방문했다. 하나님의 말씀은 능력이 있는 말씀이다. 그러므로 하나님의 말씀은 공허하게 돌아오지 않는다

---

[1] 살전 1:9에서 사용된 εἴσοδον(들어간 것)이 살전 2:1에서도 사용되었다.

[2] οὐ κενὴ γέγονεν (γίνομαι의 완료)은 선교사들의 사역이 계속적으로 효과를 나타내고 있음을 강조하고 있다.

(히 4:12; 사 40:8).

바울은 복음을 전하고 또 복음을 받는 것이 고난을 수반한다는 사실을 알고 있었다(빌 1:29). 바울 일행이 빌립보에 들어갔을 때 사실상 하나님의 인도가 있었다. 원래 바울 일행은 비두니아 지방에 가서 복음을 전하기 원했지만 예수의 영이 이를 막았다(행 16:7). 그리고 마게도냐 사람이 그들을 초청했다. 바울은 "마게도냐 사람 하나가 서서 그에게 청하여 가로되 마게도냐로 건너와서 우리를 도우라"(행 16:9)는 환상을 밤에 보았다고 증언한다. 이렇게 바울 일행은 자신들이 전도하기 원하는 지역은 예수의 영이 막았고 그들이 생각해 보지도 않았던 지역에서 그들을 초청하는 일이 벌어지게 되었다.[3] 어떤 의미에서 바울 일행은 환영받으며 빌립보에 들어갈 수 있었다.

그러나 빌립보에서 좋은 일만 바울 일행을 기다리고 있지 않았다. 하나님의 인도가 있었으면 순탄한 길만 있어야 할 것 같은데 복음 전도의 경우는 그렇지 않다. 복음 전도의 경우는 항상 고난과 핍박이 뒤따른다. 바울 일행은 빌립보에서 감옥에 갇혔고 고난을 당하게 되었다(행 16:19~24). 바울 일행은 공중 앞에서 매 맞는(행 16:37) 치욕도 당했다. 초청을 받아 간 곳에서 고난을 당한 것이다.

빌립보와는 달리 바울 일행이 데살로니가에 들어갔을 때는 승리의 입성은 아니었다. 바울 일행은 데살로니가에서 많은 저항과 방해를 받았다(행 17:5~10). 유대인들의 시기는 극에 달할 만큼 아주 심했다(행 17:5). 바울 일행이 데살로니가를 떠날 때의 상황은 밤에 떠날 수밖에

---

[3] 마게도냐 사람의 초청이 하나님의 인도하심은 하나님께서 바울 일행을 순탄하게 인도하시는 데서도 나타난다. 성경은 바울 일행이 "드로아에서 배로 떠나 사모드라게로 직행하여 이튿날 네압볼리로 가고 거기서 빌립보에 이르니"(행 16:11~12)라고 기록한다. 바울 일행은 아시아에서 구라파로 건너가는데 이틀밖에 걸리지 않았다. 그런데 바울 일행이 같은 거리를 반대 방향에서 건널 때는 "닷새"가 걸렸다(행 20:6). 모든 다른 여건을 감안할지라도 바울 일행이 이틀 만에 드로아에서 빌립보 옆 항구인 네압볼리까지 갈 수 있었던 것은 하나님의 특별하신 섭리와 인도가 있었다는 증거다.

없을 만큼 절박했다(행 17:10). 이런 모든 내용은 데살로니가 성도들이 이미 알고 있었던 사실이다. 그래서 바울은 "너희 아는 바와 같이"(살전 2:2)라고 쓰고 있다. 데살로니가 성도들은 바울 일행이 복음 때문에 당한 고통을 이미 알고 있었다. 바울은 자신들이 데살로니가에 들어가기 전에 빌립보에서 이미 고난을 받고 능욕을 당했다고 설명한다.

바울 사도는 "우리 하나님을 힘입어"(살전 2:2) 계속 사역할 뿐 아니라 담대해 질 수 있었다. "우리 하나님을 힘입어"라는 말은 하나님의 인도하심과 하나님의 인정하심을 함축하는 표현이다. 바울은 하나님의 인도하심과 인정하심을 느끼며 계속 담대히 사역할 수 있었다.

2절에서 "많은 싸움 중에 하나님의 복음을 너희에게 말하였노라"는 표현 가운데 "많은 싸움 중에"라는 어구는 네 가지 의미를 함의하고 있다. 첫째, "심각한 반대에도 불구하고"라는 뜻이 있고, 둘째, "큰 고통 중에"라는 뜻이 있으며, 셋째, "분투하는 노력으로"라는 뜻이 있고, 넷째, "깊은 관심으로"라는 뜻이 있다. "'싸움'(ἀγών)이란 경기를 위한 모임을 가리키기도 하고, 다음으론 경기 자체를 가리키기도 하며, 마지막으로는 경기 때문에 오는 고통을 가리키기도 한다."[4] 따라서 "싸움 중에"라는 표현은 "심각한 반대에도 불구하고," "분투하는 노력으로," "깊은 관심으로"라는 의미라고 할 수 있다. 이 뜻은 바울 일행이 어떠한 태도와 마음으로 데살로니가를 방문했는지 보여 준다. 그들은 열심을 다해 복음을 전했고 데살로니가 교회에 대한 깊은 관심을 가지고 있었다.

"하나님의 복음"은 하나님이 주신 복음이다.[5] 복음은 하나님으로부

---

4) William Hendriksen, *I and II Thessalonians*(*NTC*, Grand Rapids: Baker, 1974), p.61.

5) τὸ εὐαγγέλιον τοῦ θεοῦ는 주격적 소유격이다. 그러므로 하나님을 전하는 복음이 아니라 하나님이 주신 복음이다. 즉 바울이 전한 하나님이 주신 복음은 살전 1:10에 요약되어 있다.

터 기원한다. 하나님께서 독생자 아들을 이 땅에 보내시고 그의 죽음과 부활을 통해 구속을 성취하시고 그를 믿는 자를 위해 다시 보내신다는 복음이다(롬 1:2~5; 10:9~10). 바울은 이 복음을 담대하게, 공개적으로 선포했다. 개역한글판은 "담대하게"를 생략했지만 본문에 사용된 용어 "말하였노라"(ἐπαρρησιασάμεθα)는 공개적으로 혹은 담대하게 말하는 것을 뜻한다.

3절은 "왜냐하면"(γάρ)으로 시작된다. 그것은 바울이 말하고자 하는 내용이 이전 절과 연계되었다는 것을 보이는 말이다.[6] 고난과 핍박 가운데 있는 데살로니가 성도들에게 주는 권면이 간사에서나 부정에서 난 것이 아니라고 이해하는 것은 별로 설득력이 없다. 핍박 중에서도 충성스럽게 신앙생활하고 있는 성도들에게 권면하면서 바울 사도가 "간사"나 "부정"이나 "궤계"와 같은 용어를 사용했다고 생각할 수가 없다. 따라서 바울 사도의 의도를 잘 이해하려면 그가 본문에서 "권면"을 어떤 의미로 사용했느냐를 밝혀내야 한다. 본 구절은 바울이 고난과 고통 가운데서도 복음을 담대하게 선포한 이유를 열거한다.

"우리의 권면은"(살전 2:3)이라는 표현에서 "권면"(παράκλησις)은 호소, 권면, 격려, 위로라는 다양한 의미를 가지고 있다.[7] 따라서 정확한 의미는 문맥에 비추어 찾아내야 한다. 어떤 이는 "파라클레시스"(권면)를 "위로"(comfort or consolation)라는 뜻으로 해석한다. 켐러(Kemmler)는 바울이 혼란한 상황 속에서 복음을 전했기 때문에 수신자들을 위로하면서 예수님의 재림의 때까지 참을 것을 제안했다고 해석한다.[8]

---

6) 한글개역판은 "왜냐하면"이나 혹은 "이는"이라는 표현을 생략하고 있다.

7) "권면"(παράκλησις)은 신약에서 명사형으로 29회 나타나는데 누가복음(2회) 사도행전(4회) 바울서신(20회), 그리고 히브리서(3회)에 나타난다. Cf. J.B. Smith, *Greek-English Concordance to the New Testament*(Scottale: Herald Press, 1974), p.275(section 3774).

8) Dieter Werner Kemmler, "Faith and Human Reason: A Study of Paul's Method of Preaching as Illustrated by 1-2 Thessalonians and Acts 17, 2-4." *Novum*

그러나 이 견해는 본 절을 이해하는 데 어려움이 뒤따른다. 첫째로, 데살로니가전서 2:3과 예수님의 강림이 직접적으로 연계되지 않는다는 점이다. 바울은 데살로니가 성도들을 위로하고 있는 것이 아니다. 둘째로, 본문의 내용 가운데 "부정에서 난 것도 아니요"라는 표현은 "위로"의 개념과 상관없는 동떨어진 것이다. 고난과 핍박 가운데 있는 데살로니가 성도들에게 전하는 선교사들의 위로가 부정에서 난 것이 아니다고 이해한다는 것은 설득력이 거의 없다. 그러므로 본 구절의 "파라클레시스"를 "위로"로 해석하는 것은 타당성이 없다.

"파라클레시스"를 "권면"으로 해석하는 이도 있다. 슈미츠(Schmitz)에 따르면, 바울이 데살로니가전서 2:3에서 언급하고 있는 내용은 바울이 데살로니가를 처음 방문했을 때의 일이므로 그가 데살로니가 사람들에게 새로운 신앙과 삶의 방식에 대해 "권면"을 했었다고 해석한다.[9)]

물론 3절의 "파라클레시스"를 "권면"으로 이해할 수도 있으나 어색한 면이 없지 않다. 3~4절의 내용은 권면이라고 하기에는 적절하지 않다. 3절만 생각한다면 권면이라고 생각할 수도 있다. 즉 우리의 권면은 간사한 마음이나 부정을 추구하는 생각이나, 궤계로 이루어진 것이 아니라는 뜻으로 이해할 수 있다. 그러나 바울 사도는 3절과 4절을 대비시켜 설명하고 있다.[10)] 그렇다면 "권면"과 "하나님을 기쁘시게 함"(살전 2:4)은 서로 잘 어울리지 않은 개념이다. "권면"은 권면을 듣는 자를 중심으로 하는 말이지만 "하나님의 옳게 여기심을 입어"나

Testamentum Supplements 40(Leiden: Brill, 1975), pp.175-77.

9) Otto Schmitz, "παρακαλέω, παράκλησις", *Theological Dictionary of the New Testament*(이후 *TDNT*로 사용), vol. V(Grand Rapids: Eerdmans, 1973), pp. 794-5; Charles A. Wanamaker, *Commentary on 1 and 2 Thessalonians* (*NIGTC*, Grand Rapids: Eerdmans, 1990), p. 94.

10) 살전 2:4 초두의 ἀλλά는 이를 증거하고 있다.

"우리 마음을 감찰하시는 하나님을 기쁘시게 하려 함이라"(살전 2:4)라는 표현은 권면하는 사람을 중심으로 하는 말이다.

그러므로 3절의 "파라클레시스"는 "위로"나 "권면"보다 "호소"나 "간청"으로 해석하는 것이 더 바람직하다. 왜냐하면 "호소"의 개념은 3절의 내용이나 4절의 내용과 모두 잘 일치하기 때문이다. 바울의 호소는 간사에서나 부정에서 난 것도 아니요 궤계에 있는 것도 아니다. "……오직 마음을 감찰하시는 하나님을 기쁘시게 하기 위해"(살전 2:3~4) 하는 것이다. 헨드릭센은 "파라클레시스"를 호소(appeal or entreaty)로 해석한다.[11)]

바울은 3절에서 부정적인 표현으로 말하지만 곧 이어 4절에서는 긍정적인 표현으로 자신들이 어떤 태도로 복음을 선포했는지 설명한다. 바울은 먼저 세 가지 부정적 표현을 통해 자신의 호소가 진실되고 진정한 것이었다고 증거한다.

첫째, 바울은 자신들이 담대히 선포한 하나님의 말씀은 간사에서 나온 것이 아니라고(οὐκ ἐκ πλάνης) 밝힌다. 본문에 사용된 "간사"는 "잘못"이나 "속임수"라는 뜻이다.[12)] 본문은 바울의 복음 선포가 속과 겉이 다르거나 처음과 나중이 다른 상대방을 속이려는 의도로 된 것이 아님을 분명히 한다. 바울은 순수한 마음으로 데살로니가에 복음을 전했다.

둘째, 바울은 자신들의 말씀 선포가 "부정에서 난 것도 아니요"라고 밝힌다. 본문의 "부정"이 어떤 부정인지에 대해서는 의견이 서로 갈린다. 모리스(Leon Morris)에 따르면 현대와는 달리 옛날에는 종교 의식이 성적인 타락과 관련이 있었기 때문에 본문의 "부정"은 성적 타락을

---

11) William Hendriksen, *I and II Thessalonians*, p. 62.

12) O. B cher, "πλανάω," *Exegetical Dictionary of the New Testament*(이후부터 *EDNT*로 사용), vol. 3(Grand Rapids: Eerdmans, 1993), p. 100.

가리키고 따라서 바울은 우리가 복음을 담대히 전파한 것은 적대자들의 주장처럼 "부정(성적 타락)에서 난 것이 아니요"라는 의도로 말했다는 것이다.[13] 그리고 이렇게 주장하는 사람은 "적지 않은 귀부인도 권함을 받고 바울과 실라를 좇았다"(행 17:4)는 것을 근거로 제시하기도 한다. 즉 바울의 반대자들은 바울이 돌아다니면서 자신의 소신을 전파한 것은 많은 여인들을 끌어들여 자신의 성적 욕구를 충족하기 위함이었다는 식으로 바울을 공격했다. 이런 중상모략을 받은 바울 일행은 그에 대한 답변으로 우리들의 담대한 복음 선포는 성적 욕구의 충족을 위함이 아니었다는 것이다.

그러나 문맥은 "부정"(ἀκαθαρσίας)이 성적 타락과 관계되어 있다는 어떤 언급도 하지 않는다. 본문의 "부정"은 일반적인 의미로 받아야 한다. 그 당시 대적자들은 바울 일행에 대해 그들이 돌아다니면서 비밀스런 교훈으로 사람들을 미혹시키는 다른 종교 지도자들과 같다고 비난했기 때문에 바울은 자신들이 하는 일은 탐욕이나 명예를 추구하기 위해서 한 것이 아니라고 밝히고 있다.[14] 이디(Eadie)에 따르면, "부정"은 "가장 넓은 의미로 사용되었는데 모든 종류의 동기나 관계나 행위의 부정을 포함한다. 공적인 교사에게서 발견될 수 있는 부정은 어떤 것이든지, 즉 이기심이나 물질에 대한 욕망이나 불성실이나 교활한 목적 따위의 모든 것이 명백하게 부인되거나 논박되었다"[15]는 뜻으로 해석한다. 바울이 우리의 담대한 복음 전파가 "부정에서 난 것도 아니

---

13) Leon Morris, *The First and Second Epistles to the Thessalonians*(*NICNT*, Grand Rapids: Eerdmans, 1970), p.71; B da Rigaux, *Saint Paul: Les pitres aux Thessaloniciens*(Bib; Paris: Gabalda, 1956), p. 407.

14) John Stott, *The Gospel and the End of Time: The Message of 1 and 2 Thessalonians* (Downers Grove: Inter Varsity Press, 1991), p. 50; Charles A. Wanamaker, *Commentary on 1 and 2 Thessalonians*, p.95; William Hendriksen, *I and II Thessalonians*, p. 62.

15) John Eadie, *Greek Text Commentaries: Thessalonians*(Grand Rapids: Baker, 1979), p. 58.

요"라고 말한 바는 자신들의 동기나 방법이나 목적이 모두 깨끗하고 순수한 마음으로 그렇게 한 것임을 나타내고 있다는 것이다.

셋째, 바울은 자신들의 말씀 선포가 "궤계에 있는 것도 아니라"(살전 2:3)고 밝힌다. "궤계"는 상대방을 속이는 것을 뜻한다. 바울은 자신들의 말씀 선포가 데살로니가 성도들을 속이기 위한 계책으로 이루어진 것이 아니었다고 명확히 밝힌다. 바울의 복음 선포는 수상하거나 의심쩍은 방법으로 이루어지지 않았다. 바울은 듣는 자들의 유익을 위해 복음을 전한 것이지 그들을 이용하기 위해 복음을 전한 것이 아니다.

바울은 자신을 먼저 부정적인 표현으로 변호하고 4절에서는 긍정적인 주장으로 변호한다. 바울은 4절에서 하나님을 강조한다. 바울은 자신들이 하나님의 인정하심을 받았고, 하나님이 사람들의 마음을 점검하며, 그래서 자신들은 하나님만을 기쁘게 한다고 말하고 있다(살전 2:4). 첫째, 바울은 자신들이 하나님의 시련에 합격한 사람들이며 현재도 합격 받은 상태라고 말한다.[16] 바울과 일행은 하나님의 시련을 성공적으로 통과하여 인정받은 사역자들이다. 둘째, 바울은 하나님의 인정받음을 근거로 "복음 전할 부탁을 받았"다(살전 2:4). 바울은 복음을 위탁받은 것이다. 본문은 복음 전파의 위탁이 사람에게 주어졌다고 밝힌다. 청지기가 자신의 주인의 재산을 맡아 관리하듯 복음을 위탁받은 사람들은 하나님의 풍요한 보화를 위탁받았으므로(고후 4:7~15; 엡 3:10) 위탁받은 복음을 변질되지 않도록 잘 보존하고 전수시켜야 한다. 복음을 위탁받은 사람은 일국의 대사와 같다(고후 5:20). 대사는 자신을 보낸 사람의 의도대로 말을 하고 행동을 해야 한다. 셋째, 바울은 하나님의 대사가 되어 복음을 위탁받았으므로 이제는 사람을 기쁘게 하기보다 하나님을 기쁘게 하기 원한다고 밝힌다. 바울에게 책임을 물을 분은

---

16) δεδοκιμάσμεθα는 완료시상으로 과거에 인정된 것이 현재도 인정받은 상태로 있음을 증거하고 있다.

사람이 아니요 하나님이시다. 넷째, 바울은 자신들이 기쁘시게 하고자 하는 그 하나님이 우리들의 마음을 인정하신다고 고백한다. "우리 마음을 감찰하시는"(살전 2:4, 개역한글판)이라고 한 번역은 "우리 마음을 인정하시는"으로 이해해야 한다. "감찰하시는"(δοκιμάζοντι)이라는 말은 바로 앞에 사용한 "하나님의 옳게 여기심을 입어"(δεδοκιμάσμεθα)라는 말과 동일한 단어다.[17] 바울과 그의 일행은 하나님의 테스트에 합격하여 복음을 전한 것이다. 하나님은 모든 것을 아시는 분이시다. 하나님 앞에서 비밀은 있을 수 없다. 인간의 눈은 속일 수 있지만 하나님은 속일 수 없다.

바울은 자신들의 복음 전파 사역이 간사나 부정이나 궤계에 의해 이루어진 것이 아니요, 하나님의 인정함을 받은 사역으로 오직 하나님을 기쁘시게 하기 위해 행한 것이요, 하나님만이 그들의 동기와 방법과 결과의 옳고 그름을 물으실 수 있다고 선언한다.

2:5~16 복음 전파에 대한 바울의 변증

너희도 알거니와 우리가 아무 때에도 아첨의 말이나 탐심의 탈을 쓰지 아니한 것을 하나님이 증거하시느니라 우리가 그리스도의 사도로 능히 존중할 터이나 그러나 너희에게든지 다른 이에게든지 사람에게는 영광을 구치 아니하고 오직 우리가 너희 가운데서 유순한 자 되어 유모가 자기 자녀를 기름과 같이 하였으니 우리가 이같이 너희를 사모하여 하나님의 복음으로만 아니라 우리 목숨까지 너희에게 주기를 즐겨함은 너희가 우리의 사랑하는 자 됨이니라 형제들아 우리의 수고와 애쓴 것을 너희가 기억하리니 너희 아무에게도 누를 끼치지 아니하려고 밤과 낮으로 일하면서 너희에게 하나님의 복음을 전파하였노라 우리가 너희 믿는 자들을

---

17) δοκιμάζοντι는 δοκιμάζω의 현재 분사 형으로 하나님이 계속적으로 우리들의 마음을 꿰뚫어 보고 계심을 증거 한다.

향하여 어떻게 거룩하고 옳고 흠 없이 행한 것에 대하여 너희가 증인이요 하나님도 그러하시도다 너희도 아는 바와 같이 우리가 너희 각 사람에게 아비가 자기 자녀에게 하듯 권면하고 위로하고 경계하노니 이는 너희를 부르사 자기 나라와 영광에 이르게 하시는 하나님께 합당히 행하게 하려 함이니라 이러므로 우리가 하나님께 쉬지 않고 감사함은 너희가 우리에게 들은 바 하나님의 말씀을 받을 때에 사람의 말로 아니하고 하나님의 말씀으로 받음이니 진실로 그러하다 이 말씀이 또한 너희 믿는 자 속에서 역사하느니라 형제들아 너희가 그리스도 예수 안에서 유대에 있는 하나님의 교회들을 본받은 자 되었으니 저희가 유대인들에게 고난을 받음과 같이 너희도 너희 나라 사람들에게 동일한 것을 받았느니라 유대인은 주 예수와 선지자들을 죽이고 우리를 쫓아내고 하나님을 기쁘시게 아니하고 모든 사람에게 대적이 되어 우리가 이방인에게 말하여 구원 얻게 함을 저희가 금하여 자기 죄를 항상 채우매 노하심이 끝까지 저희에게 임하였느니라(살전 2:5~16).

본 단락에서 바울 사도는 자신의 복음 전파에 대해 두 가지로 변증한다. 2:5~6은 부정적 변증이요, 2:7~16은 긍정적 변증이다. 헬라어 원문을 보면 5절 서두에 "왜냐하면"(γάρ)이라는 접속사가 있으나 한역에는 빠졌다. 5절의 "왜냐하면"이라는 접속사는 3절의 "왜냐하면"과 연결되어 있다. 바울은 3절에서 "왜냐하면 우리의 권면은 간사에서나 부정에서 난 것도 아니요 궤계에 있는 것도 아니라"는 식으로 자신의 입장을 변호한다. 바울은 같은 사상적 배경을 가지고 2:9에서도 "왜냐하면"을 사용하여 계속 변호하고 있다. 이처럼 바울은 자신이 하지 않은 일들을 근거로 먼저 변호하고 다음으로 자신이 한 일을 근거로 변호한다.

2:5~6 부정적 변증

첫째, 바울은 "아첨의 말"을 하지 않는다(살전 2:5). "아첨"(κολακεία)은 신약성경에서 이 구절에만 나타나는 용어이다(hapax legomena). "아첨"은 우정을 악용하는 것이다. 동아 새 국어사전은 아첨을 "남에게 잘 보이려고 알랑거리며 비위를 맞춤, 또는 그렇게 하는 짓"[18]이라고 정의한다. 아첨의 말은 다른 사람을 설복시킬 때 사용하는 말이 불성실한 것을 가리킨다. 여기 사용된 "아첨의 말"은 우리 한글의 의미처럼 상대방의 마음을 기분 좋게 하여 자신의 목적을 이루는 것에 국한되지 않는다. 빈센트(Vincent)는 "아첨의 말"을 "바울은 복음이 수용되도록 하기 위해 아첨의 차원으로 내려가지 않았다. 그들은 사람들이 자기만족에 빠질 수 있는 현란한 말로 사람들의 마음의 눈을 가려 복음이 요구하는 과격한 변화를 수용하게 하지 않았다"[19]라고 해석한다. 여기 "아첨의 말"은 자신의 목적을 이루기 위해 사용한 모든 말을 가리킨다. "아첨의 말"은 듣는 이의 귀는 즐겁게 할지 모르나 듣는 이를 교만하게 만들고 인격을 손상시킨다. 결국 "아첨의 말"이란 말하는 사람의 목적을 이루기 위해 하는 것이기 때문에 객관적으로 불성실한 말이 된다.

바울은 그 당시 헬라적 수사학자들처럼 입에만 매끄럽고 저의가 악한 아첨의 말로 설교하지 않았다.[20] 설교자가 "예수 믿으면 여러분들은 성공하고 건강하며, 가정도 행복하고 우환도 없고, 생업은 번창하고 항상 성장하는 일만 있을 것이다"라고 성도들을 가르치면 그것은 복음 전파와 연관하여 생각할 때 설교자가 아첨의 말을 하는 것과 같다. 왜냐하면 예수 믿는 성도들이 예수 믿는 것 때문에 모든 고난과 고통을 면제받지 않았기 때문이다.

바울은 데살로니가 교회에 이처럼 자신의 개인적인 목적을 이루기 위해 거짓말을 하거나 또는 "아첨의 말"을 하여 복음을 변질시키지 않았다고 변증한다.

둘째, 바울은 "탐심의 탈"을 쓰지 않았다(살전 2:5). 원래 "탈"이란

---

18) 『동아 새 국어사전』, 이기문 감수(서울: 동아출판, 1997), p. 1430.

19) M.R. Vincent, *Word Studies in the New Testament,* vol. IV, p. 23.

20) J. Schneider, "κολακία(κολακεύω)", *TDNT,* vol. III, p.818.

본래 모습을 감추기 위해 쓰는 것이다. "탈"을 쓰면 상대방에게 자신이 누구인지를 감추게 된다. 이 구절에서 "탈"은 진정한 동기를 감추는 역할을 한다. 탐심은 자신이 가지고 있지 않는 것을 갖기 위해 나타내는 열렬한 소망을 가리킨다. 탐심은 넓은 의미로 자기 위주로 생각하는 데서 비롯한다. 에베소서 4:19에서는 탐심이 도덕적 부정 혹은 불결과 연계되어 사용되었다(πλεονεξίας). 그 이유는 성적인 부정이란 다른 사람의 유익은 전혀 고려치 않고 자기 자신의 욕정만 채우는 역할을 하기 때문이다. 탐심은 자기 자신을 최고의 위치에 둔다. 바울 사도가 "탐심은 우상 숭배니라"(골 3:5)고 말한 것은 우상 숭배 행위가 자신을 최고의 위치에 두는 것과 맥을 같이 하기 때문이다. 탐심은 항상 탈을 쓰고 나타난다. 사람은 일반적으로 양심에 따라 순수하게 행동하지 않고 이기적인 탐심으로 포장한 채 다른 사람을 대한다. 사람은 항상 어떤 이유를 내세워 자신의 진정한 동기를 감추려 한다. 탐심이 이런 생각의 후원자가 된다.

바울은 본문에서 이런 "탐심의 탈"을 쓰지 않았다고 증언한다. 이 부분에서 바울은 "하나님이 증거하시느니라"(살전 2:5)고 자신 있게 말한다. 바울은 "하나님이 증인이시다"(θεὸς μάρτυς)라는 표현을 자주 사용하지는 않았다. 바울은 자신의 생각과 행동의 진실함을 강조하기 원할 때 이 표현을 사용한다. 바울 서신에 보면 "하나님이 증인이시다"라는 비슷한 표현을 네 번 쓰고 있다(롬 1:9; 빌 1:8; 살전 2:5, 10). 바울은 자신이 "탐심의 탈"을 쓰고 행동하지 않았다고 강조한다.

셋째, 바울은 사람에게 영광을 구하지 않았다(살전 2:6). 바울은 이미 4절에서 이와 비슷한 말을 했다. "우리가 이와 같이 말함은 사람을 기쁘게 하려 함이 아니요 오직 우리 마음을 감찰하시는 하나님을 기쁘시게 하려 함이라." 설교자는 존경의 대상이 된다. 바울은 다른 곳에서 너희를 다스리는 지도자들을 "가장 귀히 여기라"(살전 5:12~13)고 말했다. 그래서 바울은 6절에서 "우리가 그리스도의 사도로 능히 존중할 터이나"라고 말한다. 이 말씀은 "우리가 그리스도의 사도로 능히 요구할 수 있으나," 또는 "우리가 그리스도의 사도로 능히 권위를 나타낼 수 있으나"로 번역할 수 있다.[21] 물론 바울은 그리스도의 사도로 존중의 대상이 된다. 하지만 바울은 영광을 스스로 구하지 않았다. 바울은 영광을 받아 마땅한 사도이지만, 그 영광을 구하기 위해 애쓰지 않았다. 바울의 동기는 투명하고 순수한 것이다.

2:7~16 긍정적 변증

바울은 이제 자신이 한 일을 근거로 좀 더 긍정적인 차원에서 자신의 입장을 변증한다.

첫째, 바울은 데살로니가 성도들을 부모처럼 보살폈다(살전 2:7~8; 11~12). "우리가 너희 가운데서 유순한 자 되어 유모가 자기 자녀를 기름과 같이 하였으니"(살전 2:7)의 "유순한 자"[22]는 데살로니가 교회에 대한 바울의 세심한 배려와 따뜻한 마음을 묘사한다. 그래서 바울은 "유모가 자기 자녀를 기름과 같이"(살전 2:7) 데살로니가 교회를 보살폈다고 전한다. 바울은 자신이 데살로니가 교회를 얼마나 사랑했는지 밝히기를 원한다. 바울은 본문에서 자주 쓰이는 어머니(μήτηρ) 대신 신약성경에서 한 번만 사용된 "유모"(τροφός)를 사용하였고, 또 유모의 일상적 역할에 쓰이는 "젖먹이다"(θηλάζω)라는 말을 사용하지 않고(참

---

21) ἐν βάρει εἶνει 는 어떤 사람의 위엄이나 권위를 부과한다는 의미를 가지고 있다.

22) 본문은 본문 비평의 문제를 안고 있다. 우리는 본문을 "유순한 자 되어"(ἤπιοι, ℵc A, C2, Dc, K 등 지지)로 읽을 수도 있고, "아이가 되어"(νήπιοι, P65, ℵ*, B, C*, D*, G)로 읽을 수 도 있다. 사본상으로 볼 때 유순한 자(ἤπιοι)는 ν이 없고 "아이"(νήπιοι)는 ν이 있다. 그리고 앞의 단어가 ἐγενήθημεν으로 끝 철자가 ν이기 때문에 필사자가 혼동을 일으킬 만하다. 특히 옛날 사본은 띄어쓰기를 하지 않았기 때문에 혼동의 가능성은 더 크다. 어느 사본을 택하든지 그렇게 큰 문제는 아니지만 문맥으로 볼 때 "유순한 자 되어"(ἤπιοι)가 본문의 뜻을 더 잘 전한다.

조, 눅 11:27) 신약성경에서 두 번만(엡 5:29; 살전 2:7) 쓰인 "기르다" 혹은 "보살피다"(θάλπω)를 사용했다.[23] 바울 사도가 여기서 "유모"라는 말을 사용한 것은 모세의 어머니가 유모의 역할로 모세를 기른 것을 연상하게 한다. 모세의 어머니는 친어머니였지만 유모처럼 모세를 길렀다. 바울이 "어머니"의 용어를 사용할 수 있음에도 불구하고 "유모"를 사용한 것은 자신이 그들의 어머니는 아니지만 어머니처럼 그들을 보살폈다는 것을 나타내기 위함이었다. 바울은 "유모"와 "보살피다"를 함께 사용함으로 보통의 어머니가 자녀를 보살피듯 자신이 데살로니가 성도들을 보살폈다는 뜻을 전하고자 했다. 본 구절은 이사야 선지자가 말한 "여인이 어찌 그 젖 먹는 자식을 잊겠으며 자기 태에서 난 아들을 긍휼히 여기지 않겠는냐"(사 49:15)라는 말씀을 떠올리게 한다. 바울은 본문에서 어머니가 젖떼기 전의 어린아이를 품에 안고 젖을 먹일 뿐 아니라 자녀의 안전과 복지를 위해 지극 정성을 다한 것처럼 자신도 데살로니가 성도들을 위해 지극 정성을 다해 보살폈다고 밝힌다. 이는 마치 모세의 어머니가 모세를 키우는 것과 유사하다.[24]

바울은 유순한 어머니의 모습을 2:8에서도 계속 전개시킨다. 데살로니가 성도들에 대한 바울의 사랑은 하나님의 복음만 전하는 것으로 그치지 않고 자기 자신의 생명까지도 아끼지 않을 정도였다. 사랑은 사욕을 챙기지 않는다. 사랑은 전제가 없다. 사랑은 조건이 없다. 하나님

---

23) θάλπω가 사용된 유일한 다른 신약성경은 엡 5:29이다. 여기서 θάλπω는 그리스도께서 교회를 보살핌과 같이 남편이 아내를 보살펴야 한다는 뜻으로 사용되었다. ἐὰν과 θάλπῃ(현재, 가정법)가 함께 사용됨으로 보살핌이 이미 시작되었고 지금도 계속 이어지고 있음을 증거 한다. Cf. George Benedict Winer, *A Grammar of the Idiom of the New Testament*(Andover: Warren F. Draper, 1869), p.307(section 42, 3, b, b)

24) 모세의 어머니가 모세를 젖 먹일 때 사용된 용어는 θηλάζω(LXX) 이다. 이 용어는 젖 먹이는 것을 더 강조하고 있지만 보살핌의 의미도 함축되어 있다(출 2:7-9; 눅 11:27). 그러나 모세의 어머니는 모세를 계속적으로 보살필 수 없었다.

은 자신의 독생자를 희생하시어 그의 백성을 사랑하셨다. "우리가 아직 죄인 되었을 때에 그리스도께서 우리를 위하여 죽으심으로 하나님께서 우리에게 대한 자기의 사랑을 확증하셨느니라"(롬 5:8)의 말씀이 이를 증거한다. 사랑은 "자기의 유익을 구하지 아니 한다"(고전 13:5). 바울이 이렇게 자신의 생명을 희생할 수 있었던 것은 데살로니가 성도들이 하나님의 복음을 받고 그리스도 안에서 한 가족이 되었기 때문이다. 바울 일행의 이런 유순한 사랑은 복음을 전하는 자들과 복음을 받은 자들 사이에 상호 사랑과 헌신으로 나타났음이 틀림없다.[25)]

둘째, 바울은 밤과 낮으로 일하면서 데살로니가 성도들을 보살폈다(살전 2:9~12). 바울 사도의 매일 활동은 오늘의 시간으로 오전 11시부터 오후 4시였다. 바울은 대낮(오전 11시~오후 4시)에는 두란노 서원에서 가르쳤고(행 19:8~10) 나머지 시간에는 자신의 생업을 위한 일과 기독교인 가정을 방문하고(행 20:20), 개인을 방문했을 수 있다(행 20:31). 바울의 직업은 장막 만드는 자였을 것으로 생각된다(행 18:3).

본문에서 "수고"와 "애씀"이 함께 사용된 것은, 사도와 그 일행의 노력이 단지 자신들이 일할 수 있다는 것을 나타내려 한 것에 불과한 것이 아니라, 실제로 피와 땀을 흘린 노력이었음을 증거하고 있다. 바울은 자신의 쓸 것을 스스로 공급하면서 복음을 증거했다(행 18:2~4).

바울은 너희 믿는 자들을 향하여 "어떻게 거룩하고"라는 표현을 써서 자신들이 성도들을 섬길 때 하나님을 경외하고 하나님께 헌신된 마음가짐으로 그들을 섬겼는지를 말하며, "어떻게 옳고"라는 표현을 써서 자신이 알고 있는 성경적 원리에 따라 바른 판단을 했고 바른 길로 걸었음을 나타내기 원했고, 또한 바울은 "어떻게 흠 없이 행한 것"이라는 표현을 써서 다른 사람의 책망을 받을 만한 일은 하지 않았는

25) Wanamaker, *Commentary on 1 and 2 Thessalonians*, p.102.

지 밝히기 원했다.[26] 이 사실에 대해 바울은 이중의 확신을 천명한다. 바울은 성도들에 대해 자신들이 "어떻게 거룩하고 옳고 흠 없이"(살전 2:10) 행했는지에 대해 신적(神的), 인적(人的) 증인을 확보하고 있다고 담대히 말한다. 즉 바울은 데살로니가 성도들이 자신들의 삶과 행위에 대한 증인이요 또한 하나님도 이를 증거하고 계신다고 확언한다.

바울 일행은 데살로니가 성도들을 "권면하고 위로하고 경계"(살전 2:11)했다고 말한다. 바울과 실라와 디모데는 그들이 데살로니가에 있었을 때 데살로니가 성도들을 진심으로 사랑했다. 그들은 마치 어머니가 자녀를 사랑하듯이 데살로니가 성도들을 사랑했다. 바울 일행은 데살로니가 성도들이 자진해서 행동할 수 있도록 그들을 권면했고, 그들이 즐겁게 행동할 수 있도록 그들을 위로했으며, 그들이 말씀에 대한 경외심을 가지고 행동할 수 있도록 그들을 경계했다.[27] 바울은 이미 데살로니가전서 2:7에서 젖먹이는 어머니가 품안에 있는 자녀를 보살피듯이 데살로니가 성도들을 보살폈다고 언급한다. 보살핌을 이야기할 때는 어머니의 모습이 더 잘 어울리기 때문에 "유모"를 사용한 것이다.

그런데 바울은 2:11~12에서 데살로니가 성도들을 "권면하고 위로하고 경계"했다고 말한다. 권면과 위로와 경계는 어머니의 역할보다는 아버지의 역할에 더 적합하다. 그래서 바울은 "우리가 너희 각 사람에게 아비가 자기 자녀에게 하듯 권면하고 위로하고 경계"(살전 2:11)했다고 설명한다. 그 목적은 성도들이 하나님 나라와 영광을 기업으로 주시는 하나님께 합당한 삶을 살게 하기 위함이다(살전 2:12).[28] 본문의 구조는

---

26) W. Hendriksen, *Exposition of I and II Thessalonians*, p.67.

27) John A. Bengel, *Bengel's New Testament Commentary*, vol. 2 (Grand Rapids: Kregel Publications, 1981), p. 478.

28) 살전 2:11-12의 구분이 구두점을 어디에 찍느냐에 따라 사본과 역본에서 약간의 차이를 나타낸다. "권면하고 위로하고 경계하노니"를 살전 2:12에 넣는 성경은 UBS

"권면하고 위로하고 경계"(살전 2:11)하는 목적을 표시하기 위하여 12절에서 "이는"(εἰς τό)이라는 말을 사용했다. 바울은 바로 두 절 앞인 10절에서 자신들이 "거룩하고 옳고 흠 없이 행한 것"을 본으로 보인 것처럼 데살로니가 교회 성도들도 "하나님께 합당히 행하"(살전 2:12)도록 권면하고 위로하고 경계했다. 이 12절에서 "행하다"라는 동사는 도덕적 의미를 포함한다. 이처럼 바울은 데살로니가 성도들을 진정으로 사랑했기 때문에 그들에 대해 아비가 자기 자녀에게 하듯 자연스럽게 권면하고 위로하고 또 경계할 수 있었다.

셋째, 바울은 하나님의 말씀이 효과 있게 전파되는 그 사실이 자신의 변증이라고 증거한다(살전 2:13). 바울은 인간의 지혜를 사용하지 않았고 인간의 웅변을 하찮은 것으로 생각했다(고전 2:1 이하). 바울은 철학자들의 복잡성과는 대조적으로 단순한 십자가의 복음을 전파한다. 그래서 바울은 "예수 그리스도와 그의 십자가에 못 박히신 것 외에는 아무것도 알지 아니하기로 작정하였음이라"(고전 2:2)고 말하고 "십자가에 못 박힌 그리스도를 전하니"(고전 1:23; 참조 갈 5:11; 6:14)라고 말한다. 바울은 그 당시 세상에 팽배한 사고방식으로 자신의 메시지를 표현해야 한다는 압력을 계속 받고 있었으나, 그는 그것을 거절하고 단순한 방법으로 하나님의 십자가의 복음을 전했다. 바울은 자신이 하나님의 입에 지나지 않는다는 확신 가운데 살았다.

"너희가 우리에게 들은 바 하나님의 말씀을 받을 때에 사람의 말로 아니하고 하나님의 말씀으로 받음이니 진실로 그러하다"(살전 2:13).

헬라어(3rd ed.), Nestle-Aland(27판), NIV, 신약전서(새번역), 공동번역, 표준새번역, 표준신약전서 등이다. 반면 Souter판 헬라어(1966), AV, NASB, RSV, ASV, NEB, Bijbel 화란어 성경(1967), 개역한글판, 개역개정판은 "권면하고 위로하고 경계하노니"를 살전 2:11에 넣었다. 이 사실은 현대 한글번역본일수록 문제된 구절을 살전 2:12에 넣었고, 비교적 오래된 번역인 개역한글판은 그 구절을 살전 2:11에 넣었다. 이는 개역한글판을 번역할 때 AV, RSV 등의 영향이 있었음을 말하는 바다.

이 구절에서 '받다'라는 말이 두 번 나오는데 처음의 "받을 때에"(παραλαβόντες)는 객관적 외적 받음을 묘사하는 것이고, 그 다음의 "받음이니"(ἐδέξασθε)라는 표현은 주관적 받음을 묘사한다. 이디(Eadie)에 따르면, 처음의 "받을 때"라는 말은 성격상 더 객관적이며, 두 번째의 "받음이니"라는 말은 더 주관적이다. 첫 번째는 진리를 받을 때 외적 사실로 받은 것을 묘사하며, 두 번째는 진리를 수용하는데 믿음으로 수용한 것을 묘사하고 있다고 해석한다.[29] 벵겔(Bengel)은 처음의 "받을 때"(παραλαμβάνω)라는 말은 단순히 받는 것(simple reception)을 상징하며, 두 번째의 "받음이니"(δέχομαι)라는 말은 받는 것에 즐거움(pleasure in receiving)이 포함된 것이라고 해석한다.[30] 이디의 해석과 벵겔의 해석이 크게 다르지 않지만 본문에 대한 좀 더 적절한 해석은 데살로니가 교회 성도들이 처음 받을 때는 그들이 배운 하나님의 말씀의 가치를 인정하고 받았으며(살전 4:1; 참조, 빌 4:9; 살후 3:6)[31] 두 번째 받을 때는 지적으로 이해하면서 받았다고 생각하는 것이다.[32] 이처럼 데살로니가 성도들은 복음을 받을 때 외적으로만 받은 것이 아니요, 마음 중심으로 받은 것이다. 즉 두 번째의 받음은 기쁨으로 받을 뿐 아니라 받는 내용을 이해하고 인정하는 태도로 받음을 말하는 것이다. 그 의미는 데살로니가 성도들이 말씀을 받을 때 믿음을 가지고 받았음을 증거한다.[33] 그런데 하나님의 말씀은 믿는 자 안에서 역사한

---

29) John Eadie, *Greek Text Commentaries: Thessalonians*, p.76.

30) John A. Bengel, *Bengel's New Testament Commentary*, vol. 2, p.478: "*When ye received*—παραλαμβάνω signifies *simple reception*; δέχομαι includes also *pleasure in receiving.*"

31) A. Kretzer, "παραλαμβάνω," *Exegetical Dictionary of the New Testament*, vol. 3(Grand Rapids: Eerdmans, 1993), p. 30.

32) G. Petzke, "δέχομαι," *Exegetical Dictionary of the New Testament*, vol. 1(Grand Rapids: Eerdmans, 1990), p. 292.

33) Leon Morris, *The First and Second Epistles to the Thessalonians* (*NICNT*, Grand Rapids: Eerdmans, 1970), p. 88.

다(살전 2:13). 하나님의 말씀은 성도 안에서 힘, 즉 에너지(ἐνεργέω)가 되어 성도로 하여금 올곧은 삶을 살게 하고 거룩한 성품을 계발하게 한다. “하나님의 말씀은 살았고 운동력이 있어 좌우에 날선 어떤 검보다도 예리하여 혼과 영과 및 관절과 골수를 찔러 쪼개기까지 하며 또 마음의 생각과 뜻을 감찰하나니”(히 4:12)라는 말씀처럼 성도 안에서 힘 있게 역사한다.

넷째, 바울은, 데살로니가 성도들이 받는 고난은 다른 성도들이 받는 고난과 동일하다고 증거함으로 변증을 계속한다(살전 2:14~16).

예수님을 믿는 성도들은, 항상 고난이 뒤따를 것을 예상하고 살아야 한다. 예수님을 구세주로 영접한 성도일지라도 세상의 고난과 고통으로부터 면제받지 않았다. 성경은 하나님의 자녀의 영광뿐 아니라 하나님의 자녀가 받아야 할 고난도 함께 언급한다.

바울은 “성령이 친히 우리 영으로 더불어 우리가 하나님의 자녀인 것을 증거하시나니 자녀이면 또한 후사 곧 하나님의 후사요 그리스도와 함께 한 후사니 우리가 그와 함께 영광을 받기 위하여 고난도 함께 받아야 될 것이니라”(롬 8:16~17)고 함으로써 성도들의 삶의 과정에 고난이 있을 것이라고 설명한다. 그리고 바울은 다른 곳에서 “그리스도를 위하여 너희에게 은혜를 주신 것은 다만 그를 믿을 뿐 아니라 또한 그를 위하여 고난도 받게 하심이라 너희에게도 같은 싸움이 있으니 너희가 내 안에서 본 바요 이제도 내 안에서 듣는 바니라”(빌 1:29~30)는 비슷한 설명을 한다.

죄로 인해 왜곡된 세상은 오직 미움의 곡조만 알고 있다. 세상은 유대인이든지 이방인이든지 부자이든지 가난한 자이든지, 이 부분에서 큰 차이가 없다. 1세기와 20세기도 큰 차이는 없다. 세상은 언제나 핍박할 준비가 되어 있다. 신자는 항상 동일한 고난을 당해야 한다. 바울은, 데살로니가 성도들이 받는 핍박은 그들이 기독교인임을 증거하는 증표 역할을 한다고 말한다. "너희도 너희 나라 사람들에게" 고난받았다는 말은 데살로니가에 살고 있는 유대인들에게 받은 것을 가리킬 수도 있으나 그보다 더 적절한 해석은 교회 내의 이방인들에게 받은 핍박을 가리킨다고 생각하는 것이다. 유대에 있는 하나님의 교회들이 유대인들의 핍박을 받은 것처럼 데살로니가 성도들은 그 지역의 이방인들에게 핍박을 받았다. 그러므로 이 구절에서 말하는 핍박은 사도행전 17:5~8에 나오는 핍박이 아니라,[34] 선교사들이 떠난 후에 이방인들이 데살로니가 성도들에게 한 것이다. 데살로니가 교회는 대부분 이방인으로 구성된 교회였다.

유대인들은 하나님의 사랑과 은혜를 많이 받은 민족이다. 그들은 하나님의 말씀을 직접 듣기도 하고, 하나님이 행한 이적을 직접 목격하기도 했다. 그들은 하나님의 인도하심을 체험한 민족이었다. 그들은 자상한 하나님의 인도하심을 받았다. 하나님은 광야 길에서 그들을 낮에는 구름 기둥으로, 밤에는 불기둥으로 인도하셨다(출 40:36~38; 민 9:15~23). 그러나 유대인들은 변덕스럽게 하나님께 반역한 역사를 가지고 있다. 유대인들의 반역은 많은 예가 필요하지 않다. 그들이 광야 40년 동안 하나님께 반역한 내용만 생각해도 충분한 증거가 된다.

그런데 구약 시대의 유대인들이 하나님께 반역한 것처럼 예수님 당시의 유대인들도 조상의 반역에 못지않게 반역을 행했다. 바울은 데살로니가전서 2:15에서 유대인들의 반역 행위를 조목조목 지적한다. 바울은 반역 행위를 묘사하는 "분사"의 표현을 "그리고"(καί)라는 말로 서로 연결하여 유대인들의 반역 행위가 무엇인지 구체적으로 분명히 밝힌다. 그것을 살펴보면 다음과 같다.

(1) 유대인들은 "주 예수와 선지자들을 죽였다." 유대인들은 "저를

---

34) 유대인들이 바울과 실라를 해치려고 시장 잡배들을 동원하여 야손의 집에서 행패를 부린 사건.

십자가에 못 박게 하소서 십자가에 못 박게 하소서"(눅 23:21)라고 외치면서 결국 예수님을 죽였다. 그리고 그들은 구속의 복음을 전파하는 사도들을 핍박하고 죽였다(행 12:1~5).

(2) 유대인들은 "우리를 쫓아냈다." 즉 그들은 사도들을 쫓아낸 것이다. "쫓아내다"(ἐκδιώκω)라는 동사는 "핍박하다," "괴롭히다"는 의미도 들어 있다. 그러므로 "우리를 쫓아내고"(καὶ ἡμᾶς ἐκδιωξάντων)라는 표현은 "우리를 쫓아낼 때까지 핍박하고 괴롭혔다"라고 해석할 수 있다(살전 2:15).[35]

(3) 유대인들은 "하나님을 기쁘시게 하지 않았다." 하나님이 기뻐하시는 일은 사람들이 예수님을 그의 아들로 받아들이는 일이요(눅 9:35), 그를 믿음으로 구원을 얻는 일이다. 그런데 유대인들은 하나님의 아들 예수 그리스도를 배척했을 뿐 아니라 예수님을 믿음으로 구원 얻는 방법도 받아들이지 않았다.

(4) 유대인들은 "모든 사람에게 대적이 되었다." 구속의 복음은 그 복음을 받는 모든 사람에게 생명을 주시는 구원의 복음이다. 그런데 유대인들은 바울 사도 일행이 이 생명의 복음을 전파하는데 항상 대적자 역할을 했다. 유대인들은 바울이 가는 곳마다 복음 전파를 하지 못하도록 방해했다. 바로 뒤따라 나오는 "우리가 이방인에게 말하여 구원 얻게 함을 저희가 금하여"(살전 2:16)라는 말씀도 이를 증거한다. 본문에서 "이방인에게 말하는 것"은 구원을 위한 수단이요, "구원 얻게 함"은 궁극적 목적이다. 이방인에게 복음을 전하지 못하게 하는 것은 바로 모든 사람의 대적 역할을 하는 것이다(살전 2:15~16).

---

[35] Johannes P. Louw and Eugene A. Nida(editors), *Greek-English Lexicon of the New Testament based on Semantic Domains*, vol. 1(New York: United Bible Societies, 1988), p. 202(section 15.159): "to pursue to the point of driving out," and p. 499(section 39.45): "to systematically organize a program to oppress and harass people."

바울은 이런 고발들을 통해 구약 시대로부터 자신의 시대에 이르기까지 계속해서 하나님께 반역하는 유대인들의 삶의 패턴을 지적한다.[36] 그 결과 유대인들은 자기 죄를 항상 채웠고 하나님의 진노가 확실하게 저들에게 임하였다(살전 2:16). "자기 죄를 항상 채우매"(εἰς τὸ ἀναπληρῶσαι αὐτῶν)라는 표현은 "에이스 토"와 부정사(infinitive)를 함께 사용하여 목적을 설명하고 있다. 유대인들은 "주 예수와 선지자들을 죽이고" 사도들을 쫓아내는 등 악한 일들을 이기적인 동기에서 자유롭게 행했지만 그들의 계속되는 반역 행위는 하나님의 목적을 성취하는 것이 된다. 그들은 무의식적으로 자신들의 대적 행위를 통해 하나님의 목적을 이루고 있다. 이는 마치 가룟 유다가 예수님을 배반함으로 하나님의 구속 사역을 진행하게 하는 경우와 비슷하다. 그러나 가룟 유다는 예수님의 말씀처럼 "차라리 나지 아니하였더면 제게 좋을 뻔"(마 26:24)한 사람이다. 유대인들의 대적 행위는 하나님의 목적을 이루지만 그 잘못에 대한 책임은 그들에게 있다. 그래서 바울은 "노하심이 끝까지 저희에게 임하였느니라"(살전 2:16)고 말한다.[37] "끝까지"(εἰς τέλος)는 "완전하게" 또는 "충분히"라는 뜻이다. 유대인들에게 임할 하나님의 진노는 에누리 없이 충분히 임하였다. 바울은 '엡다센'(ἔφθασεν)이라는 단어를 사용하여 하나님의 진노가 이미 유대인들에게 임한 것을 지적하고 있다(눅 17:21 참조).

---

36) C.A. Wanamaker, *Commentary on 1 and 2 Thessalonians*, p.115.

37) 바울은 본 구절에서 '데(δέ)를 사용하여 유대인들의 과거 불순종과 자신들의 이기적인 동기에서 행한 대적 행위와 그에 대한 하나님의 진노의 임함을 대칭시키고 있다. Cf. John Eadie, *Thessalonians*, p. 89.

2:17~20 복음 전파의 열매

형제들아 우리가 잠시 너희를 떠난 것은 얼굴이요 마음은 아니니 너희 얼굴 보기를 열정으로 더욱 힘썼노라 그러므로 나 바울은 한번 두 번 너희에게 가고자 하였으나 사단이 우리를 막았도다 우리의 소망이나 기쁨이나 자랑의 면류관이 무엇이냐 그의 강림하실 때 우리 주 예수 앞에 너희가 아니냐 너희는 우리의 영광이요 기쁨이니라(살전 2:17~20).

바울은 여기서 데살로니가 성도들을 보고 싶은 자신의 깊은 심정을 토로한다. 바울은 비록 어쩔 수 없는 상황이어서 데살로니가를 떠났지만(행 17:5~10) 그것은 자신이 원하는 것이 아니었다고 말한다. 그래서 바울은 "우리가 잠시 너희를 떠난 것은 얼굴이요 마음은 아니니"(살전 2:17)라고 말한다. 본문의 "떠난 것"(ἀπορφανίζω)의 의미는 문자적으로 고아가 되었다는 뜻이다. 바울 사도가 "떠난 것"을 수동태로 사용한 것으로 보아 바울은 자신을 부모를 잃은 고아로 묘사하고 있다. 그러므로 본문의 뜻은 바울 사도가 데살로니가 교회로부터 분리되어 홀로 남아 있게 되었음으로 자신이 고아와 같다는 것이다. 바울은 고아가 부모 보기를 갈망하는 것만큼 자신도 간절하게 데살로니가 성도들을 보고 싶다고 말하고 있다.[38] 바울과 데살로니가 성도들은 강제 이별을 하게 되었다. 이와 같은 강제 이별은 바울의 마음속에 데살로니가 성도들을 만나 보고자 하는 열망을 갖게 했다. 그래서 바울은 데살로니가 성도들을 보고자 하는 자신의 마음을 "열정으로"(ἐν πολλῇ ἐπιθυμίᾳ)와 "더욱"(περισσοτέρως)이라는 말을 동시에 사용한다. 바울은 전치사

38) "떠난 것"(ἀπορφανισθέντες)은 ἀπορφανίζω의 부정과거, 수동태로 신약성경 이 구절에서만 사용된 용어이다.

구인 "열정으로"와 부사인 "더욱"을 함께 사용하여 자신의 간절한 마음을 잘 묘사하고 있다. 바울은 데살로니가 성도들의 얼굴 보기를 간절히 갈망했기 때문에 사실상 한 번 두 번 데살로니가를 방문하려고 했었다(살전 2:18). 그러나 바울의 그런 노력에도 불구하고 사단이 방해하여 재방문 계획은 이루어지지 못했다. 사단은 항상 성도들 사이를 떼어 놓으려고 한다. 그러나 성령은 성도들을 하나 되게 한다(참조, 엡 4:3). "사단이 우리를 막았도다"(살전 2:18)를 해석할 때 사단이 어떤 방법으로 막았는지에 대한 해석이 몇 가지로 나타난다. 라이트푸트(Lightfoot)는 고린도후서 12:7을 근거로 바울을 괴롭힌 병마("내 육체의 가시 곧 사단의 사자")를 가리킨다고 해석한다.[39] 데니(Denney)는, 사단의 방해가 바울이 머물고 있는 지역에서 발생한 어떤 죄 문제일 것이라고 해석한다.[40] 또 다른 이는 거의 비슷한 의미로 사단의 방해가 바울의 선교 활동의 긴급 상황을 가리킨다고 해석한다. 램시(Ramsay)는, 데살로니가에서 야손의 집에 들어와 소란을 피웠던 무리들의 행동을 가리켜 사단의 방해라고 해석한다(행 17:5~9).[41] 이와 같은 제안 중에 첫 번째인 병마로 인해 방해받은 것과, 두 번째 선교지에서 발생한 어떤 문제(죄 문제 포함)로 인해 방해받은 것이 가장 타당성 있어 보이나 사도행전 17장의 기록이나 데살로니가 2장의 기록은 그런 부분에 대해 함구하고 있기 때문에 우리도 그 부분에 대해 함구하는 것이 가장 타당하다. 한 가지 분명한 것은 바울과 그 당시 데살로니가 성도들은 사단의 방해가 무엇인지 잘 알고 있었다는 사실이다.

---

39) J.B. Lightfoot, *Notes on Epistles of St. Paul*(London: Macmillan, 1895), p. 38.

40) James Denney, *The Epistles to the Thessalonians*(*Expositor's Bible*; Hodder and Stoughton, 1902), p. 104.

41) W. Ramsay, *St. Paul the Traveller and the Roman Citizen*(Hodder and Stoughton, 1895; 11th ed. n.d.), pp. 230f.

데살로니가 성도들을 보기 원하는 바울의 생각은 가슴 깊은 곳에서 용솟음치고 있다. 그래서 바울은 사단의 방해로 현재는 만날 수 없을지라도 사단이 방해할 수 없는 때가 있을 것으로 내다본다. 그 때가 바로 예수님의 재림 때가 될 것이다(살전 2:19). 예수님의 재림 때는 바울과 데살로니가 성도들의 만남을 방해할 아무 것도 존재하지 않는다. 성도들은 예수님을 "그의 계신 그대로" 볼 것이며, 다른 성도들도 있는 그대로 보게 될 것이다(참조, 요일 3:2; 고전 13:9~12; 고후 3:18; 빌 3:21). 그 때가 되면 데살로니가 성도들은 바로 바울의 영광이 되고 기쁨이 될 것이다(살전 2:19~20). 데살로니가 성도들은 이방인들을 위한 선교사인 바울 사도의 수고와 노력의 증거가 될 것이다(고후 1:14; 빌 2:16). 데살로니가 성도들은 예수님의 재림 때에 바울의 "자랑의 면류관"이 될 것이다(살전 2:19). 바울은 모든 것이 하나님의 은혜로 된 것인 줄 확신한다(고전 15:10). 그러나 바울은 은혜로우신 하나님이 성도들의 수고에 따라 상급을 주실 것도 확신한다(고전 3:10~15). 바울이 받을 "자랑의 면류관"은 예수님의 재림 때에 심판주 되신 예수님 앞에 서게 될 데살로니가 성도들이 될 것이다. 여기 "강림"(παρουσία)의 기본적인 의미는 임재(presence)를 뜻한다(고전 16:17; 고후 10:10). 이 의미는 통치자가 오다, 도착하다는 의미로 발전되었다(고후 7:6 이하). 그래서 신약에서 "강림"(παρουσία)은 예수님의 오심을 뜻하게 되었다. 즉 왕이 방문한다는 뜻이 있다. 바울은 성도들의 전도 활동을 통해 얻은 열매가 예수님의 재림 때에 사역자들의 영광과 기쁨이 된다고 말한다. 이는 재림을 바라보고 사는 성도들이 얼마나 성실하게 노력해야 할 것을 가르칠 뿐 아니라 교회를 위한 사역이 얼마나 영광스런 사역인지를 보여준다.

제3장 주해

3:1-5 · 충실한 동역자

3:6-10 · 성도들의 기쁨에 동참함

3:11-13 · 바울의 첫 번째 소원 기도

3:1~5 충실한 동역자

> 이러므로 우리가 참다못하여 우리만 아덴에 머물기를 좋게 여겨 우리 형제 곧 그리스도 복음의 하나님의 일꾼인 디모데를 보내노니 이는 너희를 굳게 하고 너희 믿음에 대하여 위로함으로 누구든지 이 여러 환난 중에 요동치 않게 하려 함이라 우리로 이것을 당하게 세우신 줄을 너희가 친히 알리라 우리가 너희와 함께 있을 때에 장차 받을 환난을 너희에게 미리 말하였더니 과연 그렇게 된 것을 너희가 아느니라 이러므로 나도 참다못하여 너희 믿음을 알기 위하여 보내었노니 이는 혹 시험하는 자가 너희를 시험하여 우리 수고를 헛되게 할까 함일러니(살전 3:1~5).

데살로니가 성도들에 대한 바울 일행의 사랑은 몇 가지 면으로 나타난다. 바울은 ① 충실한 동역자를 대신 보냈고(살전 3:1~5), ② 성도들의 기쁨에 동참했고(살전 3:6~10), ③ 성도들을 위해 기도했다(살전3:11~13).

3:1~2 디모데를 파송한 바울

바울은 데살로니가 성도들을 위해 디모데를 파송함으로 자신의 관심을 나타내고 있다(살전 3:1~2). 디모데를 파송하는 것 자체가 바울의 사랑의 표현인 것이다. 바울은 디모데를 파송함으로 데살로니가 성도들을 위해 희생을 감수한 것이다. 아덴에 머물고 있는 바울에게는 디모데가 곁에 있는 것이 유익하다. 그러나 바울은 데살로니가 교회의 유익과 발전에 관심이 깊었기 때문에 디모데를 그들에게 파송한 것이다.

"우리가 참다못하여 우리만 아덴에 머물기를 좋게 여겨"(살전 3:1)라는 표현은 사도행전의 기록과 조화시켜 볼 때 의문을 불러일으킨다. 사도행전 17:14~15은 바울이 베뢰아에서 아덴으로 갈 때 혼자 갔었고, 실라와 디모데는 아직 베뢰아에 남아 있었던 것으로 기록한다.

바울을 아덴까지 동행했던 베뢰아 사람들은 실라와 디모데를 속히 보내 달라는 바울의 부탁을 받고 베뢰아로 돌아간다(행 17:15). 그리고 바울은 아덴 전도를 마치고 고린도에 도착한다(행 18:1). 사도행전 18:5을 보면, 실라와 디모데는 마게도냐로부터 와서 고린도에 있는 바울과 합류한 것으로 나타난다. 사도행전 기록에 따르면 실라와 디모데가 아덴에 있는 바울을 만나지 않은 것으로 보고된다.

그러나 데살로니가전서 3:1은 바울에게 동행이 있었다고 기록한다. "우리만 아덴에 머물기를 좋게 여겨"라는 점이 이를 증거한다. 여기서 "우리"는 바울과 또 누구를 가리키는가? 이 문제를 대개 두 가지 방면으로 해결한다.

첫째, "우리"를 문서체 복수(epistolary we)로 취급하는 것이다. 즉, 바울은 아덴에 혼자 있었지만 편지를 쓰는 상황에서 "우리"라고 자신을 표현한 것이다. 이 경우 실라와 디모데는 아직 아덴에 오지 않았고 바울만 아덴에 있었다고 생각하는 것이다.[1]

둘째, "우리"는 바울과 실라를 가리킨다고 생각하는 것이다.[2] 그러면 사도행전의 기록과 본문의 내용을 어떻게 조화시킬 수 있을 것인가?

사도행전은 베뢰아 형제들이 "바울을 내어 보내어 바다까지 가게 하되 실라와 디모데는 아직 거기 유하더라 바울을 인도하는 사람들이 데리고 아덴까지 이르러 바울에게서 실라와 디모데를 자기에게로 속히 오게 하라는 명을 받고 떠나니라"(행 17:14~15)고 기록한다. 바울은 아덴에 있을 때 실라와 디모데가 합세하기를 기대하고 있었다. 그리고

---

1) Leon Morris, *The First and Second Epistles to the Thessalonians*, p. 99.

2) John A. Bengel, *Bengel's New Testament Commentary*, vol. 2, p.480; R.C.H. Lenski, *The Interpretation of St. Paul's Epistles to the Colossians, to the Thessalonians, to Timothy, to Titus and to Philemon*(Minneapolis: Augsburg Publishing House, 1964), p. 281; William Hendriksen, *I and II Thessalonians* (*NTC*), p. 83.

데살로니가전서 3장에서는 "우리만 아덴에 머물기를 좋게 여겨"(살전 3:1), "(우리가) 하나님의 일꾼인 디모데를 보내노니"(살전 3:2), "우리로 이것을 당하게 세우신 줄을 너희가 친히 알리라"(살전 3:3)라고 기록한다. 이 말씀을 근거로 생각해 볼 때 데살로니가 성도들은 "우리만 아덴에 머물기를 좋게 여겨"에서 "우리" 속에는 디모데가 제외된 것을 확실히 알고 있었다. 그러므로 바울이 언급한 "우리" 속에는 자신과 실라가 포함되었음이 거의 확실하다.[3)]

사건의 경위는 이렇게 설명할 수 있다. 바울이 아덴에 있을 때 디모데와 실라는 바울과 합류했다. 사도행전은 이런 사실을 기록하고 있지 않지만 바울이 베뢰아를 떠난 후 어느 시기에 디모데와 실라가 아덴에 있는 바울에게 온 것이다(행 17:15 참조). 그리고 세 사람이 의논하여 디모데를 데살로니가 교회에 파송하기로 결정하였기 때문에 아덴에 남아있는 사람은 바울과 실라였다. 그래서 바울은 "우리만 아덴에 머물기를 좋게 여겨"(살전 3:1)라고 쓴 것이다. 디모데가 데살로니가로 떠난 후 실라는 잠시 바울은 떠났다가(이 부분은 아직도 문제를 안고 있다. 실라가 이 여행에서 어디를 방문했는지는 확실하지 않지만 다시 베뢰아를 방문했을 가능성이 크다) 디모데와 함께 이미 고린도에 가 있는 바울과 또 다시 합류한 것이다(행 18:5).

디모데는 바울에게 대단히 귀중한 동료였다. 그래서 바울은 그를 "형제"라고 부른다. 바울은 이렇게 귀한 형제 디모데가 자신의 곁에 있어야 하지만 데살로니가 교회의 유익을 위해 그를 데살로니가 교회로 파송한 것이다.

바울은 디모데를 "형제"라고 불렀을 뿐 아니라 "그리스도 복음의 하나님의 일꾼"이라고 불렀다(살전 3:2). 이 말씀은 "그리스도 복음

---

3) William Hendriksen, *I and II Thessalonians*(*NTC*), pp. 82-83.

안에서 하나님의 동역자"[4]라는 뜻이다.

그리스도 복음 안에서 하나님의 동역자(혹은 일꾼)라는 의미는 무엇인가? 우선 그리스도의 복음을 어떤 의미로 이해할 수 있는가. 와나메이커(Wanamaker)는 "그리스도의"(Χριστοῦ)를 목적격적 소유격으로 이해하여 "그리스도"를 복음의 내용으로 해석한다. 이에 덧붙여 그는 복음의 기원이 하나님으로부터지 그리스도로부터(주격적 소유격)가 아니라고 말한다.[5] 와나메이커의 해석이 옳다. 왜냐하면 바울이 지금까지 데살로니가전서에서 사용한 용어는 "그리스도의 복음"이 아니라 "하나님의 복음"이었기 때문이다(살전 2:2, 8, 9). 그런데 바울은 데살로니가전서 3:2에서 "그리스도의 복음"이라는 표현을 썼다. 이는 바울이 복음의 기원을 가리키기 위해 쓴 표현이라기보다는 복음의 내용을 가리키기 위해 쓴 표현이라는 것이다. 그러나 와나메이커가 설명하는 복음의 내용은 충분하다고 말할 수 없다. 물론 복음의 내용을 "그리스도"로 집약할 수 있지만, 더 확실한 설명은 그리스도께서 그의 십자가 죽음과 부활을 통해 이루신 구속의 복음을 가리키는 것으로 생각하는 것이다(롬 1:2~4; 10:9~10; 빌 2:5~11).[6]

---

4) 헬라어의 표현은 συνεργὸν τοῦ θεοῦ ἐν τῷ εὐαγγελίῳ τοῦ Χριστοῦ(D*, 33)이며 NASB는 God's fellow worker in the gospel of Christ로 번역했고, 표준새번역은 "그리스도의 복음을 전하는 하나님의 일꾼"으로 번역했다. 본 구절의 "하나님의 동역자" 대신 하나님의 집사(일꾼)(καὶ διάκονον τοῦ θεοῦ, ℵ, A, P, Ψ 81)를 본문으로 취하는 사본들도 여럿이 있다. "하나님의 동역자"라는 표현이 그 의미상 약간 대담하기 때문에 필사자들이 τοῦ θεοῦ 를 생략하여 "그리스도의 복음 안에서 동역자" 혹은 "그리스도의 복음을 위한 동역자"(συνεργὸν ἐν τῷ εὐαγγελίῳ τοῦ Χριστοῦ)로 고치거나(B, 1962) 혹은συνεργὸν을 διάκονον으로 바꾸어 기록했을 가능성이 높다. Bruce M. Metzger, *A Textual Commentary on the Greek New Testament*(London, New York: United Bible Society, 1971), p. 631; Leon Morris(*The First and Second Epistles to the Thessalonians,* p. 100)와 W. Hendriksen(*I and II Thessalonians*(*NTC*), Grand Rapids: Baker, 1974, p. 84)은 διάκονον τοῦ θεοῦ를 더 선호한다.

5) Charles A. Wanamaker, *Commentary on 1 and 2 Thessalonians* (*NIGTC*), p. 128.

6) 박형용,『바울신학』(수원: 합동신학대학원출판부, 2005), pp. 163-171.

바울은 디모데가 이런 그리스도의 복음의 하나님의 동역자라고 말하고 있다. 디모데는 하나님과 동등한 자격으로 "하나님의 동역자"가 아니요, 하나님께서 그리스도를 통해 성취하신 구속의 복음을 위해 헌신된 사람이라는 의미에서 "하나님의 동역자"이다. 바울도 "내가 이제 너희를 위하여 받는 괴로움을 기뻐하고 그리스도의 남은 고난을 그의 몸 된 교회를 위하여 내 육체에 채우노라"(골 1:24)는 말씀이나 "내가 내 몸에 예수의 흔적을 가지노라"(갈 6:17)는 말로 같은 뜻을 전한다. 이 말씀은 디모데의 사람됨과 헌신과 유용성을 잘 설명해 주고 있다. 디모데는 그리스도의 복음을 위해서라면 고생도 마다하지 않는 사람이다. 바울은 빌립보서에서 "자기 일을 구하고 그리스도 예수의 일을 구하지 아니한"(빌 2:21) 사람들과 디모데를 비교하면서, 디모데는 "자식이 아비에게 함같이 나와 함께 복음을 위하여 수고하였느니라"(빌 2:22)고 묘사한다. 디모데는 바울에게 "믿음 안에서 참 아들"(딤전 1:2)이 되었고, "사랑하는 아들"(딤후 1:2)이었으며, "그리스도 예수의 좋은 군사"(딤후 2:3)였으며, "내 사랑하고 신실한 아들"(고전 4:17)이었다. 디모데는 바울을 아버지처럼 섬겼고, 바울의 소원이라면 어떤 고난도 무릅쓰고 그 일을 실천한 사람이다. 그 이유는 바울의 삶이 자신을 위한 삶이 아니요 그리스도를 위한 삶이었기 때문이다. 그래서 바울은 디모데를 가리켜 "하나님의 동역자"라고 부른 것이다.

바울이 디모데를 두 가지 일을 하게 하려고 파송했다. 하나는 데살로니가 교회를 굳게 하도록 하려는 것이었고(살전 3:2 5), 그 다음은 데살로니가 성도들의 믿음을 위로하고 환난 중에 시험에 빠지지 않게 하려는 것이었다(살전 3:3, 5). 따라서 디모데의 방문 목적은 데살로니가 성도들을 위로하여 그들의 믿음을 튼튼하게 세우는 것이었다.[7]

---

7) 본 절의 구조는 εἰς τό 와 함께 καί 로 연결하는 두 개의 부정사(infinitive) 로 되어 있다. 이는 방문의 목적이 무엇인지를 설명해 준다.

하나님의 동역자는 교회를 튼튼하게 한다. 그리스도의 교회를 무너뜨리는 사람은 하나님 편에 서 있는 사람이 아니다. 교회는 삼위일체 하나님께서 계획하시고 설립하신 기관이다. 그러므로 예수님과 교회를 분리시키려는 사상이나, 또는 교회를 인간이 만든 기관처럼 생각하는 것은 하나님의 뜻을 잘못 이해한 것이다(참조, 마 16:17~19; 눅 24:46~49; 행 2:1~4; 행 2:37~41).

3:3~5 디모데를 파송한 이유

바울은 데살로니가전서 3:3에서 디모데를 보낸 이유를 더 구체적으로 설명한다. "누구든지 이 여러 환난 중에 요동치 않게 하려 함이라 우리로 이것을 당하게 세우신 줄을 너희가 친히 알리라"(살전 3:3). 이 구절에서 "요동하다"(σαίνω)라는 동사는 원래 "개가 꼬리를 흔들다"라는 뜻이다. 그러므로 "요동치 않는다"의 뜻은 개가 꼬리를 흔드는 것처럼 이리저리 흔들리지 않는다는 뜻이다.

바울은 이방인들의 핍박을 받아 환난 가운데 있는 데살로니가 성도들이 유대인들의 꿀 바른 말을 듣고 유대주의를 용납할 가능성 있기 때문에 이 말을 한 것이다. 유대인들은 환난 중에 있는 데살로니가 성도들에게 기독교를 버리고 유대주의를 용납하면 핍박은 자연히 끝나게 된다는 감언이설로 설득했을 수 있다. 이런 해결책은 문제를 쉽게 푸는 방법이지만 진리에서는 먼 방법이다. 그래서 바울은 성도들이 고난을 당해야하는 사실을 "너희가 친히 안다"라고 말하면서 "너희가 친히"(αὐτοὶ γὰρ οἴδατε)를 강조하여 설명한다. 고난 받는 것은 성도들의 삶에 속하는 것이지만 그것으로 성도들이 흔들려서는 안 된다. 그래서 바울은 "우리로 이것을 당하게 세우신 줄을 너희가 친히 알리라"(살전 3:3)고 말한다.[8] 이 말씀은 성도들이 고난과 핍박을 받지만 흔들려서는 안 된다는 것이 성도들의 몫이라는 뜻이다.

칼빈은 이 구절을 해석하면서 "바울은 성도들이 박해를 받을 때에 마치 환난을 당하는 것이 이상한 것처럼 혹은 전례가 없는 것처럼 과도한 두려움을 가질 이유가 없다고 경고한다. 이것이 주님께서 우리에게 내려주신 우리들의 상태이다"[9]라고 말한다. 성도들이 고난을 당하면 놀랄 필요가 없다. 성도들이 고난 받는 것은 이상한 일도 아니요 특이한 일도 아니다. 이 세상의 상황으로 보아 성도들이 고난 받는 것은 당연한 것이다. 더구나 고난은 성도들에게 많은 교훈을 가르쳐 준다. 인간은 어떤 교훈을 배울 때 어려운 경험을 통해 배우곤 한다. 그리고 성도들의 품성이 고난을 통해서 정금같이 단련된다. 오늘날과 같은 세상에서 고난을 통해 단련된 성품을 소유한 성도들이 얼마나 가치 있는 존재인가! 고난은 기독교인이 경험하며 살아야 할 삶의 과정 가운데 일부인 것이다. 우리는 고난을 이상한 것으로 생각하거나 무관한 것으로 생각해서는 안 된다.[10]

바울은 성도들이 고난을 받게 되어 있어서 "장차 받을 환난을 너희에게 미리 말할 수"(살전 3:4) 있었다고 한다. 바울의 예견은 적중하여 데살로니가 성도들은 환난을 받고 있었다. 성도들이 환난을 확실하게 받을 것이라는 생각이 바울 사도의 마음을 사로잡고 있다. 바울은

---

8) 본 구절을 "우리의 몫이 이것을 위한 것이다"로 번역할 수 있다. 다른 번역의 예를 보면 다음과 같다. "우리는 이런 환난을 당하게 되어 있습니다."(표준 새번역과 표준 새번역 개정판), "우리가 이것을 위하여 세움 받은 줄을 너희가 친히 알리라."(개역 개정판), "우리는 이 일을 맡으려고 세움을 입었다."(표준 신약전서), "우리는 이런 곤경을 당하게 마련입니다."(공동 번역), "This is to be our lot."(RSV, 2nd edition), "We are appointed to this."(NKJV), "We were destined for them."(NIV), "We have been destined for this."(NASB)

9) John Calvin, *The Epistles of Paul the Apostle to the Romans and to the Thessalonians*, trans. Ross Mackenzie(Grand Rapids: Eerdmans, 1973), p.353.

10) C.S. Lewis, *The Problem of Pain*(London, New York: MacMillan Publishing Company, 1962), p. 115.

데살로니가전서 3:4에서 모든 고난이 악한 것이 아니요, 하나님이 지정한 성도들이 받을 경험이라고 강조한다. 하나님의 손은 성도들이 받는 고난 속에 움직이고 있다. 성도들은 고난을 당하지만 우리 주님은 한 순간도 성도들을 떠나시지 않는다.

성경은 성도들이 고난을 받아야 하는 이유를 명백하게 제시한다. 성도들은 현재와 같은 몸을 가지고 사는 동안은 믿음 때문에 필연적으로 고난을 받게 되어 있다. 이 세상에서의 고난은 성도들의 생활 방식이라고 할 수 있다. 다음의 성경 구절들은 성도들이 이 세상을 살면서 겪어야 할 고난이 필연적인 것임을 보여 주기에 넉넉하다.

> 이것을 너희에게 이름은 너희로 내 안에서 평안을 누리게 하려 함이라 세상에서는 너희가 환난을 당하나 담대 하라 내가 세상을 이기었노라(요 16:33).

> 우리가 하나님 나라에 들어가려면 많은 환난을 겪어야 할 것이라(행 14:22).

> 다만 이뿐 아니라 우리가 환난 중에도 즐거워하나니 이는 환난은 인내를, 인내는 연단을, 연단을 소망을 이루는 줄 앎이로다(롬 5:3~4).

> 누가 우리를 그리스도의 사랑에서 끊으리요 환난이나 곤고나 핍박이나 기근이나 적신이나 위험이나 칼이랴……그러나 이 모든 일에 우리를 사랑하시는 이로 말미암아 우리가 넉넉히 이기느니라(롬 8:35~39).

> 소망 중에 즐거워하며 환난 중에 참으며 기도에 항상 힘쓰며 성도들의 쓸 것을 공급하며 손 대접하기를 힘쓰라(롬 12:12~13).

> 우리의 모든 환난 중에서 우리를 위로하사 우리로 하여금 하나님께

> 받는 위로로써 모든 환난 중에 있는 자들을 능히 위로하게 하시는 이시로다(고후 1:4).

> 내가 너희를 향하여 하는 말이 담대한 것도 많고 너희를 위하여 자랑하는 것도 많으니 내가 우리의 모든 환난 가운데서도 위로가 가득하고 기쁨이 넘치는도다(고후 7:4).

> 무릇 그리스도 예수 안에서 경건하게 살고자하는 자는 핍박을 받으리라(딤후 3:12).

바울의 마음은 성도가 고난을 받는 것이 당연하다고 말하는 것에 격앙되어 있어서 이미 언급했던 내용을 반복적으로 언급한다.

데살로니가전서 3:5의 "나도 참다못하여 너희 믿음을 알기 위하여 보내었노니"라는 말은 바울이 이미 데살로니가전서 3:1~2에서 "우리가 참다못하여" 디모데를 보내기로 한 사실을 반복해서 강조하고 있다. "나도 참다못하여"라는 표현에서 사용된 헬라어 '카이'(καί)는 "나로서도"라는 의미를 가진 강세형 표현이다. 바울은 고난을 당하고 있고 고난을 앞에 둔 데살로니가 성도들의 믿음의 상태를 알아보기 원했다.

바울 사도는 데살로니가전서 3:1~4에서 "우리"를 사용한다. 그런데 데살로니가전서 3:5에 이르러는 "나도"라는 단수를 사용한다. 이는 바울이 디모데를 보내는 일에 개인적으로 크게 관심이 있었다는 것을 말한다.[11] 바울은 데살로니가 교회의 형편에 대한 깊은 관심을 가지고 있었다.

데살로니가전서 3:5 후반부인 "이는 혹 시험하는 자가 너희를 시험하여 우리 수고를 헛되게 할까 함일러니"에서 "너희를 시험하여"

[11] James Moffatt, "The First and Second Epistles to the Thessalonians," *The Expositor's Greek Testament*, vol. IV(Grand Rapids: Eerdmans, 1980), p. 31.

(ἐπείρασεν)는 직설법이고 "할까 함일러니"(γένεται)는 가정법이다. 바울이 이렇게 전반부에서는 직설법을 사용하고, 후반부에서는 가정법을 사용한다. 그 이유는 전반부의 내용이 시험하는 자가 실제로 데살로니가 성도들을 시험했다고 느끼고 있기 때문이요, 후반부의 내용은 바울 자신의 수고가 헛될지는 몰라도 헛된 상태가 된 것은 아니기 때문이다.[12)]

이런 문법적인 변화 역시 중요한 교훈을 전하고 있다. 고난은 성도의 몫이기 때문에 성도가 고난을 받는 것은 당연한 것이요, 반면 복음 전도자의 사역은 쉽사리 공허하게 되지 않는다는 교훈이다. 성경 말씀은 하나님의 말씀이 아무 결과 없이 공허하게 다시 돌아오지 않는다고 가르친다.

3:6~10 성도들의 기쁨에 동참함

> 디모데가 너희에게로부터 와서 너희 믿음과 사랑의 기쁜 소식을 우리에게 전하고 또 너희가 항상 우리를 잘 생각하여 우리가 너희를 간절히 보고자 함과 같이 너희도 우리를 간절히 보고자 한다 하니 이러므로 형제들아 우리가 모든 궁핍과 환난 가운데서 너희 믿음으로 말미암아 너희에게 위로를 받았노라 그러므로 너희가 주 안에 굳게 선즉 우리가 이제는 살리라 우리가 우리 하나님 앞에서 너희를 인하여 모든 기쁨으로 기뻐하니 너희를 위하여 능히 어떠한 감사함으로 하나님께 보답할꼬 주야로 심히 간구함은 너희 얼굴을 보고 너희 믿음의 부족함을 온전케 하려 함이라(살전 3:6~10).

이제 바울의 논조는 지금까지의 논조보다 더 따뜻하게 서술된다.

---

12) Leon Morris, *The First and Second Epistles to the Thessalonians*, pp. 103-104.

바울은 대적들을 생각하면서 변증의 논조로 일관했다(살전 2:1~3:5). 그러나 이제 바울은 데살로니가 교회로부터 디모데가 가져 온 "믿음과 사랑의 기쁜 소식"(살전 3:6)을 접하고 마음의 긴장이 풀어진 모습이다. 바울은 부드러운 마음을 가지고 있었다. 벵겔은 사도 바울이 새로운 기쁨과 부드러운 사랑으로 이 말을 썼다고 해석한다.[13] 바울은 디모데를 데살로니가에 보낼 때 긴장된 상태에서 파송했다(살전 3:1~2 참조). 그 이유는 데살로니가 도시의 사람들 가운데 예수 그리스도를 반대하고 교회를 괴롭히는 "괴악한 사람들"(행 17:5)이 성도들을 핍박하고 있었기 때문이다(행 17:5, 9, 13). 그래서 바울은 "우리가 참다못하여 우리만 아덴에 머물기를 좋게 여겨……하나님의 일꾼인 디모데를 보내노니"(살전 3:1~2)라고 약간 딱딱한 표현을 사용했다. 그러나 바울은 디모데가 기쁜 소식을 가지고 돌아왔을 때는 "디모데가 돌아왔다"라고 쓰지 않고 "디모데가 너희에게로부터 와서"(살전 3:6)라고 표현한다. 이는 바울이 디모데를 마치 데살로니가 교회의 대표자처럼 생각하고 표현한 것이다. "지금은 디모데가 너희에게로부터 와서"라는 표현은 바울이 디모데의 보고를 받은 지 얼마 안 되어 쓴 편지임을 드러낸다.

3:6 디모데가 가져온 기쁜 소식

디모데는 두 가지 내용을 바울에게 보고했다. 첫째, 디모데는 데살로니가 교회의 "믿음과 사랑의 기쁜 소식"을 바울에게 전했다. 데살로니가 성도들은 고난과 핍박 가운데서도 믿음을 지키고 사랑을 실천한 것이다(살전 4:9). 무엇이 바울에게 기쁜 소식이었는가.

① "너희 믿음"(살전 3:6) - 데살로니가 교회 성도들은 하나님의 말씀을 기쁨으로 받아 모든 사람의 본이 되었다(살전 1:6~7). 믿음의 교리를

[13] John A. Bengel, *Bengel's New Testament Commentary,* vol. 2, p. 480.

그대로 지켜 "믿음의 소문"이 바울에게 전달되었다(살전 1:8~9). 고난 속에서도 요동치 않는 믿음의 고백이 있었다(살전 2:13~14).

② "너희 사랑"(살전 3:6) - 데살로니가 교회 성도들은 하나님의 가르침대로 형제를 사랑했다(살전 4:9). 그들은 수고가 수반한 사랑을 실천했다(살전 1:3).

③ "우리를 간절히 보고자 한다"는 마음(살전 3:6). 데살로니가 교회 성도들은 바울과 그의 사역을 기억하고 간절히 보기를 원했다(살전 2:8~9).

바울 사도에 대한 데살로니가 교회 성도들의 확실하고 구체적인 사랑은 그에게 매우 귀중하였고 용기를 북돋아 주었다. 디모데는 데살로니가 교회에 대한 좋은 소식을 가져온 것이다.[14] 바울은 데살로니가 교회 성도들이 하나님에 대한 믿음과 성도 상호간의 사랑을 디모데로부터 보고 받고 참으로 기뻐한 것이다.

둘째, 디모데의 보고 내용 중 또 하나는 데살로니가 교회 성도들이 바울을 갈망하고 다시 만나기를 간절히 원하고 있었다는 것이다. 바울은 자신을 보고자하는 데살로니가 교회 성도들의 열망이 간절함을 밝힌다. 데살로니가 교회 성도들은 바울을 보기 원하고 다시 만나기를 간절히 원한다. 바울은 데살로니가 성도들의 간절함을 나타내기 위해 본문에서 특별한 용어를 사용한다. 데살로니가 성도들이 바울을 간절히 보고자 하는 것처럼 바울 역시 데살로니가 성도들을 간절한 마음으로 보기를

---

14) 본문의 "기쁜 소식을 전하고"(살전 3:6)는 "복음을 전파하다"(εὐαγγελισαμένου)라는 용어이다. 바울이 하나님의 구속의 복음을 전한다는 뜻 이외의 뜻으로 이 용어를 사용한 곳은 여기 밖에 없다. 일반적으로 이 용어는 "복음을 선포 한다" 는 뜻으로 사용되었다. 바울이 이 용어를 여기서 사용한 것은 그가 디모데의 보고를 들을 때 "복음을 들은 것"과 같은 큰 영향을 받았음을 보여주고 있다. 누가는 이 용어를 "좋은 소식을 전한다"라는 뜻으로 사용했다(눅 2:10). 그러나 누가는 구세주의 태어나실 소식을 전하는데 이 용어를 사용했기 때문에 살전 3:6에 사용된 바울의 용법과는 차이가 있다.

원했다. 그래서 바울은 "에피포데오"(ἐπιποθεῶ)라는 특별한 용어를 사용하여 자신의 마음을 표현했다.[15] 바울은 데살로니가 교회가 믿음의 역사와 사랑의 수고(살전 1:3)를 계속 유지하고 있음을 듣고 기뻐한 것이다.

3:7 바울이 받은 위로

바울은 디모데의 보고를 언급한 직후 "이러므로"(διὰ τοῦτο)라는 표현을 사용함으로 디모데가 가져온 기쁜 소식이 궁핍과 환난 가운데서도 위로를 받게 했음을 확실히 한다(살전 3:7). 데살로니가전서 3:7의 "너희에게"(ἐφ' ὑμῖν)는 위로의 근거이며, "너희 믿음으로 말미암아"(διὰ τῆς ὑμῶν πίστεως)는 위로의 수단이다.[16] 여기 표현된 "궁핍"과 "환난"은 어떤 것인가? 브루스(Bruce)에 따르면, "궁핍"과 "환난"을 구분하기가 그렇게 쉬운 것은 아니다. "궁핍"(ἀνάγκῃ)은 육체적으로 필요한 일용품의 결여를 뜻하고, "환난"(θλίψει)은 다른 사람들에 의해 부과된 고통과 고난을 뜻한다. 그런데 바울이 여기서 언급하고 있는 궁핍과 환난은 육체적인 것이라고 하기보다는 심리적인 것이라고 할 수 있다는 것이다.[17] 브루스가 이렇게 해석하는 근거는 데살로니가 성도들에 대한 바울의 근심, 고린도에서 편지를 쓸 때 "약하며 두려워하며 심히 떨었던"(고전 2:3) 상황, 그리고 마게도냐 각 도시에서 쫓겨난 사실 등은 바울과 그 일행의 마음을 압박하고 있었다고 생각하기 때문이다.[18] 헨드릭센(Hendriksen)은 바울이 언급하고 있는 궁핍과 환난이

---

15) 바울은 ἐπιποθοῦντες ἡμᾶς ἰδεῖν을 사용한다. 여기 ἐπιποθοῦντες는 항상 강렬한 느낌을 나타내고자 할 때 사용된다. 참조, 롬 1:11; 고후 5:2; 빌 1:8; 2:26; 딤후 1:4.

16) John Eadie, *Thessalonians*, p. 110.

17) F.F. Bruce, *1 and 2 Thessalonians*(*Word Biblical Commentary*, vol. 45, Waco: Word Books, Publisher, 1982), p. 67.

18) Bruce, *1 and 2 Thessalonians*, p. 67.

① 데살로니가 사역의 효과에 대한 의심, ② 디모데의 안전에 대한 관심, ③ 갈라디아에서 온 나쁜 소식, ④ 복음 전하는 일과 장막 만드는 일로 인해 겪는 육체적 피곤이라고 구체적으로 설명한다.[19] 헨드릭센의 설명은 구체적이지만 브루스의 해석과 큰 차이는 없다. 바울이 언급한 궁핍과 환난은 육체적인 것이기보다는 심리적인 면이 더 많은 것으로 보인다.

이렇게 바울은 스스로 심리적인 곤경에 빠져있었지만 데살로니가 성도들의 믿음의 역사를 전해 듣고 위로를 받았다. 복음은 데살로니가 도시에 전해졌고, 복음의 씨는 깊이 뿌리를 내려 이미 열매가 영글었던 것이다.

궁핍과 환난 가운데서 믿음을 지킨 성도만이 같은 어려움에 처한 사람을 위로할 수 있다. 바울 일행이 환난에 처한 데살로니가 성도들에게 위로가 되었는데 이제는 데살로니가 성도들이 환난에 처한 바울의 일행을 위로하게 되었다.

바울은 데살로니가 성도들이 주 안에서 굳게 선즉 바울 일행이 살게 되었다고 말한다(살전 3:8). 데살로니가 성도들의 흔들리지 않는 믿음과 사랑은 바울 일행에게 생명의 호흡이 된 것이다. 이 말씀은 바울 일행이 데살로니가 성도들의 믿음과 사랑을 듣고 위로를 받는 것과 같다(살전 3:7). 바울은 그가 전도한 교회의 성도들의 믿음에 대해 항상 깊은 관심을 보였고, 성도들의 변화에 따라 자신의 삶에도 변화가 있음을 설명한다. 바울은 성도들이 믿음에서 떠날 때에 분노와 안타까움을 느꼈다. "어리석도다 갈라디아 사람들아 예수 그리스도께서 십자가에 못 박히신 것이 너희 눈앞에 밝히 보이거늘 누가 너희를 꾀더냐"(갈 3:1). 바울은 성도들이 믿음의 생활에서 뒷걸음질 칠 때 많은 고통을

[19] W. Hendriksen, *1 and 2 Thessalonians(NTC)*, pp.87-88.

느꼈다. "나의 자녀들아 너희 속에 그리스도의 형상이 이루기까지 다시 너희를 위하여 해산하는 수고를 하노니 내가 이제라도 너희와 함께 있어 내 음성을 변하려 함은 너희를 대하여 의심이 있음이라"(갈 4:19~20).

3:8~9 바울의 기쁨과 감사

바울은 성도들이 믿음에 합당한 생활을 하면 기뻐하고 또 기뻐했다. "너희가 주 안에서 굳게 선즉 우리가 이제는 살리라 우리가 우리 하나님 앞에서 너희를 인하여 모든 기쁨으로 기뻐하니"(살전 3:8~9)라고 말한 것도 바울의 마음을 잘 표현하고 있다. 바울은 "우리의 소망이나 기쁨이나 자랑의 면류관이 무엇이냐 그의 강림하실 때 우리 주 예수 앞에 너희가 아니냐 너희는 우리의 영광이요 기쁨이니라"(살전 2:19~20)고 말한 데서 자신의 마음 상태를 잘 표현하고 있다.

바울은 항상 성도들과 일체감을 가지고 살았다. 그래서 성도들의 믿음과 사랑이 튼튼해지는 것은 바울의 삶의 원동력이요 기쁨이 되었다. 바울은 여러 곳에서 성도들에게 믿음에 굳게 서 있을 것을 권면한다(고전 16:13; 갈 5:1; 빌 1:27; 4:1).

데살로니가 성도들이 환난 가운데서 지킨 믿음은 바울에게 풍성한 기쁨을 가져다주었다. 그래서 바울은 데살로니가전서 3:9에서 수사학적인 질문을 통해 자신의 마음 상태를 드러낸다.

첫째, 바울의 마음은 순수하고 순결한 마음이었다. 그는 "하나님 앞에서" 기뻐한 것이다(살전 3:9). "하나님 앞에서"란 표현은 바울이 하나님께 기도하는 마음으로 기뻐했다는 뜻을 함축한다.[20] 인간의 속마음을 아시는 하나님 앞에서 자신의 마음이 기쁜 것을 고백한 것이

---

[20] Charles A. Wanamaker, *Commentary on 1 and 2 Thessalonians*, p.138.

다. 바울이 가식을 취하기에는 그가 하나님이 어떤 분이신 것을 너무도 잘 알고 있었다.

둘째, 바울의 기쁨은 충만했다. 그래서 바울이 "모든 기쁨으로 기뻐한다"(살전 3:9)라고 한 표현에서 보듯이, "모든"이란 말도 나오고 또 기쁨이라는 말도 중복해서 사용한다. 바울은 자신의 기쁨에 대해 하나님께 감사했다. 거룩한 기쁨은 성령의 열매이다. 거룩한 기쁨은 하늘나라의 기쁨을 미리 맛보는 것이다.

셋째, 바울의 마음은 헌신과 봉사로 가득 차 있었다. 바울은 그에게 그런 기쁨을 주신 하나님께 어떻게 감사해야하고 봉사해야 할지를 토로한다. 그래서 바울은 "너희를 위하여 능히 어떠한 감사함으로 하나님께 보답할꼬"(살전 3:9)라고 말한다.

넷째, 바울의 헌신과 봉사의 마음은 열매가 뒷받침된 것이었다. 바울은 "주야로"(항상) 성도들을 위해 기도했고(살전 3:10), 성도들을 보기 위해 갈망했다(살전 2:9; 행 20:31). 바울의 이런 마음은 강렬했다. 바울의 마음속에는 성도들이 완전하게 되어 하나님을 기쁘게 하고, 귀한 그릇으로 쓰임 받기를 원하는 소원이 가득 차 있었다(살전 3:8~9 참조).

3:10 바울의 간구

바울의 마음은 항상 성도들을 향해 있었다. 바울은 밤과 낮으로 쉬지 않고 데살로니가 성도들을 위해 간구했다(살전 3:10). 바울이 "밤과 낮"으로 기도했다는 뜻은 24시간 기도했다는 뜻이라기보다는 그 당시 유대인들과 기독교인들의 기도 관습대로 정규적으로 기도했음을 뜻한다.[21] 바울의 간절한 간구는 두 가지를 포함하지만[22] 사실상 한 가지로

---

21) 박형용,『산상보훈 40강』(서울: 성광문화사, 1984), pp. 296-297(부록 편: 열두 사도의 교훈, VIII, 3); J. Jeremias, *The Prayers of Jesus*(*SBT*, 2nd Series, 6)(London, 1967), pp.67-72; Gordon P. Wiles, *Paul's Intercessory Prayers:*

요약할 수 있다. 그 두 가지는 먼저 데살로니가 성도들을 직접 만날 수 있기를 위한 것이요, 둘째는 데살로니가 성도들의 믿음의 부족함을 온전케 하기 위한 것이다. 그러나 둘째 내용은 바울이 데살로니가 성도들을 직접 만나면 자연히 성취될 수 있는 것이다. 바울이 성도들을 만나면 교훈과 권면을 할 것이고 바울의 권면과 교훈은 성도들의 믿음의 부족함을 온전케 할 것이다.

그러면 데살로니가 성도들의 믿음의 결핍은 어떤 것들이었는가? 그들의 믿음은 온전하지 못했다. 그들은 확실한 진리 위에서 더 성장해야 한다. 그들은 먼저 바울 일행이 가르친 교리 위에 든든히 서 있어야 한다. 그래서 바울은 성도들의 거룩함과 예수님의 재림에 관한 교훈을 이어서 설명한다. 데살로니가 성도들은 재림에 관한 바른 견해를 가지고 있어야 한다(참조, 살전 4:13~18; 5:1~3). 데살로니가 성도들은 이방인들의 성향과 부정을 버리고 거룩하고 존귀하게 살아야 한다(살전 4:3~8). 바울 사도는 데살로니가 교회를 방문해서 그들을 직접 만나보고 그들의 믿음의 부족한 점을 고치기를 원한 것이다.

3:11~13 바울의 첫 번째 소원 기도

하나님 우리 아버지와 우리 주 예수는 우리 길을 너희에게로 직행하게 하옵시며 또 주께서 우리가 너희를 사랑함과 같이 너희도 피차간과 모든 사람에 대한 사랑이 더욱 많아 넘치게 하사 너희 마음을 굳게 하시고 우리 주 예수께서 그의 모든

The Significance of the Intercessory Prayer Passage in the Letters of Paul(Cambridge: Cambridge University Press, 1974), p. 182.

22) 살전 3:10에서 εἰς와 τὸ ἰδεῖν 그리고 καταρτίσαι(εἰς+부정사)가 사용된 것은 간구의 내용이 무엇인지를 가리켜 준다.

성도와 함께 강림하실 때에 하나님 우리 아버지 앞에서 거룩함에 흠이 없게 하시기를 원하노라(살전 3:11~13).

본 구절은 데살로니가전서에 나오는 바울의 첫 번째 소원 기도(wish-prayer)이다. 두 번째 소원 기도는 데살로니가전서 5:23~24에 나온다. 바울의 이 두 소원 기도는 예수 그리스도의 재림 때에 성도들이 거룩하고 완전하게 되기를 바라는 것이다.[23)]

바울의 기도는 하나님 아버지와 예수 그리스도에게 드려진다. 이렇게 하나님과 예수님이 함께 성도들의 기도를 받으신다는 사실은 신학적으로 의미심장한 진술이다. 이는 예수님을 하나님과 동등한 분으로 생각하기 때문이다. 바울 사도는 하나님과 예수님을 능력과 의지의 실행에 있어서 동등하게 생각할 뿐 아니라 본체의 통일성을 인정하기 때문에 성도들의 기도를 받으실 대상으로 함께 언급하고 있다. 신성을 가지신 분만이 성도들의 기도를 받으실 수 있다. 본문의 기도 형식은 호격(vocative)과 2인칭을 사용한 기도 형식이 아니다. 즉, "하나님 아버지와 예수 그리스도시여, 당신이 우리의 길을 그들에게로 직행하게 하여 주시옵소서"라고 표현하지 않았다. 본문은 기원법(optative)과 3인칭을 사용하여 "하나님 우리 아버지와 우리 주 예수는 우리 길을 너희에게 직행하게 하옵시며"(살전 3:11)라고 표현한다. 이렇게 기도의 형식을 삼인칭으로 사용하여 표현했지만 그 강도나 효과는 동일한 것이다.

첫째, 기도 속에 나타난 바울의 소원은 속히 자신이 데살로니가 성도들을 만날 수 있게 해 달라는 것이었다(살전 3:11). 바울은 한 번 두 번 데살로니가 교회를 방문하기 원했지만 사단의 방해로 방문하지 못했다(살전 2:18). 그러나 바울은 하나님께서 기뻐하시면 아무것도 그의 길을 방해할 수 없음을 알고 있다. 그래서 바울은 하나님 아버지와

---

23) G.P. Wiles, *Paul's Intercessory Prayers*, pp. 63-64.

주 예수께 기도하고 있다. 본문의 "직행하게 하다"(κατευθύναι)는 "바르게 하다", "곧게 하다"라는 뜻을 가지고 있다. 바울과 데살로니가 성도 사이의 길을 곧게 하면 가장 짧은 거리로 빨리 여행할 수 있기 때문에 이런 용어로 자신의 소원을 피력했다. "직행하게 하다"(κατευθύνω)라는 말은 신약에서 세 곳에 사용된다(눅 1:79; 살전 3:11; 살후 3:5).[24] 데살로니가후서 3:5의 경우는 "주께서 너희 마음을 하나님의 사랑과 그리스도의 인내 안으로 들어가게 하시기를 원하노라" 할 때 "들어가게 한다"라는 의미로 사용되었고, 누가복음 1:79의 경우는 "우리 발을 평강의 길로 인도하시리로다" 할 때 "인도하시다"의 의미로 사용되었다. 이렇게 볼 때 바울은 하나님 아버지와 주 예수님께서 자신의 길을 평탄케 하고 인도하여 속히 데살로니가 성도들을 만나기 원한 것이다.

둘째, 바울의 기도 속에 나타난 또 다른 소원은 데살로니가 성도들의 사랑이 넘치기를 원한 것이다(살전 3:12).

바울이 이 부분을 언급할 때는 하나님 아버지와 주 예수 그리스도를 함께 언급하지 않고 단순히 "주께서"라고 표현한다. 이는 예수님이 주님(the Lord)이셔서 데살로니가 성도들의 사랑을 넘치게 하실 수 있기 때문이다. 바울은 데살로니가 성도들 상호간의 사랑이 넘치기를 소원하여 기도한다. 어떤 이는 데살로니가 교회에 두 개의 그룹이 있어서 서로 의견의 일치를 보지 못했기 때문에 바울이 여기서 그 두 그룹 상호간 서로 사랑할 것을 말한다고 해석한다. 즉, 데살로니가 교회 내에 유대인 기독교인들과 이방인 기독교인들이 서로 불화의 관계에 있었기 때문에 바울이 이런 소원을 말하고 있다고 해석한다.[25]

---

24) J.B. Smith, *Greek-English Concordance to the New Testament*, p. 200 (section 2720).

25) K. Lake, *The Earlier Epistles of St. Paul*(London: Rivingtons, 1914), pp.89-90.

물론 본문에서 바울이 데살로니가 교회의 연합과 일치를 위해서 기도하는 것은 사실이지만 본문에서 유대인 기독교인과 이방인 기독교인 상호간의 불화를 끄집어내는 것은 무리라고 생각된다. 바울은 단순히 데살로니가 성도들의 사랑이 더욱 더 넘쳐나서 그 범위가 "피차간" 뿐 아니라 "모든 사람"에게로 확대되기를 소원한다(살전 3:12). 여기 "모든 사람"은 단순히 "모든 형제들", 즉 "모든 기독교 형제들"로 국한시킬 필요가 없다. 왜냐하면 하나님 사랑이 성도의 삶에 넘쳐나면 같은 동료 기독교인들뿐 아니라 세상의 모든 사람을 사랑할 수 있게 되기 때문이다.

바울은 데살로니가 성도들을 사랑하는 자신의 사랑을 조건으로 부쳐 데살로니가 성도들의 사랑이 넘쳐나기를 소원한다. "우리가 너희를 사랑함 같이"(살전 3:12)는 데살로니가 성도들에 대한 바울 자신의 사랑이 어떠한지를 나타내 보여준다. 바울이 데살로니가 성도들에 대한 자신의 사랑을 확신하지 못했다면 이런 표현으로 조건을 붙이지 않았을 것이다.

셋째, 바울의 또 다른 소원은 주께서 데살로니가 성도들의 마음을 굳게 해달라는 것이다(살전 3:13). 본문의 "굳게 하다"(τὸ στηρίξαι)라는 말은 뿌리가 튼튼히 내리기를 소원하는 것이다. 바울은 데살로니가 성도들이 그리스도 안에서 뿌리를 튼튼히 내려 어떤 두려움과 위험이 닥쳐와도 굳게 서 있기를 소원하고 있다. 데살로니가 성도들은 거짓 교훈에 빠질 수도 있고, 불합리한 소망에 빠져 마침내 실망할 수밖에 없고, 또한 자신들의 도덕적인 삶에 대한 확신의 결여로 믿음의 자리가 흔들릴 수도 있다. 바울은 데살로니가 성도들이 이런 모든 불안정에서 벗어날 수 있도록 기도하는 것이다. "굳게 하다"라는 말은 데살로니가전서 3:2의 "너희를 굳게 하고"에서도 발견된다.

넷째, 바울의 기도의 소원은 종말에 데살로니가 성도들이 "거룩함에 흠 없는" 사람들이 되기를 원하는 것이다(살전 3:13). 바울은 데살로니가 성도들의 현재 상태에만 관심을 가지고 있는 것이 아니요, 장차 하나님 앞에 설 때 어떻게 되느냐에 대해서도 관심을 가지고 있다. 데살로니가 성도들은 하나님 앞에 설 때 거룩하게 성화될 것이다(살전 3:13; 5:23). 하나님 앞에서 거룩하고 흠이 없게 되는 것이 세상적인 표준으로 거룩하고 흠이 없는 것보다 중요하다. 바울 사도가 "거룩함"(ἐν ἁγιωσύνῃ)을 사용한 것은 거룩해지는 과정을 생각했다기보다는 거룩한 상태를 생각한 것이다.[26] 이디(Eadie)에 따르면, "그 명사(ἁγιωσύνῃ)는 과정(ἁγιασμός)이나 특질(ἁγιότης)을 뜻하지 않고 상태를 뜻하거나 혹은 무흠이 신적 확증의 결과로서 그 능력을 나타내게 되어 있는 영역을 뜻한다. 그것은 영혼이 하나님의 형상인 순결을 소유하고 하나님의 검사를 통과하며 그의 인정을 받을 수 있는 모든 요소를 소유하면서 교란시키는 악의 요소나 반대하는 모든 요소로부터 벗어나는 거룩한 성질이나 상태를 뜻한다. 그 이유는 그것이 '하나님 우리 아버지 앞에서'이기 때문이다."[27] 바울은 데살로니가 성도들이 하나님의 심판대 앞에 설 때에 흠 없는 상태로 나타나기를 소원한 것이다. 이 용어는 구약에서 오로지 하나님에게만 사용되었고 신약에서는 본문과 고린도후서 7:1에서만 사용되었다(고후 7:1 - "이 약속을 가진 우리가 하나님을 두려워하는 가운데서 거룩함을 온전히 이루어 육과 영의 온갖 더러운 것에서 자신을 깨끗케 하자"). 바울이 이렇게 데살로니가 성도들의 거룩한 상태를 생각할 수 있었던 것은 예수님의 재림 때에 "성도들이" 완전히 성화된 상태로 나타날 것이기 때문이다. 성도들이 하나님 앞에 설 때는 "예수께서

---

26) ἁγιωσύνη(살전 3:13)는 거룩하게 된 상태(the state of being holy)를 뜻하는 반면 ἁγιασμός(살전 4:3)는 거룩하게 되는 과정(the process of making holy)의 뜻을 함축하고 있다. Cf. H. Balz, ἅγιος, *Exegetical Dictionary of the New Testament*, vol. 1(Grand Rapids : Eerdmans, 1990), p. 18.

27) John Eadie, *Greek Text Commentaries: Thessalonians*, p. 120.

그의 모든 성도와 함께 강림하실 때"(살전 3:13)이다. 예수님이 강림하실 때 하나님의 심판이 있다는 사실은 의미심장한 것이다. 이때는 세상의 종말이요, 선과 악이 최종적으로 구별될 때이며, 하나님의 나라가 완성된 상태로 이루어질 때이다.

구약은 여호와께서 임하실 때 모든 거룩한 자가 주님과 함께 할 것을 예언한다(참조, 슥 14:5). 스가랴의 말씀은 그 이전에 있었던 하나님의 신현 사건들을 근거로 이해되어야 한다. 율법을 주실 때 "여호와께서 시내에서 오시고 세일 산에서 일어나시고 바란 산에서 비취시고 일만 성도 가운데서 강림하셨고 그 오른 손에는 불같은 율법이 있도다"(신 33:2). 다니엘이 본 심판 날의 환상은 여호와에게 수종드는 자가 천천이요 만만이었다(단 7:10). 이처럼 하나님의 심판은 예수님께서 성도와 함께 재림하실 때에 있을 것이다.

바울 사도가 다메섹 도상에서 예수님을 만나기 이전 예수님을 허풍쟁이로 생각하고 그를 따르는 성도들을 제거하기 원한 것과는 대조적으로 여기서는 예수님이 하나님과 동등하신 분으로 그분이 강림할 때 하나님의 심판이 있다고 말한 것은 큰 의미를 지니고 있다. 우리는 바울의 생애 속에서 예수 안에서 변화된 한 사람의 유익한 삶을 보는 것이다.

본문은 예수님이 강림하실 때 그의 모든 성도와 함께 강림하신다고 가르친다. 그러면 "그의 모든 성도"(μετὰ πάντων τῶν ἁγίων αὐτοῦ)란 누구를 가리키는가? 이 구절의 해석에 대한 의견은 서로 다르다. 그 이유는 본문의 "그의 모든 성도"라고 번역한 헬라어 원문이 "그의 모든 거룩한 자들"로 번역할 수 있기 때문이다. 첫째 견해는 "그의 모든 거룩한 자들"이 세상을 이미 떠난 신자들을 가리킨다고 생각한다. 그 근거는 예수님 재림하실 때 "예수 안에서 자는 자들"이 예수님과 함께 올 것이라는 신약의 교훈이 있기 때문이다(살전 4:14). 둘째 견해는 "그의 모든 거룩한 자들"이 천사들을 가리킨다고 생각한다. 그 근거는 구약에서 "거룩한 자"가 천사를 가리키는 것으로 사용되었기 때문이다(욥 5:1; 15:15; 시 89:7~8; 단 8:13). 또 신약에서 그리스도께서 천사들과 함께 강림하실 것을 언급하고 있기 때문이다(마 16:27; 25:31; 막 8:38; 눅 9:26; 살후 1:7).[28] 셋째 견해는 "그의 모든 거룩한 자들"이란 세상을 이미 떠난 신자들과 천사들을 모두 가리킨다고 생각한다.[29] 이 세 견해 중에서 모든 성도가 이미 세상을 떠난 신자들과 천사들을 가리킨다는 세 번째 견해가 본문에 가장 적합한 것처럼 보인다. 그 이유는 복음서에서 예수님의 재림을 설명할 때 예수님께서 천사들과 함께 오실 것임을 확실히 하고 있으며(마 16:27; 25:31; 막 8:38; 눅 9:26) 또한 서신서의 기록은 예수님께서 재림하실 때 천사들과 함께 오실 뿐 아니라(살후 1:7) 예수님 안에서 자는 자들, 즉 이미 세상을 떠난 신자들과 함께 오실 것을(살전 4:14) 확실히 하고 있기 때문이다. 사실상 이상의 세 견해가 성경의 내용으로 보나 교리적으로 보나 크게 잘못은 없다. 하지만 필자는 데살로니가전후서의 맥락에 비추어 넷째 견해를 제시하고자 한다. 넷째 견해는 "그의 모든 거룩한 자들"이란 천사들과 그리스도 안에서 죽은 자들 그리고 그리스도 강림하실 때 살아 있다가 변화된 성도들을 모두 포함한다고 생각하는 것이다(살후 1:7; 살전 4:16~17; 참조, 고전 15:51~52). 일반적으로 복음서는 예수님의 신성을 강조한다. 복음서는 사람의 몸을 입으신 예수님이 하나님의 아들이심을 강조한다. 그래서 복음서의 기록은 예수님께서 재림하실 때 천사들과 함께 오시리라 강조한 반면 이미 세상을 떠난 신자들이 예수님의 재림 때 함께

---

[28] I. Howard Marshall, *1 and 2 Thessalonians*(*NCBC*, London: Marshall, Morgan, and Scott, 1983), pp. 102-103; James E. Frame, *A Critical and Exegetical Commentary on the Epistles of St. Paul to the Thessalonians* (*ICC*., Edinburgh: Clark, 1912), pp. 136, 139; Charles A. Wanamaker, *Commentary on 1 and 2 Thessalonians*, p. 145.

[29] Leon Morris, *The First and Second Epistles to the Thessalonians* (*NICNT*, Grand Rapids: Eerdmans, 1970), p. 115.

올 것으로 언급하지 않는다. 반면 바울 서신은 예수님이 성도들과 동일시되심을 강조하기 때문에 "예수 안에서 자는 자들"에 대한 깊은 관심을 표명하고 있다(참조, 고전 15:12~20, 42~49; 고후 4:14). 그러므로 바울 서신은 "예수 안에서 자는 자들"이 예수님의 재림 때에 예수님과 함께 올 것을 언급한다. 비록 복음서의 기록 특성을 감안하지 않더라도 바울 사도가 예수님의 재림 때에 "천사들"이 함께 올 것을 언급했고(살후 1:7), "예수 안에서 자는 자들"도 예수님과 함께 올 것이라 언급했으며(살전 4:14), 특히 데살로니가전후서에서 예수님 재림 때에 살아 있는 성도들이 변화하여 예수님을 영접할 것이라고 언급했기 때문에 본문의 "그의 모든 거룩한 자들"은 천사들과 예수 안에서 자는 자들과 예수님 재림 때에 살아 있다 변화된 성도들을 모두 가리킨다고 생각하는 것이 타당하다.

본문 비평에 속하는 것이긴 하지만 데살로니가전서 3:13 마지막에 "아멘"이라는 말이 나온다.[30] 바울의 기도 끝에 "아멘"이 나오는 것은 지금까지 기도한 내용이 그대로 성취되기를 간절히 소원하는 마음을 표현한 것이다.

---

30) "아멘"이 있는 것을 지지하는 사본은 א*, A, D* 등이다.

제4장 주해

4:1~2 더욱 많이 힘쓰라

종말로 형제들아 우리가 주 예수 안에서 너희에게 구하고 권면하노니 너희가 마땅히 어떻게 행하며 하나님께 기쁘시게 할 것을 우리에게 받았으니 곧 너희 행하는 바라 더욱 많이 힘쓰라 우리가 주 예수로 말미암아 너희에게 무슨 명령으로 준 것을 너희가 아느니라(살전 4:1~2).

바울 사도는 "종말로"라는 접속사를 사용하여 지금까지의 내용과 앞으로 쓸 내용을 연결시킨다. 바울 서신의 경우 일반적으로 서신의 전반부는 교리적인 부분이요 후반부는 그 교리에 근거한 성도들의 삶이 어떠하여야 할 것을 설명하는 부분이다(참고, 롬 12:1; 엡 4:1; 골 3:5). 그러나 여기 사용된 접속사는 교리 부분과 삶의 부분을 분명하게 구분하는 역할을 하지 않고 단순히 이전 부분과 뒤따라오는 부분을 연결하고 있다. 바울은 종종 새로운 주제를 소개할 때 "종말로"를 사용한다.[1] 바울은 여기서도 기도 다음에 성도들이 거룩하게 살아야 할 것에 대하여 소개한다.

바울은 쓰고자하는 내용을 데살로니가전서 4:3부터 시작한다. 그리고 데살로니가전서 4:1~2은 서론 역할을 한다. 이 서론의 내용에서 우리는 몇 가지 중요한 요소를 찾을 수 있다.

첫째, 바울이 데살로니가 성도들에게 구하고 권하는 것은 그리스도의 권위로 할 뿐 아니라 그리스도의 심정으로 하는 것이다. 본문은 바울이 데살로니가 성도들에게 "구하고 권면"할 때 "주 예수 안에서"(ἐν κυρίῳ Ἰησοῦ) 구하고 권면한다고 전한다. "우리가 주 예수 안에서 너희에게

1) Marvin R. Vincent, *Word Studies in the New Testament,* vol. IV(Grand Rapids: Eerdmans, 1975), p. 34.

구하고 권면하노니"(살전 4:1)가 이를 증거한다. 이 말씀은 그리스도께서 이 상황과 이 행위에 깊숙이 개입되어 있음을 밝히는 것이다. 이는 마치 바울이 이 말을 할 때 그리스도께서 바울 옆에 서 계셔서 바울의 말에 동의하는 표시로 고개를 끄덕이시는 상황과 비슷한 것이다.

둘째, 데살로니가 성도들은 선한 전통을 이어나가야 한다. "너희가 마땅히 어떻게 행하며 하나님께 기쁘시게 할 것을 우리에게 받았으니 곧 너희 행하는 바라"(살전 4:1). 데살로니가 성도들이 받은 선한 전통은 세 가지의 주요 요소로 이루어진다.

① 설교 형태로든지 신앙고백 형태로든지 기쁜 소식의 요약, 즉 복음이 들어 있다. ② 거듭해서 전달되어 내려오는 예수 그리스도의 말씀과 행위가 포함된다. ③ 그리스도인들이 어떻게 살아야 할 것인지를 가르치는 도덕적 표준의 안내가 들어 있다.[2)]

성도들이 따라야 할 삶의 표준은 예수님의 교훈과 모본이 근거가 되어 형성되었다. 데살로니가 성도들이 전해 받은 전통을 골로새서의 내용에서 대략 요약해 볼 수 있다. 그것들은 ① "위엣 것을 찾으라"(τὰ ἄνω ζητεῖτε)(골 3:1~4). ② "땅에 있는 지체를 죽이라"(Νεκρώσατε τὰ μέλη τὰ ἐπὶ τῆς γῆς.)(골 3:5~11). ③ "긍휼과 자비와 겸손과 온유와 오래 참음을 옷 입으라"('Ενδύσασθε οὖν···)(골 3:12~17). ④ 서로 복종하라(ὑποτάσσεσθε···)(골 3:18~4:6) 등의 형태로 전달되었다. 여기 사용된 동사들은 모두 명령형이다. 이 명령을 받은 성도들은 자신들의 삶 속에서 이 명령을 구현해야 한다. 데살로니가 성도들이 더욱 많이 힘써야 할 삶이 바로 이런 명령들을 실천하는 것이다.

셋째, 데살로니가 성도들은 그들이 받은 전통을 그리스도의 명령으로 받아야 한다. 바울은 "우리가 주 예수로 말미암아 너희에게 무슨 명령으

---

2) F.F. Bruce, *1 & 2 Thessalonians*, vol. 45(Waco: Word Books, 1982), p. 78.

로 준 것을 너희가 아느니라"(살전 4:2)고 말함으로 데살로니가 성도들에게 전달된 전통이 예수 그리스도의 권위로 된 것임을 밝힌다. 사도들의 전통은 무관심으로 취급할 것이 아니요 그리스도의 명령으로 순종해야 한다. 왜냐하면 사도들의 전통은 사도들 자신으로부터 기인된 것이 아니요 그리스도로부터 기인했기 때문이다.

넷째, 데살로니가 성도들이 받은 전통은 그들의 삶과 관계가 있다. "너희가 마땅히 어떻게 행하며 하나님께 기쁘시게 할 것을 우리에게 받았으니"(살전 4:1)라는 내용이 이를 증명한다. 여기서 어떻게 행하는 것과 하나님을 기쁘게 하는 것이 중복적으로 사용되었다. "사는 것"도 하나님 앞에서 사는 것이요, "기쁘게 하는 것"도 삶을 통해 하나님을 기쁘게 하는 것이다.[3] "하나님께 기쁘시게 할 것"(살전 4:1)은 불순종을 배제하는 삶이다. 성도들은 단순히 율법을 지킨다는 차원을 넘어서 성령의 인도를 전폭적으로 좇아 하나님을 기쁘게 하는 삶을 살아야 한다. 성도들은 한 차원 높은 순종의 삶을 요구받고 있다. 이것이 가능한 것은 예수 그리스도가 율법의 마침이요(롬 10:4) 율법의 완성이시기 때문이다. 성도들의 삶은 항상 투명성을 유지하는 것이 중요하다. 세상에서 성도들의 삶이 바로 하나님 면전에서 사는 것과 같아야 한다. 이런 삶은 하나님을 기쁘시게 하는 삶이다.

다섯째, 성도들은 현 상태에 만족하지 말고 더욱 많이 힘써야 한다. 바울은 데살로니가 성도들에게 그들이 어떻게 살고 어떻게 하나님을 기쁘게 해야 할 것을 받았다고 말한 후 "곧 너희 행하는 바라"(살전 4:1)고 말함으로 데살로니가 성도들의 삶이 높은 수준이었다고 증거한다. 데살로니가 성도들은 바울로부터 받은 교훈대로 행한 것이다. 그러나 바울은 거기에서 멈추지 않는다. 바울은 "더욱 많이 힘쓰라"는

---

3) 본문의 헬라어 표현은 이를 더 잘 밝혀 준다. τὸ πῶς δεῖ ὑμᾶς περιπατεῖν καὶ ἀρέσκειν θεῷ의 표현에서 "행한다"와 "기쁘게 한다"가 "그리고"로 연결되어 있음을 주목하라.

분발을 촉구한다.[4)] 성도들은 순례의 길이 끝날 때까지 계속해서 더욱 힘쓰는 자리에 있어야 한다. 성도들은 바울이 "내가 이미 얻었다 함도 아니요 온전히 이루었다 함도 아니라 오직 내가 그리스도 예수께 잡힌 바 된 그것을 잡으려고 좇아가노라"(빌 3:12)고 말한 것처럼 푯대를 향해 전진하는 삶을 살아야 한다.

4:3~8 거룩한 그릇

하나님의 뜻은 이것이니 너희의 거룩함이라 곧 음란을 버리고 각각 거룩함과 존귀함으로 자기의 아내 취할 줄을 알고 하나님을 모르는 이방인과 같이 색욕을 좇지 말고 이 일에 분수를 넘어서 형제를 해하지 말라 이는 우리가 너희에게 미리 말하고 증거 한 것과 같이 이 모든 일에 주께서 신원하여 주심이니라 하나님이 우리를 부르심은 부정케 하심이 아니요 거룩케 하심이니 그러므로 저버리는 자는 사람을 저버림이 아니요 너희에게 그의 성령을 주신 하나님을 저버림 이니라(살전 4:3~8).

바울 사도는 본 구절에서 성도들을 향하신 하나님의 뜻이 무엇인지 밝힌다. "하나님의 뜻은 이것이니 너희의 거룩함이라"(살전 4:3). 성도들을 향하신 하나님의 뜻은 성도들이 거룩하게 되는 것이다. "너희의 거룩함이라"라는 표현에서 거룩하다(ἁγιασμός)라는 말은 이미 거룩하게 된 상태를 가리키지 않고 거룩하게 되는 과정을 뜻한다.[5)]

---

4) 본문의 두개의 구절로 되어있다. 두 번째 ἵνα 구절은 첫 번째 ἵνα 구절을 완성하는 역할을 하는데 두 번째 ἵνα 구절의 내용이 "더욱 많이 힘쓰라"이다. 이는 바울의 생각이 데살로니가 성도들의 현재의 삶을 근거로 더욱 많이 힘쓰도록 권면하고 있음을 증거한다.

5) Cf. H. Balz, ἅγιος, p. 17; F.F. Bruce, *1 and 2 Thessalonians*(*Word Biblical*

하나님은 "내가 거룩하니 너희도 몸을 구별하여 거룩하게 하라"(레 11:44~45; 참조, 벧전 1:15~16)고 말씀하신다. 성도들이 삶에서 나타내야 할 것은 계속 거룩하게 되는 것이다. 바울은 거룩하게 되는 것이 성도들을 향한 하나님의 뜻임을 밝히고 결혼의 영역 속에서 거룩하게 사는 것이 어떤 것인지를 세 가지로 설명한다.

4:3~5 거룩하게 사는 세 가지 방법

첫째, 음란을 버리는 것이 거룩하게 되는 것이다(살전 4:3). 기독교는 처음부터 결혼 관계 안에서 갖는 성적 연합을 거룩한 것으로 가르쳤다. 반면, 기독교는 결혼 관계 이외의 성적 관계를 금지하고 정죄했다. 본문의 음란은 결혼 관계 이외의 성적 타락을 가리킨다. 그때 당시 이방 세계에서는 혼외정사가 용납되었고 때로는 격려되기까지 했다. 그러므로 당시의 이방인들은 기독교가 혼외정사를 금지시킨 것을 이상하게 생각할 정도였다.

당시 이방 세계에서는 한 남자가 지적 동반자로서 정부(mistress, ἑταίρα)를 둘 수 있었다. 그리고 당시 노예 제도는 첩(concubine, παλλακή)을 쉽게 둘 수 있도록 만들었다. 그리고 때때로 성적 만족을 채우는데 필요한 창녀(harlot, πόρνη)는 얼마든지 있었다. 이런 사회 상황 속에서 아내의 기능은 집안을 관리하고 합법적인 자녀들의 어머니 역할을 하고, 유산 상속자의 어머니 역할을 하는 것이다.[6]

당시의 이방 세계가 이런 문란한 상황이었기 때문에 바울은 거룩하게 되려면 먼저 음란을 버려야 한다고 말한다. 그리스도 안에서 새로운 삶이란 복음을 받기 이전의 삶으로부터 멀리 벗어나야 한다. 그래서 바울은 "음행을 피하라"(고전 6:18)고 말씀한 것이다.

Commentary, vol. 45, Waco: Word Books, 1982), p. 82.

6) F.F. Bruce, *1 and 2 Thessalonians*, p. 82.

둘째, 자기 자신의 몸을 순결하게 지키는 것이 거룩하게 되는 것이다(살전 4:4). 바울 사도는 데살로니가 성도들이 당시의 이방 풍속이 허용하는 것처럼 음란한 생활을 할 것이 아니요, 정당한 결혼 관계 안에서 성생활을 하는 것이 거룩하게 되는 것이라고 가르친 후, 두 번째로 자기 자신의 몸을 거룩함과 존귀함으로 지키는 것이 거룩하게 되는 길이라고 가르친다. 개역한글판은 우리의 본문 이해의 방향을 이미 설정하고 있다. 즉 "각각 거룩함과 존귀함으로 자기의 아내 취할 줄을 알고 하나님을 모르는 이방인과 같이 색욕을 좇지 말고"(살전 4:4~5)로 번역했다.[7] 스토트는 "음란을 버리고"(살전 4:3)와 관련해서 본 구절(살전 4:4)이 뒤따르기 때문에 문맥에 의존해서 본 구절의 해석을 시도한다. 그래서 스토트는 "스쿠오스"(σκεῦος)를 아내로 해석하여 남편이 아내에게 공격적으로, 폭력으로, 잔인하게, 그리고 강간하는 것과 같은 방법으로 성을 요구해서는 안 된다고 해석한다. 그는 색욕과 사랑은 다르며, 불명예스런 성적 관행과 사랑을 나누는 성적 행위는 다르며, 상대방을 소유하고 싶은 욕망과 상대방을 사랑하고 소중히 여기고 존경하는 마음이 다르다고 해석한다.[8] 스토트의 해석에 어느 정도의 근거가 없는 것은 아니지만 본문은 더 넓은 문맥에 비추어 해석해야 한다. 그리고 본문의 "음란을 버리고"는 "하나님의 뜻은 이것이니"를 설명하고 있다는 사실을 간과하면 안 된다. 하나님의 뜻은 단순히

7) 본문의 σκεῦος를 아내로 번역한 성경은 개역한글판, 표준 새 번역, 표준 새 번역 개정, 공동번역, 새 번역, 표준 신약전서, The Everyday Bible(to learn how to take a wife), Die Bibel(Martin Luther), RSV(to take a wife for himself) 등이다. 반면, 본문의 σκεῦος를 그릇(vessel) 혹은 몸(body)으로 해석한 번역본은 N.I.V.(learn to control his own body), N.A.S.B.(how to possess his own vessel), King James Version 과 N.K.J.V.(how to possess his vessel), N.E.B.(to gain mastery over his body), New Living Translation(each of you will control your body) 등이다. 대부분의 한글 번역이 σκεῦος를 아내로 번역한 것은 RSV의 영향이 큰 것으로 사료된다.

8) John Stott, *The Gospel and the End of Time*, p. 85.

음란 문제에 국한된 것이 아니다(살전 5:12~18 참조).

스쿠오스를 아내로 번역할 경우 본문의 뜻은 데살로니가 성도들이 이방인들처럼 색욕을 좇아 음란한 생활을 해서는 안 되고, 각기 자기 아내를 두고 거룩함과 존귀함으로 자기 아내 취할 줄로 알아야 한다는 뜻이 된다. 이 해석은 "아내"를 남편들의 성적 만족의 대상으로 직결시켜 "아내"를 비하하게 된다.

그러나 이 스쿠오스를 그릇이나 몸으로 번역할 경우 본문의 번역은 "각각 자기 자신의 몸(그릇)을 거룩함과 존귀함으로 지킬 줄을 알고 하나님을 모르는 이방인과 같이 색욕을 좇지 말고"로 할 수 있다. 스쿠오스를 몸이나 그릇으로 번역하면 본문의 뜻은 데살로니가 성도들이 남녀를 가리지 않고 자기 자신의 몸을 성결하고 명예롭게 지켜야 하는 것으로 이해되고 만다.

그러면 어느 번역을 따르는 것이 본문의 뜻을 더 잘 밝히는 것이 되는가? 스쿠오스를 아내로 번역하는 입장은 베드로전서 3:7에서 지지를 받는다.[9] 베드로전서 3:7은 "남편 된 자들아 이와 같이 지식을 따라 너희 아내와 동거하고 저는 더 연약한 그릇이요 또 생명의 은혜를 유업으로 함께 받을 자로 알아 귀히 여기라 이는 너희 기도가 막히지 아니하게 하려 함이라"로 되어있다. 물론 본문에서 "아내"를 가리켜 "더 연약한 그릇"이라고 말한 것은 사실이지만 본문의 뜻은 아내만 "그릇"이 아니요, 남편도 "그릇"이지만 아내가 "더 연약한 그릇"이라는 뜻이다. 그러므로 베드로전서 3:7의 내용을 근거로 데살로니가전서 4:4의 스쿠오스를 아내로 번역하고 이해하는 것은 타당성이 없다.

다른 성경 구절이 스쿠오스를 아내로 이해하는 입장보다는 몸이나 그릇으로 이해하는 입장을 지지해 준다. "우리가 이 보배를 질그릇에

---

9) Theodore of Mopsuestia(ad loc.)와 Augustine(De nuptiis 1.9)은 σκεῦος를 아내로 번역한다. 이들의 입장이 후대에 많은 영향을 미쳤다.

가졌으니"(고후 4:7)[10]라고 할 때 "질그릇"은 남편과 아내를 구분 짓는 표현이 아니요, 성도들 모두를 가리킨다. 그리고 "멸하기로 준비된 진노의 그릇(σκεύη ὀργῆς)을 오래 참으심으로 관용하시고"(롬 9:22)라고 할 때 "진노의 그릇"과 "또한 영광 받기로 예비하신 바 긍휼의 그릇(σκεύη ἐλέους)에 대하여"(롬 9:23)라고 할 때 "긍휼의 그릇"은 성도들을 가리키는 것이지, 아내를 가리키는 것은 아니다.[11] 또한 부활하신 예수님께서 바울을 부르신 후 "이 사람은 내 이름을 이방인과 임금들과 이스라엘 자손들 앞에 전하기 위하여 택한 나의 그릇(σκεῦος ἐκλογῆς)이라"(행 9:15)고 할 때 "나의 그릇"은 바울 사도를 가리키고 있다. 이처럼 성경 다른 곳에 사용된 스쿠오스의 뜻에 비추어 볼 때도 바울 사도가 본문(살전 4:4)의 스쿠오스를 아내의 의미로 사용했다고 생각할 수 없다. 오히려 본문의 스쿠오스는 몸이나 그릇의 의미로 이해되어야 한다.

본문의 스쿠오스를 아내로 생각할 수 없는 또 다른 이유는 본문의 뜻에 비추어 볼 때 명확해진다는 사실이다. 바울은 본문에서 "하나님을 모르는 이방인과 같이 색욕을 좇지 말고"(살전 4:5)와 "자기의 아내 취할 줄을 알고"(살전 4:4)를 대비시킨다. 이 본문에서 바울이 그릇(σκεῦος)을 아내의 의미로 사용했다면 마치 아내가 남편의 성적 만족을 채워주는 그릇에 지나지 않는 것처럼 글을 쓴 것이 되고 만다. 결혼을 높이 평가하는 바울이 이처럼 아내를 격하시킬 표현을 썼다고 생각할 수 없다. 그러므로 본문의 스쿠오스는 "아내"의 의미로 사용된 것이 아니요, "그릇" 혹은 "몸"의 의미로 사용된 것이다. 따라서 바울은 데살로니가 성도들에게 음란을 버리라고 말한 후 그들의 몸을 성결하게

---

10) 질그릇을 ὀστρακίνοις σκεύεσιν으로 표현했다.
11) 참조, 롬 9:24: "이 그릇은 우리니 곧 유대인 중에서 뿐 아니라 이방인 중에서도 부르신 자니라."

지키도록 명하고 있다.[12)]

또 한 가지 주목할 것은 본문의 문맥이 스쿠오스를 아내로 생각할 수 없도록 만든다. 본문은 "하나님의 뜻은 이것이니 너희의 거룩함이라"(살전 4:3)로 시작한다. 성도들을 향한 하나님의 뜻은 성도들이 거룩하게 되는 것이라고 말한다. 그런데 스쿠오스를 아내로 번역할 경우 거룩하게 되어야 할 대상에서 아내는 제외되고 남편만 포함된다는 사실이다. 그리고 바울 사도가 이 편지를 쓰고 있을 때 "너희의 거룩함"이라는 표현에서 아내들(여자들)은 "너희"라는 사람들 가운데서 제외한 채 말하고 있다고 생각할 수 없다. 거룩하게 되어야 할 대상은 남편과 아내를 모두 포함하며 남녀노소 할 것 없이 모든 성도가 다 대상이다. 이 개념은 뒤에 따라 나오는 "하나님이 우리를 부르심은 부정케 하심이 아니요 거룩케 하심이니"(살전 4:7)라는 구절도 지지하고 있다. 모든 성도들은 거룩하게 되기 위해 부르심을 받았다. 남편만 거룩하게 되도록 부르심을 받은 것이 아니다. 그러므로 본문의 스쿠오스를 "몸"의 의미로 해석해야 한다.

셋째, 부도덕한 문제로 형제에게 해를 끼치지 않는 것이 거룩하게 되는 것이다.

우리는 성적 타락을 여러 가지 관점에서 볼 수 있다. 바울은 본문에서 성적 타락은 형제의 권한을 속여서 빼앗는 횡령 행위라고 규정한다. 모든 성적인 범죄는 관계된 두 사람 이외의 다른 사람에게 불의를 행하는 행위이다.[13)]

간음은 다른 사람의 권한을 침범하는 행위이며, 결혼 전에 행한 음란 행위는 결혼 상대방에게 순결을 바치지 못함으로 결혼 상대방의

12) 살전 4:4의 번역을 "거룩함과 존귀함으로 각각 자기 자신의 몸을 지킬 줄(건사할 줄) 알고"로 할 수 있다.

13) Leon Morris, *The First and Second Epistles to the Thessalonians* (*NICNT*, Grand Rapids: Eerdmans, 1970), p. 126.

권한을 도둑질하는 행위이다. 이처럼 분수를 넘는 성적 관계는 형제를 해치는 행위가 된다. 바울이 왜 본문에서 성적 관계로 인해 형제를 해하지 말라고 권면하고 있을까? 어쩌면 디모데가 데살로니가로부터 돌아와서(살전 3:6) 데살로니가 성도 간에 성적인 이완 상태가 있었음을 보고했을 수 있다.

어떤 이는 "이 일에"(ἐν τῷ πράγματι)라는 표현을 성화 문제로 생각지 않고 "사업에 있어서"로 해석한다. 벨드캄프는 "결혼의 영역(3~5절)에서, 그리고 사회적 공동체의 삶의 영역에서 그들은 자신들이 변화된 회개한 사람이라는 것을 분명히 드러내야 한다. 바울이 다만 이들 두 영역을 언급하고 있는 이유는 이들 젊은 회중들이 최근에 이교도에서 그리스도인의 믿음으로 돌아왔기 때문이며 아직 이방인의 환경 속에서 살고 있기 때문이다. 결혼과 사회생활은 이교도 세계가 특별히 나쁜 형태를 취하고 있었던 두 영역이었다"[14]라고 해석한다. 그래서 "분수를 넘어서 형제를 해하지 말라"의 뜻은 상거래나 혹은 사업을 할 때 형제를 착취하거나 속이지 말아야 한다는 뜻이라고 해석한다.

그러나 본 구절을 흐르고 있는 사상은 성화, 음란, 불결 등이다. 그렇다면 바울이 갑자기 주제를 성화에서 상행위로 바꾸었다고 생각하는 것은 타당하지 않다. 헨드릭센은 "바울은 한 문제를 논의하고 있지 두 문제를 논의하고 있지 않다"[15]라고 말한다. 바울은 계속해서 성화의 문제, 즉 거룩하게 되는 문제를 다루고 있으며, 특히 마지막 부분에서 부정한 성관계로 형제에게 해를 끼치는 부분을 다루고 있다.

지금까지 바울은 성도들을 향한 하나님의 뜻이 거룩하게 되는 것이요, 거룩하게 되기 위해서는 첫째, 음란을 버리고, 둘째, 자기 몸을 순결하게

---

14) 헤르만 벨드캄프, 『데살로니가전서 강해』, 이일호 옮김(서울: 개혁주의 신행협회, 1988), p. 86.

15) William Hendriksen, *I and II Thessalonians*(Grand Rapids : Baker, 1974), p. 100.

지키며, 셋째, 부도덕한 문제로 형제에게 해를 끼쳐서는 안 된다고 말한다.

4:6~8 거룩하게 살아야 할 세 가지 이유

바울은 성도들이 거룩하게 살아야 할 이유를 세 가지로 설명한다. 첫 번째 이유는 하나님께서 신원하여 주시기 때문이다. "이는 우리가 너희에게 미리 말하고 증거한 것과 같이 이 모든 일에 주께서 신원하여 주심이니라"(살전 4:6).[16] "신원하다"라는 말은 "억울하게 뒤집어쓴 죄를 씻어준다"[17]는 뜻이다. 구약에는 하나님이 원수를 갚아주신다는 사상이 팽배하다(신 32:35). 하나님이 복수하신다는 뜻은 공의를 이루신다는 뜻이다. 인간은 해를 받으면 그에 대해 복수를 하지만 하나님이 하시는 일은 잘못을 바로 잡는 차원에서 공의를 이루는 것이다. 사람은 도덕적인 율법의 범주 안에서 살아야 한다. 만약 사람이 도덕적인 율법의 범주를 넘어서 살면, 즐겁지 않은 결과가 뒤따르게 된다. 이런 결과는 하나님이 살아 계시기 때문에 당연한 것이다. 하나님이 복수자이시기 때문에 사람은 잘못에 대한 정죄를 받지 않고 그냥 넘어갈 수 없다.

두 번째 이유는 성도들의 전체 삶의 특징이 순결이기 때문이다. "하나님이 우리를 부르심은 부정케 하심이 아니요 거룩케 하심이니"(살전 4:7)라는 말씀이 이를 증거한다. 하나님은 성도들을 부르셔서 세상과는 구별된 삶을 살게 하신다. 하나님은 성도들을 부르실 때 목적을 가지고 부르셨다. 하나님의 목적은 성도들이 거룩하게 되는 것이다.[18]

16) 바울 사도는 διότι(이는)를 사용하여 성도들의 거룩한 삶과 하나님의 신원하심을 확실하게 연결시킨다.

17) 『동아 새국어사전』, 이기문 감수(서울: 동아출판사, 1997), p. 1376.

18) ἐπὶ ἀκαθαρσίᾳ의 ἐπὶ에서 ἐν ἁγιασμῷ의 ἐν으로 전치사를 바꾼 것은 거룩함이 기독교인의 소명의 한 부분임을 함축하고 있다.

그리스도의 완전한 의를 덧입고 사는 성도들은 의인답게 거룩한 생활을 유지해야 한다. 이것이 우리를 향한 하나님의 뜻이다. 바울은 "불의한 자가 하나님의 나라를 유업으로 받지 못할 줄을 알지 못하느냐 미혹을 받지 말라 음란하는 자나 우상 숭배하는 자나 간음하는 자나 탐색하는 자나 남색하는 자나 도적이나 탐람하는 자나 술취하는 자나 후욕하는 자나 토색하는 자들은 하나님의 나라를 유업으로 받지 못하리라"(고전 6:9~10)고 말한다.

세 번째 이유는 부정은 성령을 저버리는 죄이기 때문이다. "그러므로 저버리는 자는 사람을 저버림이 아니요 너희에게 그의 성령을 주신 하나님을 저버림이니라"(살전 4:8). 성도들의 몸은 성령의 전이다. 바울은 "누구든지 하나님의 성전을 더럽히면 하나님이 그 사람을 멸하시리라 하나님의 성전은 거룩하니 너희도 그러하니라"(고전 3:17; 참조, 고전 6:19)고 하여 성도들이 어떤 존재인지를 밝힌다. 성도들은 "성령 안에서 씻음과 거룩함과 의롭다 하심을 얻은"(고전 6:11) 존재들이다. 이런 거룩한 성령을 모시고 사는 성도들이 거룩하게 되는 것을 저버리는 것은 바로 성령을 주신 하나님을 저버림이다. 바울은 본문에서 "사람을 저버림이 아니요"와 "하나님을 저버림이니라"를 대칭시켜 거룩하게 되는 것이 얼마나 중요한 일인지를 부각시킨다. 성적인 죄를 무관심 속에 범하는 사람은 하나님을 대수롭지 않게 생각하는 죄를 범하는 것이다. 그런 사람은 하나님을 무시하고 살아도 된다고 믿는 사람이다. 그러나 그런 사람은 바울이 조금 전에 하나님은 복수자라고 밝힌 사실을 기억해야 한다.

4:9~12 서로 사랑하라

사랑에 관하여는 너희에게 쓸 것이 없음은 너희가 친히 하나님의 가르치심을 받아 서로 사랑함이라 너희가 온 마게도냐 모든 형제를 대하여 과연 이것을 행하도다 형제들아 권하노니 더 많이 하고 또 너희에게 명한 것같이 종용하여 자기 일을 하고 너희 손으로 일하기를 힘쓰라 이는 외인을 대하여 단정히 행하고 또한 아무 궁핍함이 없게 하려 함이라(살전 4:9~12).

성도들은 그리스도의 피로 값 주고 산 형제자매들이다. 그러므로 바울 사도는 형제 사랑에 관한 권면을 부가한다. 데살로니가전서 4장에 들어와서 성도들의 거룩함과 성결에 대해 권면한(살전 4:3~8) 바울 사도는 이제 형제 사랑에 대한 권면을 더하고 있다(살전 4:9~10). 하나님은 그리스도의 피로 값 주고 산 성도들이 거룩하기를 원하시며 형제들 상호간 서로 사랑하기를 원하신다. 그래서 성경 말씀은 "내가 거룩하니 너희도 거룩할지어다"(벧전 1:16)라고 말씀하시고, "너희가 하나님의 성전인 것과 하나님의 성령이 너희 안에 거하시는 것을 알지 못하느뇨 누구든지 하나님의 성전을 더럽히면 하나님이 그 사람을 멸하시리라 하나님의 성전은 거룩하니 너희도 그러하니라"(고전 3:16~17)고 말씀하신다.

또한 성경 말씀은 성도들이 거룩해야할 것을 강조할 뿐 아니라 서로 사랑해야 할 것도 강조한다. "사랑하는 자들아 우리가 서로 사랑하자 사랑은 하나님께 속한 것이니 사랑하는 자마다 하나님께로 나서 하나님을 알고 사랑하지 아니하는 자는 하나님을 알지 못하나니 이는 하나님은 사랑이심이라"(요일 4:7~8). 이처럼 하나님은 성도들의 거룩함과 서로 사랑해야 함을 중요하게 생각하신다. 성도들의 거룩함과 서로 사랑함은 하나님이 성도들을 구원하신 구원 계획과도 관련이 있다. 죄인들을 하나님의 자녀들로 구속하신 배면에 하나님의 거룩함과 사랑이 작용하고 있다. 하나님의 거룩함은 죄인을 용서하실 수 없었고 하나님의 사랑은 죄인을 지옥으로 보내실 수 없었다. 결국 하나님은 유일하고 피할 수 없는 방법인 독생자 아들을 희생시켜 많은 죄인들의 희생을 대신하게 하신 것이다. 하나님은 자신을 희생하신 셈이다. 그리스도의 십자가상의 희생은 하나님의 거룩함을 손상시키지 않고 죄인들이 구원받을 수 있는 길을 열어 놓으신 것이다. 하나님은 아들의 희생으로 자신의 거룩함을 희생당하지 않고 죄인들에게 사랑을 베푸실 수 있었다. 하나님은 그리스도의 십자가상의 죽으심으로 성도들을 향한 사랑을 확증하셨고(롬 5:8) 성도들을 향한 풍성하신 큰 사랑으로 성도들을 그리스도와 함께 살리셨다(엡 2:4~5). 따라서 성도들의 거룩함과 서로 사랑함은 하나님의 깊은 관심일 수밖에 없다.

그러므로 데살로니가전서 4:3~8에서 성도들의 거룩함이 하나님의 뜻이라고 설명하고 데살로니가전서 4:9~12에서 서로 사랑하라고 한 언급은 과격한 사상적 발전이 아니요 정상적인 것이다.

바울 사도는 "형제 사랑에 관하여는 너희에게 쓸 것이 없다"(살전 4:9)고 말하면서도 형제 사랑에 관해 언급하고 있다. 이 부분에 대해 어떤 학자는 바울이 데살로니가 교회로부터 온 편지의 답을 하고 있다고 주장한다.[19] 그 이유는 바울 사도가 고린도전서를 쓰면서 "……에 관하여는"(περὶ δὲ …)라는 표현을 통해 고린도교회가 질문한 내용에 답을 하고 있기 때문에 본 절(살전 4:9)에서 사용한 "형제 사랑에 관하여는"도 같은 정황이었을 것으로 생각하기 때문이다.

그러나 데살로니가전서의 경우는 고린도전서의 경우와 다르다. 바울

---

19) 참조, F.F. Bruce, *1 and 2 Thessalonians,* p.89. Gene L. Green, *The Letters to the Thessalonians,* p.203.

은 고린도전서를 쓰기 전에 고린도교회로부터 온 편지를 받은 것이 틀림없다. 바울은 몇 가지 경로를 통해 고린도교회의 소식을 들을 수 있었다. 먼저 바울은 "글로에의 집 편으로"(고전 1:11) 고린도교회의 소식을 들었다. 그리고 바울은 고린도로부터 온 스데바나와 브드나도와 아가이고 편을 통해 고린도교회의 소식을 들었다. 이들이 고린도교회의 소식과 편지를 바울에게 전달했을 것으로 생각된다(고전 16:17). 그래서 바울은 고린도교회의 질문에 답하면서 "너희의 쓴 말에 대하여는"(περὶ δὲ…)이란 표현을 사용한다(고전 7:1, 25; 8:1; 12:1; 16:1). 하지만 데살로니가전서에 나온 본 구절이 "형제 사랑에 관하여는"(περὶ δὲ…)으로 시작하기 때문에 데살로니가 교회로부터 온 편지의 가능성이 제시되곤 하지만 이 구절을 해석하는 데 반드시 데살로니가 교회로부터 온 편지가 있었다고 전제할 필요는 없다. 바울 사도는 디모데를 데살로니가 교회에 파송하여 성도들을 굳게 하고 그들을 위로했으며(살전 3:2) 이제는 디모데가 데살로니가 교회로부터 돌아와 데살로니가 교회 형편을 바울에게 상세히 보고했다(살전 3:6). 그러므로 바울은 데살로니가 교회 형편을 잘 알고 있었다. 바울 사도가 "형제 사랑에 관하여는"(살전 4:9)이라고 말한 것은 성도들의 거룩함에 관하여 권면한 후(살전 4:3~8) 이제는 거룩한 성도들이 실천해야 할 사랑을 언급하기 위함이었다.

바울 사도는 본 구절에서 데살로니가 교회가 형제 사랑을 잘못하고 있기 때문에 이렇게 쓰는 것이 아니요 하나님의 사랑을 받은 성도들은 마땅히 형제 사랑을 해야 하기 때문에 이런 권면을 하고 있다. 바울은 본 구절에서 데살로니가 교회가 서로 사랑하고 있음을 밝히고 있을 뿐 아니라 본 서신의 다른 구절에서도 데살로니가 교회의 사랑의 실천을 언급한 바 있다(살전 1:3; 5:8). 데살로니가 성도들은 형제 사랑을 실천하고 있는 중이다(살전 4:9). 그러나 아무도 완벽할 수는 없다. 데살로니가 교회 성도들 상호간에 약간의 긴장이 있었음은 확실하다(참조, 살전

4:11~12; 5:12~15). 그러기 때문에 바울 사도는 "형제들아 권하노니 더 많이 행하고"(살전 4:10)라고 말할 뿐 아니라 "너희 가운데서 수고하고 주 안에서 너희를 다스리며 권하는 자들을 너희가 알고 저의 역사로 말미암아 사랑 안에서 가장 귀히 여기며 너희끼리 화목하라"(살전 5:12~13)고 권면한다. 바울은 하나님의 택하심을 받아 구원받은 성도들은(살전 1:4) 형제 사랑을 끊임없이 실천해야 한다고 권면한다. 바울은 데살로니가 성도들이 서로 사랑하고 있음을 알고 있다. 왜냐하면 그들에게는 성령이 주어졌기 때문이다(살전 4:8). 성령은 성도들의 마음을 감동시켜 서로 사랑하게 만든다. 성령께서 성도들의 마음에 하나님의 사랑을 부어 넣으실 때 성도들의 마음은 형제 사랑으로 가득 차게 된다. "보라 이 기독교인들이 어떻게 서로 사랑하는지를"[20]이란 말은 초대 기독교인들의 사랑을 단적으로 표현하고 있다.

"형제 사랑"(φιλαδελφία)이란 용어는 바울 서신에서 본 절과 로마서 12:10에만 나타난다. "형제 사랑"은 아가페(ἀγάπη) 사랑보다 더 제한적인 사랑이다. 아가페 사랑은 제한 없이 모든 사람을 사랑하는 것이다(살전 3:12). 그러나 "형제 사랑"은 일반적으로 가족 간의 사랑을 뜻하지 다른 가족을 사랑하는 것까지 포함하지 않는다. 특별히 "형제 사랑"은 자녀들 상호간에 협력과 단합과 화목과 일치를 강조하는 데 사용되었다.[21] 의미심장한 것은 바울 사도가 본 절에서 "형제 사랑"을 믿음의 공동체에 속한 성도들 상호간의 사랑으로 확대 적용하고 있는 점이다. 이 말씀은 가족 간의 "형제 사랑"이 믿음의 공동체 안의 성도 상호간의 사랑의 모본 역할을 해야 한다는 뜻이다. 바울은 성도들을 가리켜 "형제들아"(ἀδελφοί)라고 부른다. 바울은 이 용어를 데살로니가전서에서만 19회 사용한다.[22] 이는 바울이 성도들을 형제처럼 친근하게 생각

---

20) See, Tertullian's *Apology*, ch. 39.
21) Plutarch, *De Fraterno Amore* 478E-F, 479D, 482E-F.

하고 있었음을 드러낸다.

바울은 "형제 사랑"에 관하여 데살로니가 교회 성도들이 하나님의 가르침을 받았다고 말한다. 이 말씀은 데살로니가 교회 성도들이 하나님으로부터 직접 교훈을 받았다는 뜻이 아니요 바울이 가르친 것이 바로 하나님의 가르침이라는 뜻이다. 성도들이 서로 사랑해야 할 이유는 그것이 하나님의 가르침이기 때문이다. "너희가 친히 하나님의 가르침을 받아"(살전 4:9)는 형제 사랑이 하나님의 교훈임을 분명히 한다.[23] 형제 사랑은 하나님의 교훈이요, 예수님의 실천이며, 성령의 내적 감동을 통해 이루어진다.

바울 사도는 데살로니가 성도들의 형제 사랑이 "온 마게도냐 모든 형제"(살전 4:10)에게 미치고 있다고 증거한다. 데살로니가 성도들은 하나님으로부터 형제 사랑에 관한 교훈을 배워서 그대로 실천한 것이다. 바울은 하나님의 교훈을 실천하는 일에 관해서는 욕심이 많은 사도였다. 그는 데살로니가 성도들의 실천을 칭찬하면서도 거기에서 끝나지 않고 "형제들아 권하노니 더 많이 행하고"(살전 4:10)라고 계속 앞을 내다보도록 권하고 있다.[24] 바울의 이런 전진적인 태도는 "내가 이미 얻었다 함도 아니요 온전히 이루었다함도 아니라 오직 내가 그리스도 예수께 잡힌바 된 그것을 잡으려고 좇아가노라 형제들아 나는 아직 내가 잡은 줄로 여기지 아니하고 오직 한 일 즉 뒤에 있는 것은 잊어버리고 앞에 있는 것을 잡으려고 푯대를 향하여 그리스도 예수 안에서 하나님이

22) J.B. Smith, *Greek-English Concordance to the New Testament*, p. 5(section 80).

23) "하나님의 가르침을 받아"(θεοδίδακτοι)는 신약 성경 중 이 본문에서만 사용된 용어이다. 그러나 구약에서는 이런 사상이 자주 나타난다. 사 54:13의 "네 모든 자녀는 여호와의 교훈을 받을 것이니"(διδακτοὺς θεοῦ(LXX) - 요 6:45에서 인용)처럼 새로운 세대에 시온의 자녀들은 하나님의 교훈을 받을 것이라고 예언되어 있다(참고, 사 60:2,3; 렘 31:33, 34; 욜 2:28; 미 5:2; 말 1:11).

24) 바울이 "이것을 행하도다"(ποιεῖτε αὐτὸ…)라고 현재 시상을 쓴 것은 데살로니가 성도들의 형제 사랑이 습관적인 태도로 실천되고 있음을 증거하고 있다.

위에서 부르신 부름의 상을 위하여 좇아가노라"(빌 3:12~14)에서도 분명히 나타난다. 형제 사랑에 관한 권면은 항상 적절한 것이다. 그 이유는 성도들은 항상 부족한 점을 가지고 있기 때문이다(살전 3:10; 4:3~8; 5:13~15 참조).

바울은 이제 세 가지 짤막한 권면을 한다. 첫째, 데살로니가 성도들은 "종용하여야" 한다. 둘째, 데살로니가 성도들은 "자기 일을 하여야" 한다. 셋째, 데살로니가 성도들은 "손으로 일하기를 힘써야 한다"(살전 4:11). 바울 사도가 이런 내용으로 권면한 이유는 데살로니가 성도들 가운데 예수님의 재림에 대한 감격으로 일상생활을 등한히 하는 풍조가 생겼기 때문이다.[25] 또 이 세 가지 권면 내용을 실천하는 것이 곧 사랑을 실천하는 것이기 때문이다.

첫째, "종용한" 생활을 하는 것은 평상적인 삶을 계속하되 다른 사람을 자극하는 일을 하지 말라는 뜻이다. 이와 같은 첫 번째 권면을 받아야 할 사람은 "광신자"들의 부류에 속한 사람들이다. 어느 시대를 막론하고 교회 내에 이런 사람들이 있다. 성경은 성도들에게 성경보다 앞서서 가지도 말고, 성경에 뒤지면서 가지도 말고, 성경과 함께 가라고 권면한다. 종용한 생활을 하도록 권면 받은 "광신자"들은 항상 하나님보다 먼저 행동하고 성경보다 앞서서 가기를 즐겨한다.

둘째, "자기의 일을 하고"라는 권면을 받는 사람들은 "분주한 사람들"을 가리킨다. 진정한 성도들은 자신의 일을 하면서 예수님의 재림을 기다려야 한다. 그런데 "분주한 사람들"은 마치 자신이 예수님의 재림에 대한 특별한 계시를 받은 것처럼 착각하여 다른 사람의 일까지 방해하면서 자신의 입장을 파는 경우가 많다. 이렇게 "분주한 사람들"은 자신의

25) Leon Morris, *The First and Second Epistles to the Thessalonians* (*NICNT*), p. 132; W. Hendriksen, *I and II Thessalonians*(*NTC*), p. 105; F.F. Bruce, *1 and 2 Thessalonians*, p. 91.

일도 하지 않을 뿐 아니라 다른 사람의 일까지도 방해한다. 특히 여기 "분주한 사람들"은 교회의 지도자들을 방해하는 사람들을 가리킨다.

셋째, "자기 손으로 일하기를 힘쓰라"는 권면을 받는 대상은 "게으른 자들"이다. 성경은 노동을 귀하게 생각한다. 본문은 구체적으로 "너희 손으로"(살전 4:11)를 덧붙이고 있다. 당시 헬라 사람들은 손으로 일하는 것은 노예들의 몫이라고 생각했다. 바울이 그런 문화로 젖어있는 도시의 사람들에게 "손으로 일하는 것"을 강조한 사실은 의미심장하다.[26] "게으른 자들"은 예수님의 재림이 임박한 것으로 알고 자신의 책임을 등한히 한 것이다.

이처럼 바울 사도는 데살로니가 성도들에게 조용히 평상의 삶을 살면서, 다른 사람을 방해하지 말고, 열심히 일하라고 권면한다. 이와 같은 권면은 바울이 데살로니가를 처음 방문했을 때 분명하게 해 두었다. "너희에게 명한 것같이"는 이 사실을 증거한다. 데살로니가 성도들이 바울로부터 이와 같은 권면을 받은 것이다.

바울이 이렇게 권면하는 이유는 다음 절에 기록되어 있다. 그 이유는 복음이 불신자들에게 전파될 수 있고, 아무도 궁핍함이 없게 하기 위함이었다. 데살로니가 성도들은 "외인을 대하여 단정히 행하여"(살전 4:12)야 한다. 성도들의 태도는 그리스도의 복음을 반영한다. 그러므로 성도들은 외인들에 대해서 좋은 태도[27]를 취해야 한다. 좋은 태도는 이미 언급한 세 가지 권면을 실천하는 삶이다. 데살로니가 성도들이 다른 사람을 방해하지 않고 자기의 손으로 열심히 일을 하게 되면 자연히 교회 내의 모든 필요도 채워지게 되는 법이다. 이것이 바로 형제 사랑의 삶이다.

---

26) Leon Morris, *The First and Second Epistles to the Thessalonians*, p. 133.
27) 헬라어의 ἐυσχημόνως는 "좋은"(εὖ)과 "모양"(σχῆμα)의 합성어이다. 참고, 고전 14:40.

4:13~18 예수님의 재림

> 형제들아 자는 자들에 관하여는 너희가 알지 못함을 우리가 원치 아니하노니 이는 소망 없는 다른 이와 같이 슬퍼하지 않게 하려 함이라 우리가 예수의 죽었다가 다시 사심을 믿을진대 이와 같이 예수 안에서 자는 자들도 하나님이 저와 함께 데리고 오시리라 우리가 주의 말씀으로 너희에게 이것을 말하노니 주 강림하실 때까지 우리 살아남아 있는 자도 자는 자보다 결단코 앞서지 못하리라 주께서 호령과 천사장의 소리와 하나님의 나팔로 친히 하늘로 좇아 강림하시리니 그리스도 안에서 죽은 자들이 먼저 일어나고 그 후에 우리 살아남은 자도 저희와 함께 구름 속으로 끌어올려 공중에서 주를 영접하게 하시리니 그리하여 우리가 항상 주와 함께 있으리라 그러므로 이 여러 말로 서로 위로하라(살전 4:13~18).

데살로니가전서는 그리스도의 재림이 중요한 주제가 될 만큼 각 장마다 예수 그리스도의 강림에 관한 내용이 나온다(살전 1:10; 2:19; 3:13; 4:13~18; 5:1~11, 23). 바울 사도는 데살로니가전서 4:13~5:11에서 그리스도의 재림에 관한 내용을 집중적으로 다룬다. 첫째 부분인 데살로니가전서 4:13~18에서는 그리스도의 강림이 누구에게나 공평하게 있을 것으로 설명하고, 두 번째 부분인 데살로니가전서 5:1~11에서는 그리스도의 강림이 도적과 같이 예고 없이 갑자기 있을 것으로 설명한다. 이제 그리스도의 강림의 공평성에 관한 구절부터 다루기로 한다.

4:13 죽는 것은 자는 것과 비슷하다

죽음은 그 자체로 고통스러운 경험이다. 비록 죽음 이후의 상태가 영광의 상태이긴 하지만 죽음 자체는 관계의 단절, 이별 등의 경험을 해야 하기 때문에 고통스러운 것이다. 죽음은 마치 함께 생활하고 함께 교제했던 사람들과 이별한 후 다시는 만나지 못하지만 더 살기 좋은 나라로 이민 가는 것과 같다. 죽음은 우리를 이 세상과는 이별하게 하지만 더 살기 좋은 하늘나라로 우리를 인도해 준다. 그래서 바울은 죽음을 잠자는 것으로 묘사한다. 바울이 죽음을 잠자는 것으로 묘사한 것은 완곡어법을 활용한 것이다. 바울은 이런 완곡어법을 성도들에게만 적용했고 예수 그리스도에게는 적용하지 않았다. 그 이유는 예수 그리스도의 죽음은 구속의 성취와 직결된 죽음이었기 때문에 잠으로 묘사할 수가 없었다.[28] 성경은 예수님의 죽음을 "잠자는 것"으로 묘사하지 않는다. 왜냐하면 예수님께서 성도들을 대신해서 친히 죽음의 공포를 맛보심으로써 그와 연합된 성도들로 죽음의 공포를 맛보지 않게 하시기 위함이었다.[29]

바울은 본문에서 "형제들아 자는 자들에 관하여는 너희가 알지 못함을 우리가 원치 아니하노니"(살전 4:13)라고 하여 죽음을 자는 것으로 묘사한다. 바울 사도만 죽음을 잠으로 묘사하지 않고 성경 여러 곳에서 죽음을 잠으로 묘사한다. 예수님의 부활 때에 죽은 성도들의 부활을 묘사하면서 "무덤들이 열리며 자던 성도의 몸이 많이 일어나되"(마 27:52)라고 하여 성도의 죽어있는 상태를 자고 있는 상태로 설명했다. 예수님은 나사로의 죽음을 가리켜 "우리 친구 나사로가 잠들었도다"(요 11:11)라고 말씀하시고 마치 잠든 자를 깨우는 것처럼 "그러나 내가 깨우러 가노라"(요 11:11)고 말씀하신다. 스데반 집사의 죽는 모습은 "무릎을 꿇고 크게 불러 가로되 주여 이 죄를 저들에게 돌리지 마옵소서 이 말을 하고 자니라"(행 7:60)고 묘사되었다. 바울은 성도들의 부활을 설명하면서 성도들의 죽음을 그리스도 안에서 잠자는 것으로 묘사한다(고전 15:6, 18).

---

28) G. Vos, *The Pauline Eschatology*(Grand Rapids: Eerdmans, 1966), p. 145.
29) Leon Morris, *1 and 2 Thessalonians: Word Biblical Themes*(Dallas, London, Sydney, Singapore: Word Publishing, 1989), pp. 42-43.

신약에서 성도의 죽음을 자는 것으로 묘사하는 배경은 구약에 근거를 두고 있다. 야곱은 애굽 땅에서 17년을 거한 후 죽음을 앞에 두고 "내가 조상들과 함께 눕거든 너는 나를 애굽에서 메어다가 선영에 장사하라"(창 47:30)고 하여 자신의 죽음을 "조상들과 함께 눕는 것"으로 묘사한다. 하나님께서 다윗과 언약을 맺으면서 "네 수한이 차서 네 조상들과 함께 잘 때에 내가 네 몸에서 날 자식을 네 뒤에 세워 그 나라를 견고케 하리라"(삼하 7:12)는 위로의 말씀을 주신다.

성경은 성도들의 죽음을 "잠자는 것"으로 묘사하여 고통스러운 경험을 완화시켜 표현한다. 이제 죽음을 잠으로 묘사하는 더 깊은 의미를 생각해 보자.

잠은 활동과 노동으로부터 쉬는 기간이다. "또 내가 들으니 하늘에서 음성이 나서 가로되 기록하라 자금 이후로 주 안에서 죽는 자들은 복이 있도다 하시매 성령이 가라사대 그러하다 저희 수고를 그치고 쉬리니 이는 저희의 행한 일이 따름이라 하시더라"(계 14:13). 이처럼 성도들의 죽음은 그들의 수고를 그치고 쉬는 것과 같기 때문에 성경은 죽음을 잠자는 것으로 묘사한 것이다.

성경이 죽음을 잠자는 것으로 묘사하는 다른 측면은 잠자는 사람은 잠자는 상태에서 다시 깨어나는 것처럼 죽은 성도들도 영광스러운 부활로 깨어날 것이기 때문이다. 성도가 죽으면 우리의 영혼은 이 세상을 향해서는 잠자는 상태로 들어간다(욥 7:9~10; 전 9:3~6). 잠자는 상태는 활동이 정지되므로 서로간의 관계가 끊어지게 되고 따라서 죽은 자는 점점 이 세상에서 잊혀져가게 된다. 그러나 성도의 영혼은 오는 세상에 대해서는 깨어 있는 상태이다.[30] 부자와 나사로의 이야기(눅 16:19~31)가 이를 증거한다. 부자와 나사로는 죽은 후에 깨어 있는

30) G. Vos, *The Pauline Eschatology*, p. 145.

상태로 있었다. 부자는 죽은 후에 깨어 있는 상태로 아직 이 세상에서 살고 있는 자신의 다섯 형제의 구원 문제에 관심을 보이고 있다(눅 16:28). 예수님과 함께 십자가에 매어 달린 한 강도가 회개할 때 "내가 진실로 네게 이르노니 오늘 네가 나와 함께 낙원에 있으리라"(눅 23:43)고 말씀하신 예수님의 말씀도 죽음 후에 영혼이 깨어 있음을 증거하고 있다(참고, 고후 5:8; 빌 1:21~23; 계 7:15~17; 20:4). 이처럼 성도의 영혼은 죽음 후에 무의식 상태로 들어가는 것이 아니요, 오는 세상에서 깨어 있는 상태로 있게 된다. 성경이 죽음을 잠으로 묘사할 수 있는 것은 잠이 깨어 날 수 있는 것을 전제하는 것처럼 죽음에서 영광스럽게 깨어날 수 있기 때문이다.

그래서 성도들은 죽음이 앞에 있을지라도 소망을 가지고 산다. 히브리서 저자는 구약의 성도들이 "믿음을 따라 죽었으며"(히 11:13)라고 표현함으로 같은 사상을 전한다. 구약 성도들이 "믿음으로" 살았다는 말은 믿음의 결단으로 생활하고 행동했다는 뜻이지만, "믿음을 따라 죽었다"는 말은 죽음을 믿음의 원리로 맞았다는 뜻이다. 그들은 죽음의 시간에 믿음의 원리에 따라 죽음을 맞이했다. 그들은 죽음이 마지막이 아니요 오히려 죽음이 영생의 관문임을 믿으면서 죽음을 대한 것이다.[31] 이처럼 성도들은 소망을 가지고 죽음을 맞이할 수 있다.

바울은 데살로니가 성도들이 죽음과 그 이후의 삶에 대해 알기를 원하는데 그 이유는 성도들이 "소망 없는 다른 이와 같이 슬퍼하지 않게 하려 함이라"(살전 4:13)고 말한다. 성도들은 죽음 이후의 영광스런 삶에 대해 확실한 소망을 가지고 산다. 바울이 이렇게 말한 이유는, 당시 데살로니가 성도들이 죽은 자들의 몸이 어떻게 부활할 것인지에

31) 박형용, 『히브리서』 (서울: 도서출판 횃불, 2003), pp. 327-328. 히브리서 11장에 사용된 "믿음으로"(πίστει)는 18회 나타나지만, "믿음을 따라"(κατὰ πίστιν)는 히 11:13 한 곳에만 나타난다.

대한 확신도 없었고 소망도 없었기 때문이다. 바울은 성도들에게는 죽음 이후의 삶에 대한 소망이 있다고 강조해서 말한다. 바울은 "형제들"과 "소망 없는 다른 이들"을 대비시킴으로 형제들은 영광의 부활을 할 것이지만, "소망 없는 다른 이들"은 부활의 소망이 없음을 확실히 한다.[32] 부활의 소망이 없는 다른 이들은 영원히 멸망 받을 자들이다.

4:14 부활에서 예수님과 성도들의 연합

예수님의 부활은 성도들의 부활의 첫 열매이다(고전 15:20; 롬 8:29). 그러므로 예수님의 부활이 확실한 만큼 성도들의 부활도 확실한 것이다. 바울은 "우리가 예수의 죽었다가 다시 사심을 믿을진대"(살전 4:14)라고 말함으로 데살로니가 성도들이 부활의 본질에 대해서는 의심하지 않고 있음을 밝힌다.[33] "예수의 죽었다가 다시 사심"[34]은 바울 서신에 나타난 복음의 내용 중 가장 축소된 것이다(참조, 롬 10:9~10). 예수님의 죽음과 부활은 동전의 양면처럼 서로 뗄 수 없는 관계이다. 예수님의 죽음의 효과는 부활 없이는 아무 의미가 없고 예수님의 부활은 죽음 없이는 공허한 것이다. 이디(Eadie)에 따르면, "그리스도의 죽음과

---

32) Marvin R. Vincent, *Word Studies in the New Testament*, vol. IV(Grand Rapids: Eerdmans, 1975), p. 39.

33) 데살로니가 성도들이 부활의 본질을 의심하지 않은 증거는 본문의 논리 전개에서 찾을 수 있다. 만약 데살로니가 성도들이 부활의 실재를 의심했다면 바울은 "예수 안에서 자는 자들을 하나님이 일으키시리라"고 말했을 것이다. 그러나 바울은 그렇게 말하는 대신 "예수 안에서 자는 자들을 하나님이 저와 함께 데리고 오시리라"(살전 4:14)고 말하고 있다. 이는 죽은 자들의 부활을 전제하고 하신 말씀이다. 데살로니가 성도들은 죽은 성도들이 예수님의 재림 때에 어떤 위치를 차지하게 될지에 대한 재 확신이 필요했다.

34) 바울은 "다시 사심"을 ἀνέστη(ἀνίστημι의 부정과거, 능동태)로 표현한다. ἀνίστημι가 비록 부활을 묘사하는데 ἐγείρω 보다 더 확실하지는 않지만 본문에서 죽음과 관계되어 사용되었기 때문에 그 뜻이 죽음을 정복한 부활을 가리키고 있음이 확실하다. Cf. J. Kremer, "ἀνάστασις," *Exegetical Dictionary of the New Testament*, ㅍol. 1(Grand Rapids: Eerdmans, 1990), p. 91.

부활은 한 사건이 다른 사건을 보완하는 믿음의 주요한 대상이다. 부활은 죽음의 목적이 성취되었음을 증거하며, 스스로 봉헌한 제물이 용납되었음을 증거하고, 구원이 충만하게 무상으로 준비되었음을 증거하며, 사망이 정복되었음을 증거한다."[35]

바울은 예수님의 부활을 묘사할 때 항상 수동태를 사용한다. 즉 하나님이 부활 행위의 주체이며 예수님은 부활 행위의 대상이 되신다. 바울이 이렇게 부활에 있어서 예수님을 수동적 위치에 있는 것으로 묘사한 것은 예수님과 성도들을 동일시하기 위함이었다. 그런데 본 절(살전 4:14)만이 유일하게 예수님께서 그의 부활에서 능동적 역할을 하는 것으로 묘사한다. 하지만 본 절의 내용이 접속사 호티(ὅτι)를 뒤따르는 내용임을 고려할 때 능동형으로 사용한 이유를 짐작할 수 있다.[36] 그리고 바울 사도가 "만약"(εἰ)과 "믿는다"(πιστεύομεν)라는 현재시상을 사용한 것으로 보아 그 당시 "예수의 죽었다가 다시 사심"('Ιησοῦς ἀπέθανεν καὶ ἀνέστη)은 의심할 수 없는 확인된 고백이었음을 증거한다. 따라서 데살로니가전서 4:14의 능동적 표현은 바울이 당시 확인된 고백을 인용한 것으로 생각된다. 그러므로 바울 사도가 부활 행위에서 예수님이 수동적 역할을 한 것으로 자신의 서신 다른 곳에서 설명한 까닭에 예수님과 성도들을 부활 행위에서 동일하게 취급하려는 그의 사상은 약화되지 않는다.

바울은 본문에서 복음과 관련 있는 사람들에 대해서만 말하고 있다.

---

35) John Eadie 의 다음 말이 적절하다. Eadie, *Thessalonians,* p. 149: "The death and resurrection of Christ are primary objects of belief, the one event being the complement of the other, the resurrection proving that the purpose of the death had been accomplished, that the self-oblation had been accepted, that salvation had been provided in fulness and freeness, and that mortality had been conquered."

36) 더 자세한 논의는 박형용, 『바울신학』(수원: 합동신학대학원출판부, 2005), pp. 121-127. "εἰ γὰρ πιστεύομεν ὅτι 'Ιησοῦς ἀπέθανεν καὶ ἀνέστη."

"예수 안에서 자는 자들"[37]은 성도들을 가리킨다. 예수님의 재림은 성도들만의 잔치이다. 불신자들은 그 잔치에 초대받지 못할 것이다. 그래서 바울은 "예수 안에서 자는 자들만," 즉 예수를 믿는 성도들만 하나님께서 데리고 오실 것이라고 확실히 한다. 성도들은 그리스도의 생애와 연합된 사람들이다. 성도들은 그리스도의 삶과 죽음과 부활과 승귀와 연합된 존재들이다. 그러므로 바울은 성도들의 죽음을 가리켜 "예수 안에서 자는 자들"이라고 표현한 것이다. 바울은 자신의 서신에서 그리스도와 성도들의 연합됨을 풍부한 자료로 증거하고 있다. 그리스도와 성도들은 "함께 살고"(롬 6:8), "함께 고난 받고"(롬 8:17), "함께 십자가에 못 박히고"(롬 6:6), "함께 죽고"(롬 6:8; 고후 7:3), "함께 장사지내고"(롬 6:4), "함께 부활하고"(골 2:12; 3:1), "함께 살림을 받고"(골 2:13; 엡 2:5), "함께 영광에 이르고"(롬 8:17), "함께 후계자가 되고"(롬 8:17), "함께 통치한다"(딤후 2:12; 롬 5:17). 바울은 그리스도와 성도의 연합을 근거로 그리스도와 연합된 성도들의 장래는 하나님이 책임져 주신다고 분명히 밝히고 있다.

바울은 예수님의 재림 때에 예수 안에서 자는 자들을 하나님이 데리고 오실 것이라고 말한다(살전 4:14). 여기에 예수님의 재림 때에 발생할 사건들의 간단한 요약이 있다. 바울의 논리는 다음과 같다. 하나님께서 예수님의 재림 때에 예수님과 함께 죽은 성도들의 영혼을 하늘로부터 데리고 오며, 죽은 성도들의 영혼은 곧 자신들의 부활체와 연합을 하게 될 것이며, 부활체를 입은 죽은 성도들이 공중에 끌려 올라가

37) τοὺς κοιμηθέντας διὰ τοῦ 'Ιησοῦ 에 관한 의견이 나누인다. 본문의 "예수 안에서"를 "자는 자들"과 연관시켜 바울의 의도가 성도들만을 염두에 둔 것으로 해석하는 견해와 "예수 안에서"를 "데리고 오시리라"와 연관시켜 바울이 "모든 자는 자들" 즉 신자와 불신자를 포함한 모든 죽은 자들을 생각하고 있었다고 해석하는 견해가 있다. 문맥은 바울이 성도들만을 염두에 둔 것을 지지해 준다(참조, "그리스도 안에서 죽은 자들," 살전 4:16).

주님을 만나게 되고 영원히 주님과 함께 살게 될 것이다(살전 4:14~17).[38]

예수님의 재림 때 일어날 사건과 관련하여 본 구절을 해석할 때 세대주의적 전천년설(Dispensational Premillenarianism)[39]의 관점에서 해석하느냐, 역사적 전천년설(Historic Premillenarianism)[40]의 관점에서 해석하느냐, 후천년설(Post Millenarianism)[41]의 관점에서 해석하느냐, 아니면 무천년설(Amillenarianism)[42]의 관점에서 해석하느냐에 따라 그 결과는 다르게 나타난다.

세대주의적 전천년설은 이스라엘의 미래와 교회의 미래를 구분 짓는다. 왜냐하면 이스라엘과 교회는 각각 다른 세대에 속해 있기 때문이다. 그래서 세대주의는 유대인들이 팔레스틴으로 복귀하고 이스라엘 국가가 다시 설립되는 예언이 장차 성취될 것으로 믿는다. 그들은 "하늘나라"는 영원한 실재이지만 "하나님 나라"는 미래의 어떤 시간에 성취

---

38) Hendriksen, *I and II Thessalonians*, pp.113~114.

39) 세대주의자들은 전체시대를 ① 무죄시대(창조에서 타락까지) ② 양심시대(타락으로부터 노아 홍수까지) ③ 인간통치시대(홍수로부터 아브라함의 부름까지) ④ 약속시대(아브라함의 부름에서 시내산에서 율법 주신 때까지) ⑤ 율법시대(시내산의 율법주심에서 그리스도 공생애기간까지) ⑥ 은혜시대(교회시대, 그리스도 공생애 말기부터 재림까지) ⑦ 왕국시대(재림부터 1,000년간)로 나눈다.

40) 역사적 전 천년설은 계시록 20:1-6을 문자적으로 해석하여 그리스도의 재림 후에 그리스도의 천년 통치가 있을 것을 믿는다. 그리고 역사적 전 천년설은 그리스도의 천년 통치 후에 마지막 완성과 심판이 있을 것이라고 주장한다. 그들은 천년의 통치 기간에는 사단이 매이게 되고 사단의 세력은 제약을 받게 될 것이다. 그리고 첫째부활로 성도들이 죽은 자들 가운데서 부활하고, 천년 통치 마지막에 사단이 풀려 하나님과 싸울 것이지만 사단은 반드시 패배하고 파멸될 것이다. 역사적 전 천년설은 그 때에 두 번째 부활과 마지막 심판이 있게 될 것이라고 믿는다.

41) 후천년설은 복음 선포를 통해 승리의 진전이 있을 것을 믿는다. 후천년설은 현 시대를 그리스도의 천년 통치 기간으로 생각하며 하나님의 나라는 미래의 소망이 아니요 현재의 실재라고 생각한다. 후천년설은 그리스도가 재림하시기 전에 세상이 충분해 기독교화 되어 평화와 번영을 오래 동안 누리게 될 것이라고 믿는다.

42) 무천년설은 천년을 영적인 상징으로 생각한다. 무천년설은 그리스도께서 이미 십자가의 죽음과 부활을 통해 사단과 죄와 죽음에 대해 결정적인 승리를 이루었다고 생각한다. 무천년설은 하늘나라와 하나님 나라의 구분을 하지 않으며 이스라엘과 교회의 구분도 받아들이지 않는다. 무천년설은 앞으로 하나의 부활사건만 있을 것이며 예수님이 재림하시면 마지막부활, 심판이 동시에 있을 것을 믿는다.

될 약속이기 때문에 동일하게 생각할 수 없다고 주장한다.[43] 세대주의 해석은 예수님의 공중 재림시 성도들의 휴거가 있고 그때로부터 지상에는 7년 대환난이 계속되며, 7년 대환난이 끝나면 예수님께서 휴거한 성도들과 함께 지상에 재림하시게 된다고 생각한다. 그들은 천년 왕국이 바로 그때부터 시작되며, 천 년이 끝난 후에 불의한 자를 심판하는 마지막 심판이 있고 영원한 세계로 들어가게 된다고 주장한다.

세대주의자들은 휴거의 이론을 데살로니가전서 4:17에 언급된 "우리 살아 남은 자도 저희와 함께 구름 속으로 끌어 올려 공중에서 주를 영접하게 하시리니"에 근거를 둔다. 그런데 세대주의는 예수님의 재림 날짜가 언제라고 정하지 않고 언제든지 오실 수 있다고 생각하는 것이다

성경에는 7년 대환난 기간을 구체적으로 언급한 곳이 없다. 그러면 7년이 어디에서 나왔는가? 세대주의자들은 다니엘서 9:24~27에 나온 70이레를 인류 역사 전체로 보고 다니엘서에 나온 대로 70이레를 7주간(49일)+62주간(434일)+1주간(7일)으로 나누어 1일을 1년으로 계산한 후 마지막 7년이 대환난 기간이라고 말하는 것이다(단 9:24~27 참조). 70이레는 날짜로 계산하면 490일이 된다.[44] 그리고 7년을 이끌어

---

43) Gerald Bray, *Biblical Interpretation: Past and Present*(Downers Grove: IVP, 1996), pp. 453-454.

44) 1일을 1년으로 계산하여 490년을 이끌어 내는 다른 방법은 예레미야의 예언 년도를 BC 605로 잡고(렘 25:11; 29:10) 고레스(Cyrus)가 왕위에 오른 년도를 BC 556으로 하여 605-556=49와 예레미야의 예언 년도 BC 605에서 대제사장 오니아스 3세(Onias III)의 죽음 년도인 BC 171년을 빼어서 434를 얻는다. 오니아스 3세의 죽음 년도를 계산한 것은 오니아스 3세가 합법적인 마지막 대제사장으로 생각했기 때문이다. 그 이후는 안티오커스 에피파네가 대제사장을 임명하여 유대인들이 합법적으로 생각하지 않았다. 그리고 마지막 7은 오니아스 3세의 죽음 년도 171에서 유다 마카비가 성전을 재 봉헌한 BC 164를 빼서 만든다. 이런 계산은 490을 연대기적으로 계산하여 임의적으로 만들어낸 잘못된 것이다. 490은 연대기적인 역사(chronology)라고 생각하기보다는 일정 기간을 도식으로 표현한 것(chronography)으로 보아야 한다. Cf. Edward J. Young, *The Prophecy of Daniel*(Grand Rapids: Eerdmans, 1970), pp.191-221; John E. Goldingay, *Daniel: Word Biblical Commentary*, vol. 30(Dallas: Word Books, 1989), pp.257-263.

내는 다른 성경 구절은 요한계시록 11:2과 13:5이다. 이 두 구절에는 42개월이 언급되어 있는데 42개월+42개월은 84개월이므로 이는 7년에 해당된다는 주장이다.

세대주의(Dispensationalism)는 다비(J. N. Darby)와 스코필드(C. I. Scofield)의 관주 성경에 근거해서 체계를 세운 잘못된 신학 체계이다. 스코필드는 이스라엘 민족이 가나안에 복귀할 것이라고 주장한다. 그의 주장은 이스라엘 민족이 하나님께서 아브라함에게 약속해 주신 모든 땅을 실제로 소유했는지 그렇지 않았는지에 근거한다. 스코필드는 첫째, 이스라엘은 하나님이 아브라함에게 약속하신 모든 땅을 결코 받지 못했다. 둘째, 그러므로 이스라엘은 그 약속의 땅을 받기 위해 가나안 땅으로 언젠가 복귀해야만 한다. 셋째, 땅과 연관된 것은 성전이요, 피의 희생제사 제도와 같은 것들이다. 그러므로 이스라엘이 그 땅으로 복귀할 것이기 때문에 이스라엘이 성전을 다시 건축하고 그 땅과 관련된 모든 것을 다시 세우게 될 것이라고 주장한다.[45] 세대주의자들의 이런 주장은 그들의 교회를 경시하는 이론에 근거를 둔다. 스코필드는 자신의 성경 노트에서 교회는 실패로 끝나게 될 것이며 이스라엘 국가에 의해 대치될 것이라고 주장한다.[46]

세대주의는 하나님께서 각 시대마다 인류 구원의 조건을 달리하셨다고 주장한다. 사람들은 여섯 번 시험에 여섯 번 실패했고 여섯 번 긍휼을 입었다. 세대주의자들은 예수님의 재림 때에 일어날 사건들을 복잡하게 설명하지만, 바울은 이런 복잡한 사건의 상황을 간단하게 "예수 안에서 자는 자들도 하나님이 저와 함께 데리고 오시리라"(살전 4:14)고 설명한다. 그 이유는 예수님의 재림 때에 발생할 사건들을

---

45) Scofield Reference Bible, p. 250; 참조, William E. Cox, *Why I Left Scofieldism* (McLean, VA: P/C Publishing Co., n.d.), p. 14.
46) Cox, *Ibid.*, pp. 7-8.

논리적인 순서로는 설명할 수 있지만 실제로는 여러 사건이 거의 동시에 발생할 것이기 때문이다.

4:15 공평한 주님의 재림

바울은 "주의 말씀"(살전 4:15)으로 데살로니가 성도들의 염려를 해결해 준다. "주의 말씀"은 예수님이 직접 언급한 말씀이라고 생각하는 것이 가장 타당하다. 그러나 이런 내용이 복음서에 직접 언급된 것은 아니다. 본 구절의 내용과 가장 근접한 것은 "저가 큰 나팔소리와 함께 천사들을 보내리니 저희가 그 택하신 자들을 하늘 이 끝에서 저 끝까지 사방에서 모으리라"(마 24:31)는 말씀이다. 이처럼 비슷한 내용이 복음서에 나오지만 그 내용이 본 구절의 내용과는 상당한 거리를 두고 있기 때문에 "주의 말씀"에 대한 해석이 여러 가지로 나타난다. 어떤 이는 이곳의 "주의 말씀"이 예수님께서 바울에게 직접 주신 계시라고 주장한다. 이디(Eadie)는 "사도가 말하려고 하는 것은 그에게 특별히 계시된 것이다. 그리고 그의 말은 저 계시 안에서 그 내용과 권위를 가졌다"[47]라고 해석한다. 라이트푸트(Lightfoot) 역시 바울 사도는 주님으로부터 자신이 직접 받은 계시를 가리킨다고 해석한다.[48]

반면 스토트(Stott)는 바울 사도가 한두 문장을 주님 자신의 말씀이라고 특별히 의미를 부여하지 않았을 것이라고 지적하고, 본문의 "주의 말씀"은 바울 사도가 기억하고 있는 역사적 예수의 어록을 인용했다고 생각하는 것이 가장 타당하다고 해석한다. 스토트는 계속해서 본문의 인용이 사복음서에 나타나 있지 않은 것으로 보아 바울이 기록되지 않은 예수님의 어록을 인용했다고 해석한다.[49]

---

47) John Eadie, *Thessalonians*(*Greek Text Commentaries*, Grand Rapids: Baker, 1979), p. 154.

48) J.B. Lightfoot, *Notes on Epistles of St. Paul*(MacMillan, 1895), p. 65.

이상의 두 견해 가운데 가장 적합한 해석은 예수님께서 바울 사도에게 직접 하신 말씀으로 복음서에 기록되지 않은 말씀이라고 생각하는 것이다(참조, 요 20:30; 21:25). 성경은 바울이 계시를 직접 받은 사실을 증거하고 있다. 예수님은 바울이 특별한 선교의 사명을 감당하게 될 것을 계시해 주셨고(행 22:18~21), 주님의 만찬에 관한 내용도 계시해 주셨으며(고전 11:23~29), 그리스도의 부활의 실재와 증거와 결과에 대해 계시해 주셨고(고전 15:3~58; 고후 12:1), 예수 믿는 이방인들이 어떤 축복의 자리에 들어 갈 것인지에 대해서도(엡 3:3~6) 계시해 주셨다. 우리는 성경 저자들이 예수님의 어떤 말씀은 정경에 포함시키고, 또 어떤 말씀은 포함시키지 않았는지 그 이유를 알 수가 없다.

바울은 주님 강림하실 때 "우리 살아남아 있는 자도 자는 자보다 결단코 앞서지 못하리라"(살전 4:15)고 말한다. 바울 당시 데살로니가 성도들은 앞서 죽은 성도들이 예수님 재림 때에 어떤 위치를 얻게 될 것인지에 대해 많은 관심을 가지고 있었다. 그래서 바울은 본문에서 예수님 재림 때에 살아있는 사람들이나 이미 죽은 사람들이나 차이가 있을 수 없다고 말하고 있다. 예수님의 재림 전에 죽은 성도들도 재림 때에 살아있는 성도들과 똑같이 재림의 영광에 참여하게 될 것이다.[50] 예수님 재림 때에 살아남아 있는 자들이나 이미 죽은 성도들이나 공평한 대우를 받게 될 것이다.

바울은 "우리 살아남아 있는 자"(살전 4:15)라는 표현으로 예수님 재림 때에 자신도 살아남아 있는 자 중에 포함될 것으로 예상한 것처럼 들린다. 물론 바울은 빨리 죽어서 예수님과 함께 있기를 소원할 만큼 예수님의 재림을 고대하면서 살았다. 바울은 "살든지 죽든지 내 몸에서

---

49) John Stott, *The Gospel and the End of Time: The Message of 1 and 2 Thessalonians*, pp. 99-100.

50) John Eadie, *Thessalonians*, p. 153.

그리스도가 존귀히 되게 하려 하나니 이는 내게 사는 것이 그리스도니 죽는 것도 유익함이니라 그러나 만일 육신으로 사는 이것이 내 일의 열매일진대 무엇을 가릴는지 나는 알지 못하노라 내가 그 두 사이에 끼였으니 떠나서 그리스도와 함께 있을 욕망을 가진 이것이 더욱 좋으나 그러나 내가 육신에 거하는 것이 너희를 위하여 더 유익하리라"(빌 1:20~24)고 고백한다. 이처럼 바울은 예수님의 재림을 간절히 기다리면서 살았다. 그래서 바울은 예수님의 재림 때에 자신이 살아 있을 것으로 기대할 만큼 예수님의 재림을 고대하고 있었다. 그러나 바울은 예수님의 재림의 날짜를 정하지 않는다(살전 5:2). 바울은 예수님의 재림이 언제 발생할 것인지 알지 못했다. 그래서 바울은 예수님의 재림이 곧 발생할 것이라고 가르치지 않았다. 그러나 바울은 예수님의 재림이 속히 있었으면 하고 바라면서 살았던 사도였다. 그래서 그런 강렬한 소망 때문에 바울은 "주 강림하실 때까지 우리 살아남아 있는 자도"(살전 4:15)라고 표현한 것이다. 바울이 본문에서 강조하고자 한 것은 언제 예수님이 재림하시느냐는 때에 관한 것이 아니요 예수님의 재림 때에 살아있는 사람도 이미 죽은 성도보다 앞서지 못할 것이라는 사실이다. 즉, 예수님의 재림 때에 살아있는 자나 이미 죽은 자나 공평한 대우를 받게 될 것이다.

4:16~18 예수님의 재림의 모습

예수님의 재림은 당당한 모습의 재림이 될 것이다. 예수님의 재림은 어떤 일부 사람만 알 수 있는 그런 방법으로 비밀리에 재림하실 사건이 아니요 세상 누구나 목격할 수 있도록 재림하실 것이다. "갈릴리 사람들아 어찌하여 서서 하늘을 쳐다보느냐 너희 가운데서 하늘로 올리우신 이 예수는 하늘로 가심을 본 그대로 오시리라"(행 1:11).

요한 사도는 예수님의 재림의 모습을 "볼지어다 구름을 타고 오시리라 각인의 눈이 그를 보겠고 그를 찌른 자들도 볼 터이요 땅에 있는 모든 족속이 그를 인하여 애곡하리니 그러하리라 아멘"(계 1:7)이라고 묘사한다. 그런데 바울 사도는 예수님의 재림을 "주께서 호령과 천사장의 소리와 하나님의 나팔로 친히 하늘로 좇아 강림하시리니"(살전 4:16)라고 묘사한다. 예수님의 재림에 관한 가장 자세한 묘사이며 가장 생생한 묘사이다.

바울 사도는 본 절(살전 4:16)에서 다른 사람 아닌 주님 자신(αὐτὸς ὁ Κύριος)이 하늘로부터 강림하실 것이라고 설명하면서 세 개의 전치사(ἐν - ἐν - ἐν)를 활용하여 예수님의 재림 때에 어떤 상황이 벌어지게 될 것인지를 묘사한다. 세 개의 전치사 엔(ἐν)은 예수님의 재림과 동시에 발생할 상황을 가리킨다. 즉 호령과 천사장의 소리와 하나님의 나팔소리가 예수님의 재림과 동시에 들리게 될 것이다. 호령은 주님이 친히 명령하신 것이다. 이 호령으로 죽은 자는 생명으로 회복되어 영광스러운 부활체를 덧입게 되고, 살아 있는 자도 부활체로 변화될 것이다.[51)]

"천사장의 소리와 하나님의 나팔"은 천사장이 하나님의 나팔을 사용하여 명령하는 것을 가리킨다. 브루스(Bruce)는 "마지막 두 구절에서 천사들과 나팔 부는 것이 밀접히 연관된 것으로 보아 '천사장의 소리'와 '하나님의 나팔'은 하나의 같은 명령을 두 가지로 표현한 것으로 생각된다"[52)]라고 해석한다.

본문이 분명히 하고자 하는 내용은 예수님이 어떤 명령에 순응하여 재림하시는 것이 아니요, 주님께서 호령을 친히 발하시면서 권세 있게 당당하게 재림하실 것이라는 뜻이다.[53)] 천사장의 소리와 하나님의

51) W. Hendricksen, *I and II Thessalonians*, p. 116; F.F. Bruce, *1 and 2 Thessalonians* (WBC), p. 100.

52) Bruce, *1 and 2 Thessalonians*, p. 101.

53) 예수님이 명령에 응해서 재림한 것처럼 번역한 번역본은 Jerusalem Bible이다 :

나팔은 예수님의 재림이 성도들에게는 기쁘고 경사스러운 사건이지만 불신자들에게는 두렵고 떨리는 사건이라고 알리는 역할을 할 것이다. 칼빈(Calvin)은 "천사장이 산 자들과 죽은 자들을 불러들여 그리스도의 심판대 앞에 세우는 전령의 책임을 수행하게 될 것이다"[54]라고 천사장의 역할을 설명한다.

예수님은 결코 "천사장의 소리와 하나님의 나팔"이 알리는 명령 때문에 재림하시는 것이 아니라, 오히려 천사장의 소리와 하나님의 나팔이 예수님의 재림을 장식하는 역할을 하게 될 것이다.

바울은 다시 한 번 예수님의 재림 때에 그리스도 안에서 죽은 성도들이 먼저 일어나겠다고 말씀하여 먼저 죽은 성도들이 살아있는 사람보다 손해를 받지 않을 것으로 명백히 한다. "그리스도 안에서 죽은 자들은" (살전 4:16) 예수님의 재림 때에 특별한 위치를 점하게 될 것이다. 예수님의 재림은 믿는 성도들만의 즐겁고 영광스러운 잔치가 될 것이다. 예수님의 재림 때 주 안에서 죽은 자들이 먼저 일어나고 예수님의 재림 당시 살아 있는 성도들이 부활체로 변화된 후에 함께 구름 속으로 끌어올리어질 것이다. 어거스틴(Augustine)은 "우리 살아남은 자도 저희와 함께 구름 속으로 끌어 올려 공중에서 주를 영접하게 하시리니" (살전 4:17)라는 말씀을 해석하면서 이 말씀의 뜻은 예수님이 재림하실 때 살아 있는 성도들도 이 짧은 시간과 좁은 공간 사이에서 죽음을 맛보고 영생을 소유하게 될 것이라고 말한다.[55] 어거스틴이 이렇게

"At the trumpet of God, the voice of the archangel will call out the command and the Lord himself will come down."

54) John Calvin, *The Epistles of Paul the Apostle to the Romans and to the Thessalonians*, p. 365.

55) Saint Augustine, *The City of God*, trans. Marcus Dods (New York: The Modern Library, 1950), p. 741(xx, 20): "We seem compelled to take the words in this sense, and to suppose that those whom the Lord shall find alive upon earth shall in that brief space both suffer death and receive immortality."

해석하는 근거는 바울 사도가 "그리스도 안에서 모든 사람이 삶을 얻으리라"(고전 15:22)고 말씀했기 때문이라고 한다. 그러나 고린도전서 15:22은 "아담 안에서 모든 사람이 죽은 것같이 그리스도 안에서 모든 사람이 삶을 얻으리라"는 말씀으로 바울 사도가 아담과 그리스도를 대표 원리로 사용하고 있다. 오히려 바울은 데살로니가전서 4:17에서 예수님이 재림하실 때 이미 죽은 자들은 물론 당시 살아 있는 자들도 예수님의 재림에 참여하게 될 것임을 확실히 하고 있다. 모든 성도들이 재림하시는 예수님을 영접할 것이다. 부활체를 입은 모든 성도들은 공중에서 주를 만난 후 예수님과 함께 계속 지상으로 내려오게 될 것이다. 바울은 "그리하여 우리가 항상 주와 함께 있으리라"(살전 4:17)고 말하고 그 이상의 말은 하지 않는다. 바울은 그 말 이외에 다른 말을 첨가할 이유를 찾지 못했다.

그러므로 성도들은 부모 형제, 일가친척, 동료들이 "그리스도 안에서" 사망할지라도 서로 위로할 수 있다. 바울이 "이 여러 말로 서로 위로하라"(살전 4:18)고 말할 수 있었던 것은 예수님의 재림 때에 이미 죽은 성도나 살아 있는 성도나 똑같이 예수님을 영접할 것이기 때문이다. 예수님이 죽음을 이기신 것처럼 성도들도 예수님의 재림 때에 "사망아 너의 이기는 것이 어디 있느냐 사망아 너의 쏘는 것이 어디 있느냐"(고전 15:55)라고 담대히 선언할 것이다.

제5장 주해

5:1-11 · 주님의 재림을 준비하라

5:12-22 · 하나님의 뜻

5:23-24 · 바울의 두 번째 소원 기도

5:25-28 · 마지막 인사

5:1~11 주님의 재림을 준비하라

형제들아 때와 시기에 관하여는 너희에게 쓸 것이 없음은 주의 날이 밤에 도적같이 이를 줄을 너희 자신이 자세히 앎이라 저희가 평안하다 안전하다 할 그 때에 잉태된 여자에게 해산 고통이 이름과 같이 멸망이 홀연히 저희에게 이르리니 결단코 피하지 못하리라 형제들아 너희는 어두움에 있지 아니하매 그 날이 도적같이 너희에게 임하지 못하리니 너희는 다 빛의 아들이요 낮의 아들이라 우리가 밤이나 어두움에 속하지 아니하나니 그러므로 우리는 다른 이들과 같이 자지 말고 오직 깨어 근신할지라 자는 자들은 밤에 자고 취하는 자들은 밤에 취하되 우리는 낮에 속하였으니 근신하여 믿음과 사랑의 흉배를 붙이고 구원의 소망의 투구를 쓰자 하나님이 우리를 세우심은 노하심에 이르게 하심이 아니요 오직 우리 주 예수 그리스도로 말미암아 구원을 얻게 하신 것이라 예수께서 우리를 위하여 죽으사 우리로 하여금 깨든지 자든지 자기와 함께 살게 하려 하셨느니라 그러므로 피차 권면하고 피차 덕을 세우기를 너희가 하는 것같이 하라(살전 5:1~11).

바울은 먼저 죽은 성도들이 예수 그리스도의 재림 때에 어떻게 될 것을 데살로니가전서 4:13~18에서 언급하고 자연스럽게 예수님의 재림의 시기로 논리를 발전시켜 나아간다. 이와 같은 논리의 진전은 너무도 당연한 것이다. 왜냐하면 바울이 데살로니가전서 4:13~18에서 먼저 죽은 성도들이 예수님의 재림 때에 살아남아 있는 성도들보다 뒤지지 않을 것이며 결코 손해 보지 않을 것으로 설명했기 때문에 당연히 뒤따라오는 질문은 그러면 예수님의 재림을 얼마나 더 기다려야 하느냐는 것이다. 그래서 바울은 예수님의 재림의 시기와 확실성 문제를 데살로니가전서 5:1~11에서 다룬다.

5:1 알려지지 않은 그 날

바울은 "형제들아 때와 시기에 관하여는 너희에게 쓸 것이 없다"(살전

5:1)라고 말한다. 이 말씀은 바울이 데살로니가에서 직접 복음을 전하고 그들을 가르칠 때 예수님의 재림의 시기에 관해 분명하게 해 두었음을 뜻한다. 바울은 데살로니가 성도들이 예수님의 재림의 시기에 관한 교훈을 잘 배운 것으로 생각한다. 그래서 바울은 "때와 시기에 관하여는 너희에게 쓸" 필요(χρείαν)가 없다고 말한다. 바울은 예수님의 재림의 때에 대해 분명하게 가르쳤고 데살로니가 성도들은 그 내용을 익히 알고 있는 상태였다(참고 살후 2:5). 바울은 예수님의 교훈처럼 재림의 시기는 오직 아버지 하나님만 아신다(마 24:36)고 데살로니가 교회 성도들에게 가르쳤다.

바울은 본 구절에서 예수님의 재림의 때를 표현하면서 "때와 시기에 관하여"라고 하여 "때"(χρόνος)와 "시기"(καιρός)를 함께 사용한다. 물론 "때"는 일정 기간의 개념이 함축된 것이고, "시기"는 지정해둔 시간 개념이 함축된 것이다.[1] 하지만 "때"의 개념과 "시기"의 개념을 날카롭게 구분할 수는 없다. 본문에서 "때와 시기"를 함께 사용한 이유는 예수님의 재림의 때까지는 기간이 있을 것이며 또한 예수님의 재림은 마지막 때에 발생할 것이기 때문이다.[2]

그러면 왜 예수님의 재림의 때를 성도들에게 계시해 주시지 않았는가? 성도들이 예수님의 재림의 때를 알면 재림을 준비하면서 살 수 있을 것 아닌가? 성도들은 예수님의 재림의 때를 알면 좋을 것 같지만 하나님은 인간을 더 잘 아신다. 인간을 창조하신 분이 하나님이시기에 하나님은 우리의 생각과 행동을 속속들이 아신다. 만약 하나님이 예수님의 재림의 때를 계시해 주셨다면 성도들은 일상생활을 질서 있게 할

1) 개역성경은 τῶν χρόνων καὶ τῶν καιρῶν을 "때와 시기"로 번역했다. Hendriksen(*I-II Thessalonians*, p. 121.)은 "times or duration-periods (χρόνοι) and appropriate seasons(καιροὶ)"로 해석했다.

2) Leon Morris, *The First and Second Epistles to the Thessalonians* (*NICNT*, Grand Rapids: Eerdmans, 1970), p. 150.

수 없었을 것이다. 그러므로 하나님이 재림의 때에 대해 성도들에게 알려 주시지 않은 것은 하나님의 무궁한 지혜에서 나온 것이다. 하나님은 우리의 행복을 위해 예수님의 재림의 때를 알려 주시지 않았을 뿐 아니라 우리 자신의 죽음의 때도 알려 주시지 않았다. 우리가 우리의 죽는 날과 어떻게 죽을 것을 안다면 우리는 결코 행복한 나날을 살 수 없을 것이다. 예수님의 재림의 때와 우리의 죽음의 때에 대한 하나님의 침묵 속에 하나님의 지혜가 담겨 있다. 우리는 "하나님의 미련한 것이 사람보다 지혜 있고 하나님의 약한 것이 사람보다 강하니라"(고전 1:25)의 말씀을 기억해야 한다.

5:2~3 도적같이 임할 그리스도의 강림

바울은 이 재림의 때가 언제 발생할 것인지는 말하지 않는다. 바울의 태도는 예수님의 말씀과 일치한다. "그 날과 그 때는 아무도 모르나니 하늘의 천사들도 아들도 모르고 오직 아버지만 아시느니라"(마 24:36). 부활하신 예수님께서 하나님 나라의 회복의 때를 묻는 제자들에게 "때와 기한은 아버지께서 자기의 권한에 두셨으니 너희의 알 바 아니요"(행 1:7)라고 분명히 밝히셨다.

예수님의 재림은 도적같이 임할 것이다(마 24:42~44; 살전 5:2~3). 예수님의 재림은 모든 사람들이 깜짝 놀라도록 갑자기 임할 것이요, 기대하지 않을 그 때에 임하시게 될 것이다. 그러므로 예수님의 재림의 때와 시기를 알기 원하는 것은 어리석은 생각이다. 예수님의 재림이 도적같이 임하는 상황은 노아 때의 홍수 심판과 소돔과 고모라의 멸망에서 찾아 볼 수 있다.

노아 때에 물로 심판하시겠다는 하나님의 말씀이 있었음에도 불구하고 당시 사람들은 하나님의 말씀을 무시하고 "노아가 방주에 들어가던 날까지 사람들이 먹고 마시고 장가들고 시집"(눅 17:27) 가는 일을 했다. 롯의 때도 마찬가지였다. "사람들이 먹고 마시고 사고팔고 심고 집을 짓더니 롯이 소돔에서 나가던 날에 하늘로서 불과 유황이 비 오듯 하여 저희를 멸하였느니라"(눅 17:28~29). 노아의 때나 롯의 때에 살았던 사람들은 자신들을 멸할 시간이 다가오고 있었고, 그들의 배후에서 그들의 멸망 문제를 놓고 하나님과 아브라함 사이의 의인 논쟁이 있는 것도 알지 못한 채(창 18:22~33), "평안하다 안전하다"(살전 5:3) 하면서 계속 죄악 된 삶을 산 것이다. 가짜 평안과 가짜 안전에 관한 사상이 구약에서 자주 나타난다(렘 6:14; 8:11; 겔 13:10; 미 3:5).

본문은 예수님의 재림 때에도 마찬가지 현상이 나타날 것이라고 말씀한다. 사람들은 "주의 날이 밤에 도적같이 이를 줄을"(살전 5:2) 자세히 알면서도 "평안하다 안전하다" 하면서 죄악 된 생활을 계속할 것이다. 그러나 분명한 것은 하나님의 말씀에 따라 노아 때의 홍수 심판이 있었듯이, 롯 때의 소돔과 고모라의 불 심판이 있었듯이, 예수님의 재림도 하나님의 정하신 때에 있세 될 것인데, 그 때에는 "잉태된 여자에게 해산 고통이 이름과 같이 멸망이 홀연히 저희에게 이르리니 결단코 피하지 못할 것이다"(살전 5:3).

여기서 우리는 바울 사도가 예수님의 재림을 "잉태된 여자에게 해산의 고통이 이름과 같이"라고 표현한 사실에 주목해야 한다. 여자가 잉태하면 해산의 고통이 올 것은 확실하다. 이 말씀은 여자가 잉태하면 해산의 고통이 반드시 오게 되듯이 예수님의 재림도 확실하게 있을 것을 뜻한다. 그럼에도 불구하고 불신자들은 아무 일도 없을 것처럼 "평안하다 안전하다"라고 생각하면서 죄의 삶을 계속 진행하는 것이다. 그래서 바울 사도는 "저희가"(살전 5:3)를 사용하여 불신자들의 장래가 어떻게 될 것임을 확실히 하고 예수님의 재림 때에 "멸망이 홀연히 저희에게 이르리니"(살전 5:3)라고 경고한다. 불신자들은 예수님의 재림의 심판을 피할 수 없게 될 것이다.

"주의 날이 밤에 도적같이 이른다"(살전 5:2)는 교훈은 예수님께서 인자의 오심을 가르칠 때도 사용한 교훈이다(마 24:43; 눅 12:39). 요한계시록에서도 예수님의 재림을 예언하는 곳에서 그와 같은 비교법이 사용된다(계 3:3; 16:15). 이와 같은 비교는 경계심을 풀지 말고 준비된 상태로 예수님의 재림을 맞이하라는 교훈을 담고 있다. 주님은 예기치 않은 때에 오실 것이다. 그러므로 성도들은 슬기로운 다섯 처녀처럼 항상 준비된 상태로 생활하다가 예수님의 재림을 맞이해야 한다(참조, 마 25:1~13).

"주의 날"은 구약에서 사용된 개념이다. 여호와 하나님께서 의로운 자는 인정하시고 악한 자는 벌하시는 날이다(암 5:18; 욜 2:31; 말 4:5). 이 날은 "여호와의 크고 두려운 날"이 될 것이다. 신약은 예수님을 주님으로 인정하는 뜻이 담긴 표현으로 "주의 날"(살후 2:2; 고전 5:5 - 주 예수의 날; 벧후 3:10), "그리스도의 날"(빌 1:10; 2:16), "그리스도 예수의 날"(빌 1:6), "우리 주 예수의 날"(고후 1:14), "우리 주 예수 그리스도의 날"(고전 1:8) 등으로 표현했다. 그리고 문맥이 명확하면 "그 날"(ἡ ἡμέρα, 살전 5:4; 고전 3:13; 히 10:25) 혹은 "저 날"(ἐν τῇ ἡμέρᾳ ἐκείνῃ, 살후 1:10, 개역한글판은 "그 날"로 번역)로도 표현했다.[3] "주의 날"은 예수님께서 영광중에 오셔서 선과 악을 구분하시고 의인과 악인을 구분하시는 날이 될 것이다. 그러므로 "주의 날"은 의인에게는 기쁨과 즐거움의 날이 될 것이요, 악인에게는 두려움의 날이 될 것이다.

바울 사도는 두 가지 예를 들어 예수님의 재림의 때를 묘사하고 있다. 첫째, 예수님은 밤에 도적같이 임할 것이다. 그 뜻은 예수님의 재림은 갑자기 있을 것이요 미리 알리지 않고 오실 것이다. 둘째, 예수님

---

3) F.F. Bruce, *1 and 2 Thessalonians*(*WBC*), p. 109.

은 평안하다 안전하다 할 때 잉태된 여자에게 해산의 고통이 임하는 것처럼 오실 것이다. 해산의 고통이 갑자기 찾아와 피할 수 없듯이 예수님의 재림도 갑자기 이를 것이요 아무도 그 재림을 피할 수 없을 것이다. 스토트(Stott)는 "첫 번째 경우는 경고가 없을 것이요, 그리고 두 번째 경우는 피할 길이 없을 것이다"[4]라고 바로 설명한다.

5:4~6 빛의 아들들과 어두움의 아들들

성도들은 빛의 아들들이다. 그 이유는 예수님이 참 빛이요, 성도들은 빛과 연관되어 있기 때문이다. 그런데 세상은 어두움에 속하고 빛을 알지 못한다. 예수님이 세상에 오실 때도 세상은 빛을 영접하지 않았다. "그는(세례 요한) 이 빛이 아니요 이 빛에 대하여 증거하러 온 자라 참 빛 곧 세상에 와서 각 사람에게 비취는 빛이 있었나니 그가 세상에 계셨으며 세상은 그로 말미암아 지은바 되었으되 세상이 그를 알지 못하였고 자기 땅에 오매 자기 백성이 영접지 아니하였으나"(요 1:8~11)라는 말씀은 참 빛 되신 예수님과 어두움의 세상이 너무나 상충되고 있음을 보여 준다.

바울 사도는 "형제들아 너희는 어두움에 있지 아니하매 그 날이 도적같이 너희에게 임하지 못하리니 너희는 다 빛의 아들이요 낮의 아들이라 우리가 밤이나 어두움에 속하지 아니하나니"(살전 5:4~5)라고 말함으로써 "형제들"이 "빛의 아들들"이요 바로 성도들이라고 밝힌다(살전 5:1 참조). 바울은 데살로니가전서 5:4의 "형제들아"를 바로 앞절인 3절의 "저희가"와 대칭적으로 사용한다. "저희"는 예수 그리스도와 상관없는 불신자들이요, "형제들"은 예수님을 구주로 믿는 신자들이

---

4) John Stott, *The Gospel and The End of Time: The Message of 1 and 2 Thessalonians*, p. 109: "In the first case there will be no warning, and in the second no escape."

다. 그런데 "저희"는 도적같이 임할 예수님의 재림 때에 멸망할 것이지만, "형제들"은 예수님의 재림이 도적같이 임해도 두려워 할 필요가 없다. 왜냐하면 재림 때에 심판주로 오실 예수님이 그의 십자가의 죽음과 부활을 통해 신자들의 구원 요건을 온전하게 이루셨기 때문이다. 성도들의 구원은 성도들의 행위에 근거한 것이 아니요 예수 그리스도의 공로에 근거한 것이다. 그래서 성도들은 은혜로 구원받았고, 믿음으로 구원받은 것이다.

그러므로 예수님의 재림은 성도들에게 두려운 사건이 되지 못한다. 예수님의 재림은 놀랄만한 사건이긴 하지만 성도들에게는 기쁨과 즐거움의 사건이 될 것이다. 그러나 세상의 아들들은 두려움과 떨림으로 그 날[5]을 맞이하게 될 것이다. 성도들에게 그 날이 도적같이 임하지 못한다는 뜻은 그 날에 성도들이 준비된 상태로 있게 될 것을 뜻한다(살전 5:4). 그 이유는 오실 분이 예수님이시요, 성도들은 예수님의 십자가 보혈로 값 주고 산 백성이기 때문이다.

바울은 "너희는 어두움에 있지 아니하매"(살전 5:4), "너희는 다 빛의 아들이요"(살전 5:5)라고 한 곳에서 "너희는"을 계속 사용하다가 "우리가 밤이나 어두움에 속하지 아니하나니"(살전 5:5)라고 말함으로 "너희"를 "우리"로 바꾸어 쓴다. 바울이 이렇게 "너희"를 "우리"로 바꾼 이유는 자신과 실라와 디모데와 다른 성도들을 빛의 아들들로 규정하고 다음에 따라 나오는 경고를 할 때 자신을 그 경고의 대상에 포함시키려는 의도 때문이었다. 우리는 여기서도 바울의 조심스러움과 겸손을 찾을 수 있다.

바울은 "우리"라는 말을 사용하여 자신이 다른 성도들과 함께 예수님의 재림 때에 받을 축복에도 참여하지만 역시 바로 사는데 필요한

5) "그 날"은 예수님의 재림의 날을 가리킨다. 불신자들은 "그 날"에 준비되지 않은 상태로 발견될 것이다.

경고의 대상이 됨도 암시하고 있다. 바울과 바울 일행은 "다른 이들과 같이 자지 말고 오직 깨어 근신"(살전 5:6)해야 한다. 바울은 "깨어 근신"해야 한다는 말로 성도들이 정신적으로나 도덕적으로 준비된 상태에 있어야 한다고 권면한다.

"깨어 있다"(γρηγορέω)라는 용어는 신약에서 일반적으로 경성하여 준비된 상태로 사는 모습을 뜻한다. 이 용어는 주로 두 가지 상황과 연관되어 사용된다. 첫째는 종말론적인 상황과 연관된 용법으로 예수 그리스도의 재림을 대비해 경성의 필요성을 강조한다(마 24:42,43; 25:13; 막 13:34,35,37; 살전 5:6; 계 3:2,3; 16:15). 둘째는 비종말론적인 상황과 연관된 용법으로 교회 내에서 위험에 직면해 있거나, 사단의 올무를 경계해야 할 형편에 대비해서 깨어 있어야 할 것을 강조한다(행 20:31; 고전 16:13; 골 4:2; 벧전 5:8).[6] 본 구절의 "깨어 있다"(γρηγορῶμεν)는 말은 예수님의 재림을 고대하면서 정신적으로 방심하지 않은 상태를 유지하라는 뜻이다(참조, 마 24:42~43; 25:13; 막 13:34~37).

"근신하라" (νήφωμεν)라는 말은 "깨어 있는" 결과로 오는 상태이다. 깨어있지 아니하면 근신할 수도 없다. 그러므로 "근신하라"의 뜻은 도덕적으로 방심하지 않은 상태를 뜻한다. 바울은 데살로니가 성도들에게 균형 잡힌 삶을 살아야 한다고 권면하고 있다.[7] "낮의 아들"은 밤에 속한 일을 하지 않는다. 성도들은 세상의 매력에 빠져들지 말고 하나님 나라의 영광을 바라보아야 한다.

---

6) J. M. Nützel, "γρηγορέω," *Exegetical Dictionary of The New Testament*, vol. 1(Grand Rapids: Eerdmans, 1990), p. 265. 참고적으로, 막 13:33-37에서 "깨어 있으라"가 4회 사용된다(막 13:33, 34, 35, 37). 비록 개역한글판은 똑같이 번역하였으나 막 13:33은 ἀγρυπνεῖτε(be alert, be awake)이며, 나머지 세 구절인 막 13:34, 35, 37은 γρηγορέω(be on the watch)이다. 반면 살전 5:6과 10절은 같은 γρηγορέω가 나타나는데 살전 5:6은 예수님의 재림을 대비하여 경성해야 한다는 뜻이지만, 살전 5:10은 "살아 있는 상태"를 뜻한다.

7) Leon Morris, *The First and Second Epistles to the Thessalonians* (*NICNT*), p. 157.

5:7~11 낮에 속한 자의 삶

바울 사도는 "빛"과 "어두움," "밤"과 "낮"을 대칭시키면서 성도들은 빛에 속했고 낮에 속했다고 말한다. 밤은 사람들이 자고 취하는 때이다(살전 5:7). 오순절 날에 제자들이 성령의 충만함을 받아 방언을 말할 때 어떤 이들은 제자들이 술에 취했다고 조롱했다(행 2:13). 베드로는 그 조롱에 대한 답변으로 "때가 제 삼시니 너희 생각과 같이 이 사람들이 취한 것이 아니라"(행 2:15)라고 말했다. 이 말씀은 사람들이 낮에는 취하지 않고 밤에 취한다는 일반적인 생활 모습을 증거하고 있는 것이다. 그런데 "낮의 아들"은 밤에 속하지 않았기 때문에 근신하는 삶을 살아야 한다. 이제 낮에 속한 자의 삶의 특징을 본문에서 찾아보자.

첫째, 낮의 아들은 근신하며 살아야 한다.

"우리(기독교인)는 낮에 속하였으니 근신하여야"(살전 5:8) 한다. 바울은 낮에 속한 자가 어떻게 살아야 할 것을 로마서에서도 설명한다. "밤이 깊고 낮이 가까웠으니 그러므로 우리가 어두움의 일을 벗고 빛의 갑옷을 입자 낮에와 같이 단정히 행하고 방탕과 술 취하지 말며 음란과 호색하지 말며 쟁투와 시기하지 말고 오직 주 예수 그리스도로 옷 입고 정욕을 위하여 육신의 일을 도모하지 말라"(롬 13:12~14). 근신하는 삶은 정도가 지나치지 않는 삶을 가리킨다. 빛의 아들들은 도덕적으로 균형 잡힌 삶을 살아야 한다.

둘째, 낮의 아들은 "믿음과 사랑의 흉배를 붙이고 구원의 소망의 투구를 쓰고"(살전 5:8) 살아야 한다. "믿음과 사랑의 흉배"와 "구원의 소망의 투구"라는 비유적 표현은 바울 자신이 만든 것은 아니다. 이사야 선지자가 이와 비슷한 표현을 이미 사용했다. "의로 호심경을 삼으시며 구원을 그 머리에 써서 투구를 삼으시며"(사 59:17)라는 말씀에서 "호심경"과 "투구"는 에베소서에 나오는 흉배 및 투구와 같은 말이다.

에베소서에 사용된 "믿음과 사랑의 흉배"(θώρακα πίστεως καὶ ἀγάπης)라는 표현 중 "믿음과 사랑의"라는 소유격은 "동격적 소유격"(The genitive of apposition)으로 믿음과 사랑 자체가 성도들을 방어하고 수비하며 보호한다는 뜻이다. 즉 성도들의 믿음과 사랑이 성도들을 위험으로부터 보호하는 흉배이다. 성도들이 믿음을 가지고 사랑을 실천하면서 생활하면 세상의 악이 성도들을 공격할 수가 없다. "구원의 소망의 투구"(περικεφαλαίαν ἐλπίδα σωτηρίας)라는 표현은 "투구인 구원의 소망"이란 뜻이다. "투구"는 술어로서 "구원의 소망"을 설명하고 있다. 즉 구원의 소망이 투구라는 뜻이다. 그리고 "구원의 소망"이라는 표현 중 "구원의"라는 소유격은 목적을 설명하는 것으로 성도들의 소망이 구원을 얻는 것이라는 뜻이다.

우리는 다시 한 번 바울이 즐겨 사용하는 믿음, 소망, 사랑이 함께 나타나는 예를 본다. 바울은 이미 본 서신에서 "믿음의 역사," "사랑의 수고," "소망의 인내"를 언급했다(살전 1:3). 이 믿음과 소망과 사랑 중에서 소망을 마지막에 언급하므로 강조를 한 바 있다. 그런데 데살로니가전서 1장의 경우처럼 본 구절에서도 소망을 맨 마지막에 언급한다. 바울이 믿음, 소망, 사랑 중 소망을 맨 마지막에 언급한 이유는 본 서신이 소망을 강조하고 있기 때문이다.[8)]

바울은 낮의 아들들의 삶을 전신갑주를 입고 사는 것으로 묘사한다. 우리는 이런 삶의 모습을 성경 여러 곳에서 발견한다(롬 13:12~14; 고후 6:7; 10:4; 엡 6:13~17). 바울은 에베소서에서 전신갑주를 좀 더 구체적으로 언급한다. 바울은 "진리의 허리띠," "의의 흉배," "복음의 신," "믿음의 방패," "구원의 투구," "성령의 검"을 전신갑주에 속한 무기로 설명한다.[9)]

---

8) 살전 1:3 주해를 참조하라.

9) 박형용, 『에베소서 주해』(수원: 합동신학대학원출판부, 1998), pp. 264-272.

"진리의 허리띠"는 교리적인 의미에서의 객관적 진리를 가리키며 동시에 그 진리를 믿는 성도들의 신실성을 가리킨다. 객관적인 진리와 주관적인 성실성은 마귀가 가장 무서워하는 무기이다.

"의의 흉배"는 결정적 의(칭의)와 점진적 의(성화)를 모두 포함하는 "의의 흉배"이다. 칭의 없이 도덕적 의를 성취할 수 없으며, 도덕적 의의 열매가 없다면 칭의의 진정성을 의심할 수밖에 없다.[10] 말은 비난에 대해 방어가 되지 못하지만 좋은 삶은 철벽과 같은 보호막이 된다.

"복음의 신"은 예수님이 성취하신 화목의 복음, 평화의 복음, 생명의 복음을 전파하는데 필요한 성도들의 준비성을 뜻한다(롬 10:14, 15 참조).

"믿음의 방패"는 마귀의 전방위 공격을 방어할 수 있는 무기이다. 믿음은 하나님께서 주셨다. 그러므로 진정한 믿음의 소유자는 마귀가 어느 방향으로 공격할지라도 그 공격을 물리칠 수 있다. 믿음은 확신과는 다르다. 성도들은 확신으로 구원 받은 것이 아니다. 확신은 믿음의 열매이다. 믿음은 예수 그리스도가 나를 위해 죽으시고 부활하셨음을 믿는 믿음이다.

"구원의 투구"는 성도들의 궁극적 구원을 보장해 준다는 뜻이 포함되어 있다. 성도들이 받은 "구원의 투구"는 성도들의 미래를 보증해 주며 궁극적 승리를 보장해 준다. 그리고 마지막으로 전신갑주에 속한 무기로 "성령의 검"이 언급되었다.

"성령의 검"은 방어용이자 공격용이다. "성령의 검"은 바로 하나님의 말씀이다. 하나님의 말씀은 마귀가 가장 두려워하는 무기이다. 예수님도 이 무기를 사용하여 마귀를 물리치셨다(마 4:1~10; 눅 4:1~12).

이처럼 바울 사도는 에베소서에서 하나님의 전신 갑주를 구체적으로

10) 박형용, 『에베소서 주해』, p. 267.

언급한다. 그러나 바울은 데살로니가전서 5장에서는 단지 "믿음과 사랑의 흉배"와 "구원의 소망의 투구"만 언급하고 있다. 그 이유는 바울이 에베소서에서는 하나님의 전신갑주를 구체적으로 언급하기를 원했고, 데살로니가전서에서는 빛의 아들들의 삶을 믿음, 소망, 사랑의 범주 안에서만 설명하고 싶었기 때문이다.[11]

바울은 에베소서에서 "의의 흉배"와 "믿음의 방패"라는 표현을 사용했고, 본 구절에서는 "믿음과 사랑의 흉배"라는 표현을 사용했다. 흉배와 방패는 몸의 중심 부분을 보호할 수 있는 무기이다. 그리고 "믿음"과 "의"는 같은 맥락에서 이해할 수 있다. 그 이유는 성도가 믿음으로 의롭다 인정함을 받기 때문이다(엡 2:8; 빌 3:9). 그리고 바울이 에베소서에서 "구원의 투구"라고 표현하는 대신에 데살로니가전서 5장에서 "구원의 소망의 투구"라고 설명한 것은 성도들의 소망이 궁극적으로 구원과 일치하기 때문이요, 본 서신에서는 소망을 강조하고 있기 때문이다.

바울은 성도들이 예수님의 재림을 두려워하지 않고 소망을 가지고 살 수 있는 확실한 근거 두 가지를 데살로니가전서 5:9~10에서 제시한다. 첫째는 하나님께서 우리를 작정하셔서(appoint, τίθημι)[12] 우리를 하나님의 심판에 내버려두시지 않고 우리 주 예수 그리스도를 통해 구원을 얻게 하신 것이다. 성도들을 구원한 것은 하나님의 작정에 의한 것이다. 우리들의 소망의 근거가 우리들의 감정이나 느낌, 혹은 우리들의 공로였다면 얼마나 연약한 근거가 되겠는가? 이는 마치 모래

---

11) 에베소서 6장에서는 "하나님의 전신갑주"가 두 번(엡 6:11,13)이나 언급되지만, 데살로니가전서 5장에서는 한 번도 언급되지 않은 점에 유의하라.

12) 개역한글판은 "하나님이 우리를 세우심은"(살전 5:9)으로 번역했는데 본문의 뜻을 전달하기에는 약한 표현이다. 살전 5:9의 τίθημι는 "destine or appoint someone to or for something"의 뜻으로 사용되었다. Cf. W. F. Arndt and F. W. Gingrich, *A Greek-English Lexicon of the New Testament*(Chicago: The University of Chicago Press, 1957), p. 824.

위에 집을 짓는 것과 같다(마 7:26~27). 그런데 바울은 우리들의 소망의 근거가 하나님의 작정에 있다고 분명히 밝힌다(살전 5:9). 특히 그 작정은 "주 예수 그리스도로 말미암아 구원을 얻게" 하신 것이다. 하나님은 "창세 전에 그리스도 안에서 우리를 택하셨다"(엡 1:4). 하나님의 선택과 작정은 변할 수 없다. 칼빈(Calvin)은 구원의 확신을 하나님의 작정에서 얻는 것보다 더 좋은 길이 없다고 설명한다.[13] 성도들은 불신자들이 두려워할 하나님의 "노하심"(살전 5:9)과는 상관이 없도록 하나님께서 작정해 주신 것이다. 그러므로 하나님의 작정은 성도들의 소망을 확실히 하는 근거이다.

둘째는 예수님께서 우리를 위하여 죽으신 것이 성도들의 소망의 확실한 근거가 된다(살전 5:10). 바울은 "예수께서 우리를 위하여 죽으사 우리로 하여금 깨든지 자든지 자기와 함께 살게 하려 하셨느니라"(살전 5:10)고 말씀한다. 바울은 예수님의 죽으심에는 목적이 있다고 말한다. 예수님께서 우리를 위하여 죽으심은 우리가 그와 함께 살도록 하시기 위함이었다.[14]

바울은 예수님의 죽으심과 부활의 목적을 명시하는 표현을 자신의 서신에서 자주 사용한다. "우리가 살아도 주를 위하여 살고 죽어도 주를 위하여 죽나니 그러므로 사나 죽으나 우리가 주의 것이로라 이를 위하여 그리스도께서 죽었다가 다시 살으셨으니 곧 죽은 자와 산 자의 주가 되려 하심이니라"(롬 14:8~9). "저가 모든 사람을 대신하여 죽으심은 산 자들로 하여금 다시는 저희 자신을 위하여 살지 않고 오직 저희를 대신하여 죽었다가 다시 사신 자를 위하여 살게 하려 함이니라"(고후 5:15; 참조, 고후 5:21; 갈 1:4). 예수님의 죽으심은 우리에게 영원한 생명을 주시기 위한 죽으심이다. 칼빈은 "본질적인 요점은

---

13) John Calvin, *The Epistles of Paul to the Romans and Thessalonians*, p. 370.
14) ἵνα는 예수님의 구속적 죽음의 목적을 명백히 밝히고 있다.

그리스도께서 영원하고 끝이 없는 그의 생명을 우리에게 주시기 위해 죽으셨다는 것이다"[15]라고 해석한다.

성도들이 예수님의 재림을 담대하게 맞이할 수 있는 이유는 성도들의 소망의 근거가 예수님의 죽음과 부활을 통해 이루신 구속에 있기 때문이다. 예수님의 재림 때에 성도들이 "깨든지 자든지"(살전 5:10) 그것은 큰 문제가 되지 않는다. 예수님의 재림 때에 성도들의 형편은 성도들이 어떤 성도들이냐에 달려 있지 않고 하나님이 어떤 하나님이시냐에 달려 있다. 하나님은 성도들의 죄를 속해 주시기 위해 독생자를 십자가상에서 죽게 하신 하나님이시다. 그리고 하나님은 신실하신 하나님으로 자신의 계획을 끝까지 밀고 나가신다. 이디(Eadie)에 따르면, "그리스도의 죽음의 목적은 우리들의 생명이다. 그리고 그 생명은 '우리로 하여금 깨든지(γρηγορῶμεν) 자든지(καθεύδωμεν)' 에 함축된 상태에 의존되지 않는 생명이다. 우리는 한 조건에 있을 수도 있고 또 다른 조건에 있을 수도 있지만 그것은 문제가 되지 않는다. 우리들은 그와 함께 살 것이다. 왜냐하면 이 생명의 확실성과 실재에 대해 깨는 것과 자는 것이 전혀 영향을 미치지 못하기 때문이다."[16]

바울은 성도들이 소망을 가지고 담대하게 예수님의 재림을 맞이할 수 있는 이유는 하나님께서 우리를 정죄(하나님의 진노)에 이르게 작정하지 않고 구원을 얻도록 작정하셨기 때문이요(살전 5:9), 또 그와 함께 영원히 살 것이기 때문이라고 설명한다(살전 5:10).

이제 바울은 성도들이 확실한 소망과 담대함으로 예수 그리스도의 재림을 맞이할 수 있기 때문에 "피차 권면하고 피차 덕을 세우라"(살전 5:11)고 말한다. 본문의 "피차 권면하라"(παρακαλεῖτε ἀλλήλους)는 말씀은 데살로니가전서 4:18에 나온 표현과 동일하다.[17] 본 구절의 "피차

---

15) John Calvin, *The Epistles of Paul to the Romans and Thessalonians*, p. 370.
16) John Eadie, *Thessalonians(Greek Text Commentaries)*, p. 191.

권면하라"는 뜻은 문맥에 비추어 볼 때 위로의 의미가 들어 있다. 데살로니가전서 4:18의 경우는 죽은 자들의 상태를 염려하는 성도들에게 하는 말이므로 "위로하라"는 뜻이 함축되어 있고, 데살로니가전서 5:11의 경우는 예수님의 재림 때에 겁 많은 사람에게 하는 말이므로 역시 "위로하라"의 뜻이 함축되어 있다.[18]

바울은 성도들이 서로 위로하면서 믿음의 공동체를 세워 나가야한다고 권면한다. 11절의 "피차 덕을 세우라"(οἰκοδομεῖτε εἷς τὸν ἕνα)는 표현은 사실상 "피차를 세우라"라는 뜻이다. "세우라"의 뜻은 믿음의 공동체인 교회를 세우라는 말이다.[19] 바울은 여기서 믿음의 공동체의 중요성을 말하고 있다. 하나님은 교회가 서로 세우는 믿음의 공동체가 되어야 한다고 말씀하신다. 서로 위로하고 서로 세워주어야 한다. 그리스도의 교회에 속한 성도들은 서로 지지해 주고, 보살펴 주고, 격려해 주고, 위로해 주어야 한다. 바울은 데살로니가 성도들이 이런 일을 계속하고 있었다고 밝힌다.

"너희가 하는 것같이 하라"(살전 5:11)는 데살로니가 성도들이 서로 격려하고 위로하면서 그리스도의 교회를 든든하게 세워 나간 것을 말한다.

---

17) 개역한글판의 살전 4:18은 "서로 위로하라"로 번역했고, 살전 5:11은 "피차 권면하라"로 번역했다. 그러나 살전 5:11도 "피차 위로하라"로 번역하는 것이 문맥에 더 적합하다.

18) 칼빈도 살전 4:18과 5:11의 παρακαλεῖτε ἀλλήλους를 "피차 위로하라"(comfort one another)로 해석한다. Cf. John Calvin, *The Epistles of Paul to the Romans and Thessalonians,* pp. 336, 371.

19) J. Pfammatter, "οἰκοδομέω," *Exegetical Dictionary of the New Testament,* vol. 2(Grand Rapids: Eerdmans, 1991), 496: "When used figuratively, that which is built can be the ἐκκλησία as a whole or its individual members."

5:12~22 하나님의 뜻

형제들아 우리가 너희에게 구하노니 너희 가운데서 수고하고 주 안에서 너희를 다스리며 권하는 자들을 너희가 알고 저의 역사로 말미암아 사랑 안에서 가장 귀히 여기며 너희끼리 화목하라 또 형제들아 너희를 권면하노니 규모 없는 자들을 권계하며 마음이 약한 자들을 안위하고 힘이 없는 자들을 붙들어 주며 모든 사람을 대하여 오래 참으라 삼가 누가 누구에게든지 악으로 악을 갚지 말게 하고 오직 피차 대하든지 모든 사람을 대하든지 항상 선을 좇으라 항상 기뻐하라 쉬지 말고 기도하라 범사에 감사하라 이는 그리스도 예수 안에서 너희를 향하신 하나님의 뜻이니라 성령을 소멸치 말며 예언을 멸시치 말고 범사에 헤아려 좋은 것을 취하고 악은 모든 모양이라도 버리라(살전 5:12~22).

바울은 편지의 말미에 가까이 오자 여러 가지 종류의 권면을 한다. 바울은 이 문맥에서 먼저 성도 상호간의 책임을 말하고 다음으로 성도 자신에 대한 책임을 권면하며, 마지막으로 성도들이 성령의 은사를 잘 분별하면서 신앙 생활할 것을 권면한다. 바울은 이제 성도 상호간의 책임에 대해 "형제들아 우리가 너희에게 구하노니"(살전 5:12)라는 요청 형식을 취하여 점잖게 예의를 갖추어 말한다. 그리고 "형제들아"라는 호칭은 데살로니가 교회 내의 어떤 개인을 염두에 둔 것이 아니요, 전체 교인들을 염두에 둔 것이다. 바울 사도는 자신이 사도이지만 그리스도의 교회를 대할 때 함부로 대하지 않고, 예의를 갖추고 대했다.

5:12~15 성도 상호간의 책임

바울은 본 단락에서 데살로니가 성도들이 자신들의 교회 지도자들을 대할 때 어떤 태도를 가져야 할 것인지에 대해 권면한다. 성도들은 교회의 지도자들이 자신들을 위해서 수고하고 있음을 알아야 한다.

바울 사도가 먼저 "형제들아"(살전 5:12; 살전 5:14 참조)라는 말로 시작한 것은 권면의 내용이 일반 성도들을 위한 것임을 말해 준다. "형제들아"는 데살로니가 교회의 성도들을 가리킨다. 성도들은 교회 지도자들이 교회를 위해 어떤 일을 하고 있는지 알고 그들을 가장 귀히 여겨야 한다. 교회의 지도자들은 주 안에서 성도들을 다스리며 권하는 일을 한다.

5:12~13 교회 지도자들의 책임

바울은 교회의 지도자들이 교회를 위해 수고하고, 다스리며, 권면하는 일에 대하여 세 개의 분사를 사용하여 밝힌다.[20)]

첫째 분사는 교회 지도자들이 많은 "수고"를 하고 있다고 지적한다. 데살로니가전서 1:3의 "사랑의 수고"라는 표현에서 "수고"는 명사형의 표현이다. "사랑의 수고"는 성도들이 하나님의 크신 사랑을 받았기 때문에 그 사랑에 힘입어 동료들과 불신자들에게 희생적인 친절을 베푸는 행위이다. 본문의 "수고"는 특별히 교회의 지도자들이 목회적 차원에서 교회를 위해 수고한 것을 뜻한다. 본문의 강조는 교회 지도자들의 직분상 위치나 권위에 있지 않고 성도들의 영원한 구원을 위해 힘쓰는 노력에 있다.[21)] "수고"는 목사들이 설교 준비할 때, 심방을 할 때, 상담을 할 때, 기도할 때 땀을 흘리며 노력하는 모습을 암시하고 있다. 이처럼 "수고"는 목사의 직무를 수행할 때 뒤따르는 고통을 뜻한다(롬 16:12; 고전 15:10; 갈 4:11; 딤전 5:17).[22)] 그러므로 성도들은 교회의 목회자들을 "사랑 안에서 가장 귀히 여겨야한다"(살전 5:13).

---

20) 바울은 여기서 세 개의 분사(κοπιῶντας, προϊσταμένους, νουθετοῦντας)를 사용하여 세 그룹의 지도자를 말하는 것이 아니요, 한 그룹의 지도자로 그들의 직무가 무엇인지를 밝히고 있다.

21) Bo Reicke, "προΐστημι," *TDNT*, vol. VI, p. 702.

22) F. Hauck, "κόπος, κοπιάω," *TDNT*, vol. Ⅲ, p. 829.

둘째 분사는 교회 지도자들이 "다스리는" 위치에 있음을 밝힌다. "다스리다"를 뜻하는 "프로이스테미"(προΐστημι)는 원래 "인도하다, 권위의 자리에 있다, 보살피다"는 뜻을 가지고 있다.[23] 바울은 교회의 지도자들이 "주 안에서 너희를 다스린다"고 말한다. 주 안에서 다스린다는 말은 영적인 권위를 가지고 다스리는 것을 뜻하지, 세상적인 권세를 뜻하지 않는다. 세상적인 권세는 군림하는 권세이지만 영적인 권위는 섬김을 통해 얻을 수 있는 권위이다. 교회의 지도자들은 성도들을 강압적으로 다스리지 않고, 영적인 권위로 다스리는 것이다. 바울은 에베소서에서 남편과 아내의 관계를 그리스도와 교회의 관계로 설명하면서 복종을 사랑의 개념으로, 권위를 섬김의 개념으로 정리해 준다. 복종도 사랑의 실천이요 섬김도 권위의 행사이다. 원래 복종과 권위는 사랑의 개념과는 거리가 멀다. 그러나 그리스도 안에서는 서로 상반되는 것처럼 보이는 행위가 조화를 이루게 된다.[24]

예수님은 섬기는 지도자의 본을 보여 주셨다. 예수님은 제자들의 발을 친히 씻겨 주시면서 "내가 주와 또는 선생이 되어 너희 발을 씻겼으니 너희도 서로 발을 씻기는 것이 옳으니라"(요 13:14)고 권면하신다. 예수님의 권위는 섬김을 통해 드러난 권위이다. 교회 지도자들은 예수님처럼 성도들을 진정으로 섬겨야 한다. 그럴 때에 교회 지도자들은 영적인 권위를 누릴 수 있다. 그러므로 성도들은 교회의 지도자들을 "사랑 안에서 가장 귀히 여겨야" 한다.

셋째 분사는 교회의 지도자들이 "권면"하는 일도 하고 있음을 밝힌다. 권면(νουθετέω)이라는 용어는 바울 서신과 사도행전의 바울의 설교에서만 나타나는 용어이다(행 20:31; 롬 15:14; 고전 4:14; 골 1:28; 3:16; 살전 5:12, 14,; 살후 3:15). 바울은 이 권면이라는 용어를 통해 교회 지도자

23) Bo Reicke, "προΐστημι,ς" *TDNT,* vol. VI, p. 701.
24) 박형용, 『에베소서 주해』, pp. 233-234.

들이 성도들을 자극시키기 위한 것이 아니요, 그들의 잘못을 교정시키기 위한 것임을 분명히 한다. 기독교의 권면은 상대방을 자극시키거나 괴롭히지 않으면서 상대방의 잘못을 교정시키기 위한 교육적인 말씀을 뜻한다.[25] 본문(살전 5:12)의 "권하는"(νουθετοῦντας)이라는 말은 일반적으로 이해되는 "권면"(παράκλησις)이라는 말과 차이가 있다. 본문(살전 5:12)의 "권하는"은 데살로니가전서 5:14의 "권계"(한글개역판)와 같은 말이요, "권면"과는 다른 것이다. "권면"(παρακαλέω)이란 "더욱 원하다"(히 13:19)라는 "호소"의 뜻, 명령이 함의된 "권면"(살전 5:14; 벧전 5:1, 2; 롬 15:30)의 뜻, 그리고 "위로"라는 뜻(살후 2:16; 행 16:40)을 함의하고 있다.[26] "권면"은 일반적으로 "요청하다," "권고하다," "위로하다," "훈계하다," "격려하다"라는 뜻으로 사용된다.

그러나 본문의 "권면"(νουθετέω)은 상담과 교육을 통해 상대방을 교정시킨다는 의미를 함축한다. 본문은 교회 지도자들이 성도들의 잘못을 친절한 상담과 성실한 교육으로 교정시킨다는 뜻을 함의한다.

이처럼 교회 지도자들은 선한 의도로 성도들의 잘못을 교정시키려고 권면하기 때문에, 성도들은 교회 지도자들을 "사랑 안에서 가장 귀히 여겨야" 한다. 성도들은 교회 지도자들이 특히 목사가 그들을 위해 수고하고, 다스리며, 권면하는 수고를 할 때 교회 지도자들을 사랑 안에서 가장 귀히 여겨야 한다(살전 5:13). 성도들은 교회 지도자들을 단순히 존경하는데 그치지 않고, 사랑으로 존경해야 한다.

바울이 왜 점잖게 이런 권면을 하고 있는가? 그 이유는 데살로니가 교회 지도자들이 성도들의 잘못을 책망하는데 성도들이 그 책망을 달갑게 받지 않았기 때문이다. 이런 교회 상황을 알고 있는 바울은 데살로니가 성도들에게 교회 지도자들의 세 가지 직무를 언급하고,

---

25) J. Behm, "νουθετέω," *TDNT,* vol. IV, p. 1021.
26) J. Thomas, "παρακαλέω, παράκλησις," *EDNT,* vol. 3, p. 24.

성도들이 이 사실을 인식함으로써 지도자들의 직무와 노력을 생각해서 그들을 귀히 여기라고 권면한다. 즉 교회 지도자들의 권면을 달갑게 받지 않으므로 교회 내에 화평이 깨지게 되었는데 이제는 너희들 상호간에 또 너희들과 지도자들 간의 불목의 관계를 청산하고 "너희끼리 화목하라"(살전 5:13)고 권면하고 있다. 여기서 "화목하라"는 말은 "평화하라"는 뜻을 가진 용어이다. 우리는 항상 평화를 추구해야 한다. "겸손한 마음으로 각각 자기보다 남을 낫게 여기"(빌 2:3)는 태도로 사랑 안에서 상대방을 가장 귀히 여기면 서로 화목할 수 있다. 그리고 서로서로 선을 행할 때 화목할 수 있다. 한 사람은 선을 행하지만 상대방이 악을 행하면 두 사람 사이에 화목이 있을 수 없다. 그래서 구약은 "악을 버리고 선을 행하며 화평을 찾아 따를지어다"(시 34:14)라고 말씀한다. 이 말씀은 화평을 찾기 위해서는 악을 버리고 선을 행해야 한다는 뜻이 포함되어 있다. 바울은 "할 수 있거든 너희로서는 모든 사람으로 더불어 화평하라"(롬 12:18 참조, 막 9:50; 고후 13:11)고 권면한다.

5:14 성도 상호간의 책임

지금까지 바울은 데살로니가 성도들이 교회 지도자들을 존경하고 귀히 여기라고 권면했다(살전 5:12~13). 이제 바울은 데살로니가전서 5:14에서 다시 "형제들아 너희를 권면하노니"라고 말함으로 교회에서 성도들이 상호간에 어떤 일을 해야 할지를 권면한다.

첫째, 성도들은 "규모 없는 자들을 권계"(살전 5:14)해야 한다. "규모 없는 자들"(τοὺς ἀτάκτους)에 대한 해석은 두 가지가 가능하다. 먼저는 "규모 없는"이 훈련받지 못한 혹은 무질서한 행동을 가리킬 수 있다. 칼빈은 "권계"라는 말을 훈련되지 않은 사람들로 하여금 질서를 회복하게 하려고 책망하는 것으로 해석한다. 왜냐하면 그들을 회개시키려면 다른 방법으로는 불가능할 뿐더러 엄격한 지도가 필요하기 때문이다.[27] 칼빈은 여기서 "규모 없는 자들"을 "훈련되지 않은 사람들"로 해석했다. 다음으로는 "규모 없는"이라는 말이 게으른 사람을 의미할 수 있다. 이러한 두 가지 해석 가운데 두 번째 뜻인 "게으른 사람"으로 보는 것이 더 합당하다. 그 이유는 같은 단어가 데살로니가후서 3:6, 7, 11에 나타나는데 문맥에 비추어 볼 때 "규모 없이 행하는 사람들"이란 일하지 않고 게으른 자들을 지시하기 때문이다(살후 3:11 참조).[28] 그러므로 본문의 "규모 없는 자들은" 게으른 자들이거나 혹은 빈둥빈둥 노는 사람들을 가리킨다.

성도들은 이런 사람들을 바로 세우기 위해 권면해야 한다. 그 이유는 교회 내에 연약한 성도가 있으면 교회 전체가 약하게 되며 교회의 주인이신 그리스도께서 교회에 맡겨 주신 일들을 성실하게 이룰 수 없기 때문이다(엡 4:13~16).

바울은 본문에서 "형제들아 너희를 권면하노니 규모 없는 자들을 권계하며"(살전 5:14)라고 한 구절 안에서 "권면"과 "권계"를 함께 사용한다. 본문의 "권면"과 "권계"는 다른 용어이다. "권면"(παρακαλέω)은 이미 언급한 것처럼 명령을 함의한 권고, 간청, 권면의 뜻이 있고, "권계"(νουθετέω)는 상대방의 잘못을 상담과 교육을 통해 교정시킨다는 뜻이 있다. 그러므로 "규모 없는 자들을 권계"하는 일이란 게으른 자들을 지도하고 고쳐서 바로 세우는 것을 말한다.

둘째, 성도들은 "마음이 약한 자들을 안위"(살전 5:14)해야 한다. "마음이 약한 자"(ὀλιγόψυχος)[29]들은 육체적으로 약한 자들을 가리키지 않고, 마음이 담대하지 못한 자들을 가리킨다. 바울은 교회 내에 있었던

---

27) John Calvin, *The Epistles of Paul to the Romans and Thessalonians*, p. 373.
28) C.A. Wanamaker, *Commentary on 1 and 2 Thessalonians*, pp. 196-197.
29) 이 용어는 신약성경 가운데서 이곳에만 사용된 용어이다. Cf. J.B. Smith, *Greek-English Concordance to the New Testament*, p. 246 (section 3546).

핍박으로 말미암아 마음이 흔들린 성도들이나 재림의 문제에 대해 근심이나 염려를 가지고 있는 성도들을 염두에 두었을 수 있다.[30)]바울은 분명히 처음으로 믿은 성도들이 믿음 때문에 염려하고 근심하는 것을 생각하면서 이 말씀을 쓰고 있다.

본문의 "안위"는 위로나 격려의 뜻을 가지고 있다(살전 2:11). 위로나 격려는 사랑의 표현이다. 성도들은 "마음이 약한" 성도들을 위로하고 격려해야 한다. 바울은 다른 곳에서 몸의 강한 지체와 약한 지체가 서로 보완하고 협력해서 몸을 이루어 나가야한다고 말한다(고전 12:12~26).

셋째, 성도들은 "힘이 없는 자들을 붙들어 주어야"(살전 5:14) 한다. "힘이 없는 자들"이란 믿음이 연약한 사람을 가리킨다. 믿음이 강한 기독교인들은 믿음이 약한 기독교인들이 믿음 안에서 성장할 수 있도록 이끌어 주고, 지지해 주며, 밀어 주어야 한다(참조, 롬 14:1). 마치 어머니가 아이의 손을 꼭 붙잡고 위험한 길을 가듯이, 강한 성도는 약한 성도를 북돋아 주며 인도해 주어야 한다. "우리 강한 자가 마땅히 연약한 자의 약점을 담당"(롬 15:1)하여야 한다. 본 구절의 사상은 믿음이 약한 성도들은 다른 성도들이 항상 그들과 함께 있으며, 어려운 순간마다 그들을 저버리지 않고, 항상 그들을 잊지 않고 있다는 사실을 아는 것이 중요하다.[31)] 바울은 믿음의 공동체 내에서 믿음이 강한 성도는 믿음이 약한 성도들을 세워 나가야 한다고 권면하고 있다.

넷째, 성도들은 "모든 사람을 대하여 오래 참으라"(살전 5:14)고 권면한다. 성도들이 모든 종류의 사람을 대하여 오래 참는 것은 당연한 일이다. 바울은 "규모 없는 자들," "마음이 약한 자들," "힘이 없는

30) C.A. Wanamaker, *op. cit.*, p. 197.
31) Leon Morris, *The First and Second Epistles to the Thessalonians* (*NICNT*), p. 169.

자들"(살전 5:14)을 일차적으로 생각하면서 "모든 사람을 대하여"라고 말하고 있다. 이런 사람들은 작은 일에도 자극을 쉽게 받는다. 그러므로 성도들은 이런 사람들을 대할 때 인내가 필요하다. 참는 것은 쉽지 않은 일이다. 그러나 성도들은 참도록 명령받았다. 그리고 참는 것은 사랑의 특성이다(고전 13:4).

5:15 항상 선을 좇으라

바울 사도는 지금까지 교회 공동체 내에서 믿음이 강한 성도들은 "규모 없는 자들을 권계하며, 마음이 약한 자들을 안위하고, 힘이 없는 자들을 붙들어 주며, 모든 사람을 대하여 오래 참으라"(살전 5:14)고 권면했다. 이제 바울 사도는 자연스럽게 전체 교회를 향해 "삼가 누가 누구에게든지 악으로 악을 갚지 말게 하고 오직 피차 대하든지 모든 사람을 대하든지 항상 선을 좇으라"(살전 5:15)고 권면한다. 전체 교회는 교회 안에 있는 각 성도들의 행동에 공동의 책임을 진다. 왜냐하면 몸과 지체 사이는 뗄 수 없는 관계이기 때문이다(고전 12:12~26). 본 구절은 "주의하라, 혹은 확실히 하라"(ὁρᾶτε)로 시작한다.[32] 성도들이 확실히 할 것은 "누가 누구에게든지 악을 악으로 갚지 말아야 한다"는 사실이다. 사람은 다른 사람이 해를 가할 때 보복하고 싶은 생각을 갖게 된다. 본 구절은 누가 악을 행했을 때 보복으로 악을 행해서는 안 된다고 말한다.[33] 성도들의 태도는 해를 가한 사람에 대해 아가페적

---

32) 바울은 2인칭(ὁρᾶτε)과 3인칭(μή τις)을 함께 사용함으로 권면의 대상이 어떤 특정 그룹이 아니요 교회 전체임을 암시한다. 개역한글판은 "삼가 누가"로 번역했기 때문에 이 사상이 감추어져 있다.

33) κακὸν ἀντὶ κακοῦ의 표현 중 ἀντὶ는 전치사로서 "대신하여," "교환으로," "그 자리에" 등의 뜻을 가지고 있다: ὀφθαλμὸν ἀντὶ ὀφθαλμοῦ: "눈은 눈으로"(마 5:38); κακὸν ἀντὶ κακου: "악으로 악을"(롬 12:17; 살전 5:15; 벧전 3:9); ἀντὶ ἰχθύος ὄφιν : "생선 대신 뱀"(눅 11:11). Cf. Maximilian Zerwick, *Biblical Greek*(Rome: Editrice Pontificio Istituto Biblico, 1985, p. 30 (section 92); H. Frankemölle, "ἀντί,"

인 사랑을 베풀어야 한다. 누구나 잘 대해 주는 사람에게 좋은 태도를 취하는 것은 쉽다. 그러나 누구든지 불친절하고 해를 끼치는 모든 사람에게 아가페적인 사랑을 실천하는 것은 매우 어려운 일이다. 기독교인은 자신에게 해를 끼치는 사람에게도 아가페적인 사랑을 베풀어야 한다. 이것이 기독교인의 본질적인 태도이다.34) 예수님께서 이와 같은 생활 태도를 교훈으로 보여 주셨고(마 5:39, 44) 몸소 생활을 통해 보여 주셨다(눅 23:34; 참조, 히 12:2~3). 바울은 다른 곳에서 "아무에게도 악으로 악을 갚지 말고 모든 사람 앞에서 선한 일을 도모하라"(롬 12:17)고 말함으로 같은 교훈을 말하고 있다.

바울은 "악을 악으로 갚지" 않는 반경을 넓힌다. 성도들은 먼저 "피차 대하든지," 즉 "성도 상호간에" 악을 악으로 갚지 말고 선을 좇아야 하며, 거기에서 머물지 않고 "모든 사람을 대하든지," 즉 "신자나 불신자나 할 것 없이 모든 관계된 사람에게" 악을 악으로 갚지 말고 선을 좇아야 한다. 바울은 "악을 악으로 갚지 말라"는 부정적인 측면에서 머물지 않고, 적극적이고 긍정적인 측면인 "선을 좇아야 한다"고 권면하고 있다. 선을 좇으면 자연히 악을 악으로 갚지 않게 된다.

5:16~18 성도 자신에 대한 책임

바울은 성도 상호간의 책임을 언급한 후 이제 성도들을 향한 하나님의 뜻을 밝힌다. 여기서 바울은 세 개의 현재 명령형을 사용한다. 바울이 현재 명령형을 사용한 것은 성도들이 계속적으로 명령을 실천해야 함을 뜻한다.

EDNT, vol.1, pp. 108-109.

34) Leon Morris, *The First and Second Epistles to the Thessalonians*(*NICNT*), p. 170.

5:16 항상 기뻐하라

"항상 기뻐하라"는 말씀은 데살로니가 성도들에게 어울리지 않는 말씀처럼 들린다. 데살로니가 성도들은 많은 환난을 당하고 있었기 때문이다. 그러나 바울은 고난과 즐거움이 함께 할 수 있음을 배웠다. 바울은 성도들이 "근심하는 자 같으나 항상 기뻐하는"(고후 6:10; 12:10 참조) 사람들이라고 말한다. 바울은 데살로니가 성도들이 밖에서 오는 핍박과 안에서 일어난 소요로 인해 기쁨을 상실할 위험이 있다고 생각하여 "항상 기뻐하라"고 명령하고 있다.

바울이 "항상 기뻐하라"고 말했을 때 "항상"의 뜻은 "어느 경우이건," "어떤 형편에서든지," "언제나" 등의 뜻을 가지고 있다. 사람이 어떻게 항상 기뻐할 수 있는가? 일반적으로 사람은 기뻐할 수 있는 일이 생활 속에서 발생할 때 기뻐하게 된다. 그런데 본문은 "항상 기뻐하라"고 말한다. 그 이유는 성도들이 부활, 승천하신 예수님과 연합되었기 때문이다. 예수님과 연합된 성도들은 예수님이 그의 죽음과 부활을 통해 성취한 모든 것을 소유한 사람들이다(롬 8:17). 성도들은 예수 그리스도 안에서 그리스도와 연합하여 구원을 얻었기 때문에 그리스도가 그의 생애에서 이루신 칭의, 성화, 영화 등 모든 성취를 소유하고 사는 사람들이다(롬 8:29-30; 엡 2:5-6; 딤후 2:11-12). 이와 같은 큰 복을 누리고 사는 사람들이기 때문에 성도들은 항상 기뻐할 수 있다.

5:17 쉬지 말고 기도하라

바울은 "항상 기뻐하라"고 말한 다음 곧 바로 "쉬지 말고 기도하라"고 명령한다. 성도들의 기쁨은 스스로 만들어 내는 것이 아니요, 하나님으로부터 온 것이기 때문이다. "기쁨"은 성령의 열매이다(갈 5:22 참조, 롬 14:17). "기쁨"은 성도들이 무엇을 하여 그 결과로 얻어지는 것이 아니다.[35] 기쁨을 얻기 위해서는 항상 하나님께 의존해야 한다. 그래서 바울은 "쉬지 말고 기도하라"고 명령한다. 브루스(Bruce)는 "쉬지 말고 기도하라는 것은 다른 모든 활동을 기도를 위해 그만 두라는 뜻이 아니다. 그러나 모든 활동이 하나님의 임재 의식의 자발적인 결과인 기도의 정신으로 진행되어야만 한다는 뜻이다"[36]라고 설명한다. 우리는 하루 종일 입으로 기도를 드릴 수는 없다. 그러나 우리는 하루 종일 우리들이 가진 모든 것이 하나님께 의존되어 있다는 생각으로 기도의 정신을 가지고 살 수는 있다.[37]

5:18 범사에 감사하라

항상 기뻐하고 쉬지 말고 기도하면 범사에 감사할 수 있다. 달리 표현하면, 범사에 감사하지 않으면 항상 기뻐할 수 없고 쉬지 않고 기도할 수도 없다. 그래서 바울은 "범사에 감사하라"(살전 5:18)고 명령한다. 린라덴(Linlathen)의 토마스 얼스킨(Thomas Erskine)은 "신약에서 종교는 은혜요, 윤리는 감사이다"[38]라고 말했다. 이 말은 "구원은 은혜요, 삶은 감사이다"와 맥을 같이 한다. 여기 사용된 "범사"는 어떤 형편에도 불구하고 감사하라는 뜻이다. "범사" 속에는 고난, 고통, 핍박, 가난, 궁핍까지도 포함된다(롬 8:35~37).

감사 없는 기쁨은 천한 웃음에 지나지 않고, 감사 없는 기도는 기도의 날개를 부러뜨리는 것과 같다. 그래서 바울은 "범사에 감사하라"는 말로 세 가지 명령을 끝맺는다.[39]

---

35) Leon Morris, *1 and 2 Thessalonians*(*Tyndale New Testament Commentaries*), p. 107.

36) F.F. Bruce, *1 and 2 Thessalonians*, p. 127.

37) Morris, *1 and 2 Thessalonians*(*Tyndale*), p. 107.

38) F.F. Bruce, *1 and 2 Thessalonians*, p. 127에서 인용 : "In the New Testament, religion is grace, and ethics is gratitude."

39) W. Hendriksen, *I and II Thessalonians*, p. 138.

바울은 이상의 세 가지 명령을 실천하는 것이 하나님의 뜻임을 분명히 밝힌다. 하나님의 뜻은 예수 그리스도의 구속적인 사역과 예수 그리스도의 계시에 의해 분명히 밝혀져 있다. 그것은 성도들이 "항상 기뻐하고," "쉬지 말고 기도하며," "범사에 감사"하는 것이다.

5:19~22 성령의 은사와 성도의 분별

바울은 계속 명령형을 사용하여 성도들을 권면한다. 바울 사도는 성도들이 성령의 은사들을 소홀히 생각해서는 안 되지만 또한 성령의 은사들을 분별한 후 좋은 것만 택하라고 명령한다.

5:19 성령을 소멸치 말라

본래 "성령을 소멸치 말라"는 "성령을 끄지 말라"의 뜻이다. "소멸하다"(σβέννυμι)는 문자적으로 불을 끄는 뜻을 가지고 있다.[40] 그러면 사람이 어떻게 성령을 끌 수 있는가? 그것은 불가능한 일이다. 사람은 삼위일체 하나님의 삼위이신 성령 하나님을 소멸시킬 수 없다. 성령 하나님은 인간 행위와 관계없이 계속 존재하신다. 그러므로 본문의 "성령을 소멸치 말라"는 성령의 사역을 소멸치 말라로 이해해야 한다. 즉 성령의 은사들을 소멸치 말라는 뜻이다.

바울은 본문에서 성도들의 삶을 도덕적으로 풍요하게 하는 성령의 역할에 관심을 가진 것이 아니요(참조, 갈 5:22~23), 예수님의 부활과 재림 사이의(살전 1:10) 종말론적인 상황 속에 놓여 있는 성도들에게

---

40) 신약에서 σβέννυμι는 8회 나타난다(마 12:20; 25:8; 막 9:44, 46, 48; 엡 6:16; 살전 5:19; 히 11:34). Cf. J.B. Smith, *Greek-English Concordance to the New Testament*, p. 318(section 4470); F. Lang, "σβέννυμι," *TDNT*, vol. VII, pp. 165-168.

그 당시 교회 내에서 표출되고 있는 성령의 은사들(charismata)을 억누르거나 제한하지 말라고 권면하고 있다. 데살로니가전서는 바울 사도가 쓴 서신 중 초기의 것이다. 바울이 데살로니가전서를 쓸 당시 교회 공동체 내에는 지혜의 말씀, 지식의 말씀, 위대한 믿음, 병 고치는 은사, 능력 행함, 예언함, 영들 분별함, 방언 말함, 그리고 방언들 통역함 등의 성령의 은사들이 활발한 때였다(고전 12:4~11). 바울은 이 당시 예언하는 것과 방언하는 것을 금하지 않았다(고전 14:1~40). 바울은 고린도 교회에 대해 교회 내의 질서를 생각해 "모든 것을 적당하게 하고 질서대로 하라"(고전 14:40)고 권면한다. 바울은 고린도 교회 성도들에게 성령의 은사 활동을 질서를 따라 적당하게 하라고 권면하고 있다. 그러므로 같은 논리로 볼 때 바울이 데살로니가전서에서 "성령을 소멸치 말라"(살전 5:19)고 말한 것은 성령의 은사들을 억제하거나 제한하지 말도록 명령하고 있다고 이해할 수 있다.

5:20 예언을 멸시치 말라

바울 사도는 "성령의 은사를 끄지 말라"고 명령한 후 성령의 은사 중의 하나인 예언을 멸시치 말라고 한다. 예언은 성령의 은사 중 하나이다. 교회 내에서 성령의 은사가 발견될 때 그 은사들을 멸시하지 말고 환영하라고 명령한다. 칼빈은 예언이 성령의 여러 은사들 중 하나임을 분명히 한다. 칼빈은 "성령을 소멸치 말라"와 "예언을 멸시치 말라"를 동일하게 보는 해석에 동의하지 않는다. 그 이유는 "성령을 소멸하는 것"은 여러 가지 방법으로 소멸할 수 있지만, "예언을 멸시하는 것"은 그 중에 단 한 가지 방법에 지나지 않기 때문이다. "예언을 멸시하는 것"은 "성령을 소멸하는 것" 중의 하나이다. 그래서 "성령을 소멸치 말라"는 넓은 적용으로 일반적인 것을 말하고, "예언을 멸시치 말라"는

좁은 적용으로 구체적인 것을 말한다.[41]

예언은 두 가지 면으로 이해할 수 있다. 첫째, 예언을 장래의 일을 미리 말하는 뜻으로 이해하는 것이다(foretell). 구약에서 메시아를 보내 주겠다는 말씀은 장래의 일을 말하는 예언이다. 예수님께서 다시 오겠다고 약속하신 말씀은 장래의 일을 말하는 예언이다. 둘째, 예언을 하나님의 계시의 말씀을 전달하는 전언의 뜻으로 이해하는 것이다(forthtell). 이 경우 예언은 오늘날 설교와 비슷하다.[42] 오늘날 특별계시가 완성된 상황에서 장래의 일을 말하는 예언은 성경, 즉 특별계시에 기록된 범위 안에서만 가능하다. 그러므로 오늘날 교회 내에서 예언을 말할 때 일반적으로 성경 말씀을 선포하고 성경의 예언을 해석하고 적용하는 정도로 예언을 이해한다.

신약 시대의 예언자는 사도 다음으로 존귀히 여김을 받았다(고전 12:28; 엡 2:20; 3:5; 4:11). 바울은 신약 교회가 사도들과 선지자들의 터 위에 세워졌다고 말한다(엡 2:20). 사도들과 선지자들이 교회의 터라는 말은 그들의 말씀 전파 기능과 직결된다. 예수님은 교회의 모퉁이 돌로서 교회의 일차적인 터가 되신다. 사도들과 선지자들은 교회의 이차적인 터로서 역할을 한다. 그들이 선포한 말씀을 통해 믿는 자가 발생하고(롬 10:17), 믿는 자들이 모여 교회를 형성하게 된다(행 2:22~1; 4:4). 살몬드(Salmond)는 에베소서 2:20~22을 해석하면서 "그러므로 여기서는 사도들에 의해 선포된 그리스도의 복음을 교회의 기초로 이해하는 것이 전반적으로 가장 좋은 것 같다. 그 기초 위에 그들의 회심자들이 영적인 집으로 지어진다"[43]라고 말한다. 이처럼 사도들과

---

41) J. Calvin, *The Epistles of Paul to the Romans and Thessalonians*, p. 376.
42) Leon Morris, *The First and Second Epistles to the Thessalonians(NICNT)*, p. 176.
43) S.D.F. Salmond, *The Epistle to the Ephesians : Expositor's Greek Testament*, vol. Ⅲ(Grand Rapids: Eerdmans, 1980), p. 299.

선지자들의 역할은 대단히 중요하다.

그러면 바울 사도가 데살로니가 교회 성도들에게 왜 "예언을 멸시치 말라"(살전 5:20)고 명령하고 있는가? 데살로니가 성도들은 예수님의 재림에 대해 많은 관심을 가지고 있었다(살전 1:10; 2:19; 3:13; 4:13-18; 5:2, 23). 이런 상황에서 데살로니가 성도들이 재림에 대한 관심 때문에 예언, 즉 말씀 선포를 정당하게 생각하지 못했을 수 있다. 바울은 이런 태도를 가지고 있는 데살로니가 성도들에게 교회 내에서 하는 예언의 가치와 귀중성을 일깨우면서 예언을 무시하지 말도록 명령하고 있다. 같은 사고의 틀 안에서 고찰할 때 데살로니가 성도들이 방언이나 병 고치는 은사와 같은 특별한 은사들을 높이 평가하고 예언의 은사는 낮게 평가하기 때문에 바울이 "예언을 멸시치 말라"라고 명령했다고 생각할 수 있다.[44)]

초대 교회 당시는 교회 내에서 예언이 허용된 상태였다. 빌립의 네 딸도 예언자였으며 아가보 역시 예언자였다(행 21:9~10). 아가보는 바울 사도의 미래에 대해 "성령이 말씀하시되 예루살렘에서 유대인들이 이같이 이 띠 임자를 결박하여 이방인의 손에 넘겨주리라"(행 21:11)고 예언한다. 아가보의 예언처럼 바울은 예루살렘에서 붙잡힌다(행 21:30~34). 이 당시는 신약성경이 아직 완결되지 않은 시기이기 때문에 미래 사건을 미리 말하는 예언의 은사가 교회 내에 존재했다.

헨드릭센(Hendriksen)은 "비록 어떤 해석자들에 의하면 후자(예언)에 대해 특별히 이적적인 것이 없다고 하지만 우리는 이 견해를 공유하지 않는다. 교회가 초창기에는 완전한 성경(신구약)을 가지고 있지 않았다. 그 당시 교회는 우리가 오늘날 가지고 있는 것처럼 광범위한 기독교 문서도 가지고 있지 않았다. 기독교 찬송 역시 아직 유아기를 벗어나지

---

44) W. Hendriksen, *I and II Thessalonians(NTC)*, p.139; F.F. Bruce, *1 and 2 Thessalonians(WBC)*, p. 125.

못하고 있는 실정이었다. 숫자적으로도 교회는 미미한 상태였다. 더욱이 교회는 모든 방향에서 경멸과 조롱을 받고 있는 상태였다. 그런 상황에서 하나님은 특별한 지지와 은사가 더 이상 필요하지 않을 때까지 교회에 특별한 지원과 은사들을 제공해 주셨다. 이 은사들 중에 하나가 예언하는 은사이다"[45]라고 설명한다. 헨드릭센의 구분은 신약성경이 기록되기 이전, 사도들이 살아 있는 동안 하나님께서 허락하신 성령의 은사와 오늘날 완전한 특별계시를 소유한 교회에 주시는 은사에 차이가 있다고 지적한다.

이처럼 하나님은 기록된 계시가 아직 완결되지 않은 시대에는 선지자들과 사도들을 특별한 방법으로 사용하시어 교회를 세워나가셨다. 선지자들은 자신을 잃지 않은 상태에서 성령의 감동으로 하나님의 계시를 전달할 수 있었다. 선지자들이 어떤 마음의 상태에서 예언을 했는지 살펴보면 하나님의 심오한 지혜를 느끼게 한다. 이디(Eadie)는 "선지자는 사도들 다음으로 귀한 위치와 존경을 받았다. 그는 성령에 의해 직접적으로 감동을 받은 선생으로 갑자기 그리고 의식이 있는 상태로 말했다……선지자는 성령의 영감 상태 하에서도 자신의 감정을 조종할 수 있었으며 그의 교훈은 교화하고, 권면하고, 위로하는 것이었다"[46]라고 설명한다.

빈센트(Vincent)도 사도들과 선지자들이 어떤 상태로 예언과 방언을 했는지 잘 설명해 준다.

> 사도적 교회에서의 예언은 직접적으로 영감된 교훈이요 권면이요 경고이다. 선지자는 세상적인 일들로부터는 물러나 있고, 영적인 일에만 집중되어 있는 자기 자신의 영(his own spirit) 안에서 진리를 받았다.……그의 영은

45) W. Hendriksen, *I and II Thessalonians*, p. 139.

46) John Eadie, *Thessalonians : Greek Text Commentaries*(Grand Rapids: Baker, 1979), p. 210.

영적인 진리를 상징으로 받았고, 그의 이해는 그 진리를 실제적 사건에 적용하여 해석했으며, 그의 언어는 그 해석을 선포했다. 그는 비록 그의 이해가 성령의 임재 현상에 의해 강화되고 명백하게 되었지만, 인간 지성의 영역에서부터 황홀경으로 빠져들지 않았다.……

이처럼 예언적 영향은 신비적인 황홀경과는 구분되었다. 바울이 삼층천으로 올려 갔을 때의 황홀경은 그 자체의 주제에만 영향을 미치고 전달이 불가능한 사건이다(고후 12:1~4). 방언의 은사는 영과 이해와 말(언어)이 함께 작용하는 예언적 조건 밖으로 그 주제를 옮긴 것이다. 그리고 방언의 은사는 이해(understanding)가 영(the spirit)에게 전달되는 메시지에 의해 압도되어 영이 합리적인 말로(rational speech) 그 자연스런 표현을 찾을 수 없는 상태이거나 혹은 이해에 의해 생겨난 말(언어)을 할 수 없는 상태로 들어간 것이며, 그리고 방언의 은사는 성령에 의해 창조된 초자연적인 언어의 표현을 말하는 것이다. 바울은 예언에 큰 가치를 부여했다.[47]

초대교회 시대에는 방언보다 예언을 더 귀하게 여겼다. 그 이유는 예언이 교회를 세우는 데 더 큰 역할을 하였기 때문이다(고전 14:4). 그러므로 바울은 "예언을 멸시치 말라"고 권면하고 있다.

5:21 범사에 헤아려 좋은 것을 취하라

바울 사도는 하나님으로부터 왔다는 은사를 경멸의 태도로 다룰 것이 아니라 경외심을 가지고 다루라고 명령한다(살전 5:20). 그리고 바울은 "범사에 헤아려 좋은 것을 취하라"(살전 5:21)고 명령한다. 사실상 본문의 명령형을 살려서 번역하면 "모든 것을 분별하라 좋은 것을 취하라"로 할 수 있다. 바울은 성도들이 듣고 배우는 것은 무엇이든지 수용할 것이 아니라 분별한 후 좋은 것만 받아 들여야 한다고 말하고 있다.

---

47) Marvin R. Vincent, *Word Studies in the New Testament*, vol. Ⅳ(Grand Rapids: Eerdmans, 1975), pp. 49-50.

그러면 성도들이 어떻게 분별할 수 있는가? 성도들은 예수님과 사도들의 교훈에 비추어 자신이 듣고 배우는 것이 바른지를 판단해 볼 수 있다. 스토트는 다섯 가지 테스트 원리를 제공한다. 첫째는 가르쳐지고 있는 교훈이 명백한 성경의 진리와 부합하는가를 분별하는 것이다. 베뢰아의 성도들이 "말씀을 받고 이것이 그러한가 하여 날마다 성경을 상고"(행 17:11)한 것처럼, 성도들도 명백한 하나님의 진리의 말씀에 비추어 모든 교훈을 테스트해 보아야 한다.

둘째는 가르치는 사람이 예수님의 신성과 인성을 바로 이해하는지 분별하는 것이다. 이것에 대해 요한 사도는 적절한 말을 하고 있다. "사랑하는 자들아 영을 다 믿지 말고 오직 영들이 하나님께 속하였나 시험하라 하나님의 영은 이것으로 알지니 곧 예수 그리스도께서 육체로 오신 것을 시인하는 영마다 하나님께 속한 것이요 예수를 시인하지 아니하는 영마다 하나님께 속한 것이 아니니 이것이 곧 적그리스도의 영이니라"(요일 4:1~3).

셋째는 가르치는 사람이 그리스도를 통해 은혜로만 구원받을 수 있다는 복음을 가르치는지 분별하는 것이다. 바울은 "우리나 혹 하늘로부터 온 천사라도 우리가 너희에게 전한 복음 외에 다른 복음을 전하면 저주를 받을지어다"(갈 1:8)라고 강하게 말한다. 죄인이 구원 얻을 수 있는 것은 그리스도를 통해서만 가능하고(행 4:12), 구원받는 길은 인간의 공로가 아닌 하나님의 은혜로만 가능하다(엡 2:8). 그리고 우리의 믿음이 통로가 되어 그리스도의 구속이 우리의 것으로 전가된다(롬 10:9~10). 성도들은 이런 값없는 은혜의 복음에 비추어 모든 교훈을 분별해 보아야 한다.

넷째는 말하는 사람의 성품이 어떤 것인지 분별해 보아야 한다. 어떤 사람들은 "양의 옷을 입고," "노략하는 이리"(마 7:15)처럼 사역한다. 성도들은 이들의 사역의 열매를 통해 이들이 선한 선지자인지 거짓 선지자인지를 분별해야 한다.

다섯째는 가르치는 사람이 교회를 세우고 교회에 얼마나 유익을 끼치는지를 보면서 분별하는 것이다. 진실한 지도자는 교회를 든든히 하고 격려하는 메시지를 선포한다. 반면 거짓된 지도자는 자신의 욕심을 채우기 위한 동기를 가지고 사역한다. 성도들은 교회 지도자들의 사역이 하나님을 알게 하고, 죄를 책망하고, 모든 사람을 사랑하며, 교회 내에 평안을 이루는 일을 하는지 분별해야 한다.[48]

5:22 악은 모든 모양이라도 버리라

바울은 모든 것을 분별하여 좋은 것을 취하라고 명령한 다음 자연적으로 "악은 모든 모양이라도 버리라"(살전 5:22)[49]고 명령한다. 바울 사도가 "성령을 소멸치 말며 예언을 멸시치 말라"고 명한 후 다른 제한을 부과하지 않는다면 교회 내에 큰 혼란이 발생할 수도 있다. 누가 성령의 은사를 내세워 성도들을 미혹하고 교회를 소란스럽게 하면 그것을 어떻게 막을 수 있겠는가? 누가 예언을 빙자해 교회를 어지럽게 하면 그것을 어떻게 제한할 수 있겠는가? 바울이 성령을 소멸치 말며 예언을 멸시치 말라고 명령한 것은 교회의 질서를 파괴하고 교회를 어지럽게 하기 위한 것이 아니다. 그러므로 바울은 계속해서 모든 것을 분별하여 좋은 것을 취하고 악은 버리라고 명령하고 있다. 본 구절에서 "악은 모든 모양이라도 버리라"를 이미 언급한 예언과 연계시켜 악한 종류의 모든 예언을 버리라는 뜻으로 이해할 수 있다.[50] 이렇게 해석하는

48) John Stott, *The Gospel and the End of Time: The Message of 1 and 2 Thessalonians*, pp. 128-129.

49) 살전 5:19-22에 사용된 다섯 개의 명령형(σβέννυτε, ἐξουθενεῖτε, δοκιμάζετε, κατέχετε, ἀπέχεσθε)은 모두 현재형이다. 현재형이 사용된 함축적 의미는 명령한 내용을 계속적으로 실천하라는 것이다.

50) F.F. Bruce, *1 and 2 Thessalonians*(*WBC*), p. 126.

이유는 데살로니가전서 5:22의 명령형이 데살로니가전서 5:19부터 이어지는 명령형과 연계되어 있고 본 구절의 "모든 모양"을 "모든 종류" 혹은 "모든 형태"로 해석할 수 있기 때문이다.

그러나 "악은 모든 모양이라도 버리라"를 반드시 예언과만 연결시켜 이해해야 할 필요는 없다. 성도들은 좋지 않은 예언을 포함하여 모든 종류의 악을 버려야 한다.[51] 바울은 성도들이 모든 종류의 악한 생각과 악한 행동을 모두 버리라고 명령하고 있다.

5:23~24 바울의 두 번째 소원 기도

평강의 하나님이 친히 너희로 온전히 거룩하게 하시고 또 너희 온 영과 혼과 몸이 우리 주 예수 그리스도 강림하실 때에 흠 없게 보전되기를 원하노라 너희를 부르시는 이는 미쁘시니 그가 또한 이루시리라(살전 5:23~24).

본 단락은 바울의 두 번째 소원 기도(wish-prayer)이다. 바울의 첫 번째 소원 기도는 데살로니가전서 3:11~13에 나타난다. 바울은 첫 번째 소원 기도에서 예수 그리스도의 재림 때에 성도들이 거룩하고 완전하게 되기를 원하는 마음을 표현했다. 바울은 두 번째 소원 기도에서도 주 예수 그리스도의 강림하실 때에 성도들이 온전히 거룩하게 되고 흠 없게 보전되기를 원한다(살전 5:23). 바울은 기도의 사람이었다. 그는 회심할 때 기도했고(행 9:11), 교회의 파송을 받을 때 기도했으며(행

---

51) C.A. Wanamaker, *Commentary on 1 and 2 Thessalonians(NIGTC)*, p. 204; W. Hendriksen, *1 and 2 Thessalonians*, pp. 140-141.

13:3), 감옥 속에서 기도했고(행 16:25), 이적을 행할 때 기도했다(행 28:7~9). 바울은 기도의 맛을 안 사도였다.

바울은 두 번째 소원 기도에서 성도들을 위해 두 가지를 기도한다.[52] 첫째, 바울은 평강의 하나님이 친히 성도들을 거룩하게 해 주실 것을 기원한다. 둘째, 바울은 성도들이 그리스도 강림하실 때에 흠 없이 보전되게 해 달라고 기원한다.

바울은 먼저 하나님이 성도들을 죄의 삶에서 성별시켜 하나님의 영광과 복음을 위해 헌신되게 해 달라고 기도한다(롬 15:16; 고전 1:2; 6:11; 계 22:11). 바울 사도가 "평강의 하나님이 친히 너희로 온전히 거룩하게 하시고"(살전 5:23)라고 기도함으로 하나님만이 거룩하게 하는 전체 사역의 유일한 저자라고 강조한다.[53] 데살로니가전서 5:23의 "평강의 하나님"(ὁ θεὸς τῆς εἰρήνης)은 바울 서신과 히브리서에만 나타나는 표현이다(롬 15:33; 16:20; 고후 13:11; 빌 4:9; 히 13:20). 비슷한 표현으로 "평강의 주"(ὁ κύριος τῆς εἰρήνης)가 바울 서신에 사용된다(살후 3:16). "평강의 하나님"과 "평강의 주"는 같은 의미로 사용되었다. "평강의 하나님"은 하나님이 평강의 근원이시며 평강을 주시는 분이라는 뜻이다. 바울은 "평강"이란 용어를 쓸 때 단순한 고요함을 가리키거나 문제없는 일상을 생각하지 않고, 죄인들이 하나님과 화목의 관계를 이룬 다음 그 결과로 얻는 마음의 평강(평안)을 가리킬 때 사용한다. 평강은 사형 선고를 받은 죄인이 무죄 방면되었을 때 느끼는 마음의 상태이다.

그러므로 평강은 자연스럽게 메시아와 관계를 가진다. 메시아이신 예수님 자신이 십자가에 죽으심으로 하나님과 화목할 수 있는 길을

52) 데살로니가전서 5:23에 두 개의 희구법 동사인 "거룩하게 하시고"(ἁγιάσαι)와 "보전되기를"(τηρηθείη)이 사용되었다.

53) John Calvin, *The Epistles of Paul to the Romans and Thessalonians*(Grand Rapids: Eerdmans, 1973), p. 380.

열어 주셨다. 성도들은 예수님을 구주로 믿음으로 평강을 얻게 된다(참고 미 5:5). 그래서 십자가의 복음은 생명의 복음, 화목의 복음(고후 5:17~19), 평강의 복음이 된다(엡 2:17; 6:15; 롬 10:15). "평강의 하나님이 친히"라고 할 때 "친히"(αὐτός)는 소원 기도에 존엄성을 부여하는 표현이다.54)

바울 사도가 데살로니가전서 5:23에서 언급한 "거룩하게 하시고"는 하나님께서 그리스도의 공로를 성도들에게 전가한 선언적 의를 가리킬 뿐 아니라 성도들이 삶을 통해 노력한 의도 포함된다. 성도들은 "오직 은혜로" 구원 받았다. 그러나 성도들은 삶을 통해 구원을 이루어야 한다. 바울은 성도들이 "항상 복종하여 두렵고 떨림으로 너희 구원을 이루라"(빌 2:12)고 권고한다.

그래서 바울은 성도들의 온전함을 염두에 두고 특별한 표현을 동원한다. 바울은 "온전히"(ὁλοτελεῖς), "온"(ὁλόκληρον), "흠 없게"(ἀμέμπτως) 라는 표현을 사용하여 성도들이 예수님의 재림 때 어떤 결함도 없이 온전하게 나타나도록 기도한다.55) 바울이 사용하고 있는 "영과 혼과 몸"이라는 표현 역시 인간 전체를 강조하는 표현이다. 바울은 이처럼 성도들의 "성별"과 "보전"을 염두에 두고 기도하고 있다.

인간의 구성 요소가 영과 혼과 몸으로 되어있다고 주장하는 삼분설(trichotomy)보다는 영과 몸으로 되어 있다고 주장하는 이분설(dichotomy)이 성경적으로 더 설득력이 있다. 왜냐하면 하나님께서 인간을 창조하실 때 두 요소로 창조하셨기 때문이다. "하나님이 흙으로 사람을 지으시고 생기를 그 코에 불어넣으시니 사람이 생령이"(창 2:7) 되었다. 하나님은

54) Gordon P. Wiles, *Paul's Intercessory Prayers*, pp.30-31 : "Both αὐτός, and δέ, whether used in combination or separately, had an accepted liturgical significance, adding a note of majesty to the address."(p. 31).

55) "온전히"(ὁλοτελής)는 신약성경에서 본 구절에만 나타나는 용어이며, "온"(ὁλόκληρος)은 본 구절인 살전 5:23과 약 1:4에 2회 나타나며, "흠 없게"(ἀμέμπτως)는 살전 2:10과 살전 5:23에 두 번 사용된다. Cf. J.B. Smith, *Greek-English Concordance to the New Testament*, p. 16(section 274), p. 246(section 3548 and 3551).

물질적인 것과 비물질적인 것 두 가지로 사람을 창조하셨다. 성경은 "영"과 "혼"이 교대로 사용된 예를 제공한다. 마리아가 "내 '영혼'(ἡ ψυχή)이 주를 찬양하며, '내 마음'(τὸ πνεῦμα μου)이 하나님 내 구주를 기뻐하였음은"(눅 1:46~47)이라고 하여 "영혼"(ἡ ψυχή)과 "마음"(τὸ πνεῦμα)을 교대로 사용했다. 신약에서 "영"과 "혼"이 구체적으로 구별된 곳은 두 곳뿐이다(참고, 히 4:12; 고전 2:14~15).

바울은 "영과 혼과 몸"이라는 표현을 통해 인간 전체를 철저하게 묘사하기 원했다. 라이트푸트(Lightfoot)의 설명이 "영과 혼과 몸"이라는 표현을 이해하는 데 도움을 준다. "영은 사람 안에 있는 사람을 다스리는 기능으로서, 사람은 그 기능을 통해 보이지 않는 세상과 의사 교환을 하며, 혼은 사람의 모든 충동과 애정이 있는 자리로 그 사람의 인격의 중심이며, 몸은 사람을 물질 세계와 연결시키며 사람의 모든 외적 행위들의 도구이다."[56] 라이트푸트는 "영"과 "혼"을 같은 범주에 넣고 그 대칭으로 몸을 설명하고 있다.

칼빈은 이 문제를 다음과 같이 정리한다.

> 우리는 사람의 이런 구분이 그의 구성 부분인 것을 주목해야 한다. 어떤 경우에는 사람이 단순히 몸(body)과 혼(soul)으로 구성된 것으로 묘사된다. 이 경우 혼은 그의 몸 안에 거하는 불멸의 영을 뜻한다. 그러나 혼이 이해(understanding)와 의지(will)라는 두 가지 특별한 기능을 가지고 있기 때문에 성경은 혼의 능력과 본질을 표현하기 원할 때 이 두 부분을 자주 따로 언급한다. 이 경우는 혼(soul)이 영(spirit)을 대칭하는 부분으로 혼은 애정의 자리(seat)를 뜻하는 것으로 사용되었다. 그러므로 우리가 영(spirit)이라는 용어를 들을 때 그 용어를 이성 혹은 지성(reason or intelligence)을 뜻하는 것으로 이해해야 하는(역자 주: 이해, understanding) 반면 혼(soul)이라는 용어는 의지와 모든 애정(will and all the affections)을 뜻하는 것으로 이해해야 한다."[57]

---

56) J.B. Lightfoot, *Notes on Epistles of St. Paul*(London: Macmillan, 1895), p. 89.

칼빈의 이런 해석은 영과 혼의 기능을 세분화한 것이며 삼분설주의자들처럼 인간의 구성 요소를 삼분화한 것은 아니다.[58]

이처럼 바울이 "영과 혼과 몸"이라고 표현한 것은 인간의 구성 요소를 설명하는 삼분설을 지지하기 위한 것이 아니요, 전인(全人)을 여러 가지 각도에서 묘사하는 것뿐이다.[59] 바울은 예수님의 재림 때에 성도들이 각각 전인(全人)으로 흠 없이 하나님 앞에 보전되기를 원하기 때문에 인간 본질을 묘사할 수 있는 모든 표현을 다 동원하여 설명한다.

바울은 이제 자신의 기도가 성취될 것을 확신한다(살전 5:24). 바울이 확신하는 이유는 성도들을 부르신 하나님이 신실하시기 때문이다. 하나님은 변하시지 않는다. 하나님의 약속 성취는 그의 신실함에 근거한다. 바울은 빌립보 성도들에게도 "너희 속에 착한 일을 시작하신 이가 그리스도 예수의 날까지 이루실 줄을 우리가 확신하노라"고 썼다. 바울은 로마 성도들에게도 "미리 정하신 그들을 또한 부르시고 부르신 그들을 또한 의롭다 하시고 의롭다 하신 그들을 또한 영화롭게 하셨느니

---

57) Calvin, *The Epistles of Paul to the Romans and Thessalonians,* p. 380.

58) 이분설이 옳은 것은 다음의 표현에서 증거 된다. 삼분설은 영, 혼, 몸의 세 요소를 인간의 구성 요소라고 한다. 이 경우 몸에 관한 이해는 확실하나 영과 혼에 대한 이해가 불분명하다. 우리의 이해를 돕기 위해 "영"과 "혼"의 용법을 여기서 생각해 보자. "혼"은 "넋"으로 표현되기도 하고 "얼"로 표현되기도 한다. 우리는 혼과 연관하여 "넋 잃고 바라보다," "넋을 빼앗기다," "얼빠지다"라는 표현을 쓴다. 이 경우 넋을 잃고, 넋을 빼앗긴 상태는 그 사람의 상태가 영과 몸이 없어진 상태가 아니요 그 사람은 전인적으로 존재하면서 그 사람의 감정적인 상태가 자연스럽지 못한 것을 묘사하는 것이다. 즉 "넋을 빼앗긴 상태"는 영과 몸을 가진 온전한 사람이 어떤 외적, 내적 상황 때문에 감정적인 큰 변화를 체험한 상태를 묘사한 것이다. 그래서 우리는 "혼내줄까," "혼났다"라는 표현은 사용하지만, "영 내줄까," "영 났다"라는 표현은 사용하지 않는다. 그러나 몸과 대비된 영과 혼의 관계 때문에 사람이 죽었을 때, 우리는 "혼이 떠났다," "영이 떠났다"를 함께 사용한다. 왜냐하면 사람이 죽으면 "영"이 몸에서 떠나는데 영이 몸에서 떠난 후에는 죽은 사람에게 "감정적인 변화"(혼적인 기능)가 있을 수 없기 때문이다.

59) G.E. Ladd, *A Theology of the New Testament*(Grand Rapids: Eerdmans, 1974), p. 457; 바울 사도가 본 구절에서 삼분설(trichotomy)을 이야기하고 있는지, 이분설(dichotomy)을 이야기하고 있는지에 대한 자세한 논의는 W. Hendriksen, *I and II Thessalonians*(*NTC*), pp. 146-150을 참조하라.

라"(롬 8:30)고 담대하게 선언한다. 성도들을 향한 하나님의 사랑은 결코 실패함이 없다(롬 5:8). 그래서 바울은 담대하게 "그가 또한 이루시리라"고 말한다.

5:25~28 마지막 인사

> 형제들아 우리를 위하여 기도하라 거룩하게 입맞춤으로 모든 형제에게 문안하라 내가 주를 힘입어 너희를 명하노니 모든 형제에게 이 편지를 읽어 들리라 우리 주 예수 그리스도의 은혜가 너희에게 있을지어다(살전 5:25~28).

바울은 기도의 사람이다. 바울은 자신이 성도들을 위해 기도할 뿐 아니라(살전 1:2; 3:11~13; 엡 1:15~23; 3:14~21; 빌 1:3,9) 성도들에게 자신을 위해 기도해 달라고 부탁한다(롬 15:30~32; 고후 1:11; 엡 6:19~20; 골 4:3; 살전 5:25; 몬 22). 바울은 기도의 효능을 믿는 사람이다(빌 1:19). 따라서 바울은 즐거운 마음으로 성도들에게 자신을 위해 기도해 달라고 부탁하고 있다. 성도들은 상호간 기도를 통해 교제 관계를 튼튼하게 해야 한다.

바울이 "형제들아"(살전 5:25)라고 말한 것은 믿음의 공동체에 속한 사람들을 염두에 둔 것이요, 바울은 성도들이 서로를 위해 기도하는 것이 얼마나 중요한지를 암시하고 있다. 그리고 위대한 바울 사도가 자신의 제한을 인정하고 자신의 유일한 소망은 하나님께 있다는 것을 깨닫고 성도들에게 기도를 요청한 것은 바울의 겸손을 잘 나타내고 있다. 본문의 "우리를 위하여"는 편지 서두에 "바울과 실루아노와 디모데는"이라고 언급한 것처럼 "우리" 속에 실루아노와 디모데가 포함되었음이 확실하다. 바울은 항상 동역자와 형제들을 배려한다.

바울은 편지 말미에 항상 하는 대로 성도들에게 "거룩하게 입맞춤으로 모든 형제에게 문안하라"(살전 5:26)고 문안하는 것을 잊지 않는다. 이런 문안은 바울이 일상적으로 사용하는 방법이다(롬 16:3~23; 고전 16:19~20; 고후 3:11~12; 빌 4:21; 골 4:18; 살전 5:26; 살후 3:17; 딤후 4:19~21; 딛 3:15; 몬 24).[60] 그런데 "거룩하게 입맞춤으로"(ἐν φιλήματι ἁγίῳ)가 다른 서신에서 사용될 때는 "서로"(ἀλλήλους)와 함께 사용되었다. 본 구절의 "거룩하게 입맞춤으로 모든 형제에게 문안하라"나 "너희가 거룩하게 입맞춤으로 서로 문안하라"는 큰 차이가 없다. 바울은 "모든 형제에게" 문안하라고 말함으로 성도 한 사람이라도 문안에서 제외되기를 원치 아니한다. 교회에 대한 바울의 관심은 항상 공평했다. 데살로니가 교회에는 게으른 사람도 있었고, 믿음이 연약한 사람도 있었다(살전 5:14 참조). 바울은 이들 모두가 그의 문안에 포함되기를 원했다.

그러면 "거룩하게 입맞춤"이 어떤 의미를 가지고 있는가? "거룩한 입맞춤"은 성도 상호간에 사랑의 입맞춤(벧전 5:14)이다. 본문에서 "입맞춤"을 "거룩하다"로 제한시키고 있는 것은 한 믿음 안에서 영적으로 가족이 된 상호간에 그리스도의 사랑을 표시하는 인침이며 그리스도 안에서 영적으로 하나 되었음을 상징하는 뜻이다.[61]

바울이 비록 "모든 형제에게" 입 맞추라고 말함으로 남자, 여자의 구별을 두고 있지 않은 것 같지만 후대의 기록은 이성간의 입맞춤을 장려하지 않았다.[62] 본문의 "거룩하게 입맞춤"은 사랑과 존경과 경외

60) 바울의 13 서신 중 갈라디아서, 에베소서, 그리고 디모데전서에서만 "문안하다"(ἀσπάζομαι)나 "문안"(ἀσπασμός)이란 용어가 나타나지 않는다.

61) William Hendriksen, *I and II Thessalonians(NTC)*, pp. 142-43; Charles A. Wanamaker, *Commentary on 1 and 2 Thessalonians(NIGTC)*, p. 208.

62) Apostolic Constitution, 2. 57. 17: "Then let the men give the men, and the women the women, the Lord's kiss, but let no one do it in deceit, as Judas betrayed the Lord with a kiss." Apostolic Constitution은 4세기에 성직자와

심을 가지고 서로서로 그리스도의 사랑을 나타내는 것을 뜻한다. 하나님께서 우리에게 특별계시, 즉 성경을 주실 때 어떤 경우는 하나님의 말씀을 문화의 그릇에 담아 주신 경우가 있다. "거룩하게 입맞춤으로 모든 형제에게 문안하라"(살전 5:26)도 이 경우에 해당한다. 바울은 당시의 관행을 사용하여 성도들의 깊은 영적 교제를 부탁하는 것이다. 그러므로 오늘날 교회는 신실하게 인사함으로, 혹은 정중하게 악수함으로 "거룩하게 입맞춤"을 대신할 수 있다.

바울은 이제 데살로니가 교회에 특별한 부탁을 한다. "내가 주를 힘입어 명하노니 모든 형제에게 이 편지를 읽어 들리라"(살전 5:27). 바울은 강한 표현을 사용하여 자신의 편지가 모든 성도에게 읽혀지도록 부탁한다. "내가 주를 힘입어 너희를 명하노니"[63]는 강조된 표현으로 더욱이 "주를 힘입어"는 바울의 소원의 심각성을 더해준다. 칼빈은 "주님의 이름으로 명하는 것은 사소한 일이 아니다. 따라서 우리는 하나님께서 바울의 사역으로 이 편지에 주신 교훈을 모든 교회에 전하는 것이 하나님의 성령의 뜻이었다고 생각한다"[64]라고 해석한다. 바울은 자신의 편지가 교회 모든 성도들에게[65] 읽혀지도록 강조하기 위해 "우리" 대신 "내가"를 사용한다. 바울은 성도들이 주님의 이름으로 맹세함으로 자신의 편지 읽는 일을 실천하라고 말하고 있다.

바울은 항상 하는 관습대로 "주 예수 그리스도의 은혜"가 데살로니가 성도들에게 있기를 소원하면서 편지를 끝맺는다. "우리 주 예수 그리스

평신도를 위해 만든 기독교인들의 믿음, 생활, 경배에 관한 규칙 모음집이다. 이 사도적 헌장은 시리아 교회에서 만들었을 가능성이 있고, 8권으로 정리되어 있으며, 초기 교회의 중요한 정보를 제공한다.

63) "ἐνορκίζω ὑμᾶς τὸν κύριον"은 강한 표현이다. 우선 ἐνορκίζω는 ὁρκίζω(막 5:7; 행 19:13)의 강세형 표현으로 신약성경에서 이곳에만 사용된 용어이다.

64) John Calvin, *The Epistles of Paul to the Romans and Thessalonians*, p. 381.

65) 어떤 사본은 "거룩한 형제들에게"(τοῖς ἁγίοις ἀδελφοῖς)라고 읽는다(P^{46vid}, $\aleph^{C}$, A, K, P 등). 그러나 ἁγίοις가 없는 본문을 지지하는 사본들이 더 중요한 사본들이다($\aleph^{*}$, B, D, F, G 등). 그러므로 본문을 ἁγίοις가 없는 것으로 읽는 것이 더 타당하다.

도의 은혜가 너희에게 있을지어다"(살전 5:28). 바울은 "은혜"로 편지를 시작하고(살전 1:1) "은혜"로 편지를 끝맺는다(살전 5:28). 본서에 사용된 바울의 축복은 로마서 16:20이나 고린도전서 16:23에 나타난 표현과 같다. 바울은 본 구절에서 "은혜"의 근원이 예수 그리스도임을 분명히 한다. "은혜"는 인간이 죄로 인해 멸망받아 마땅하지만 하나님께서 용서하시고 구원해 주시는 호의를 뜻한다. 한마디로 "주 예수 그리스도의 은혜"는 예수 그리스도를 통해 받은 구원의 모든 것을 뜻하고 바울은 이런 은혜가 성도들에게 임하기를 간절히 소원하고 있다.

데살로니가후서

제1장 주해

1:1-2 · 서언

1:3-5 · 바울의 감사

1:6-10 · 성도의 고난과 하나님의 공의

1:11-12 · 기도의 효능과 결과

1:1~2 서언

바울과 실루아노와 디모데는 하나님 우리 아버지와 주 예수 그리스도 안에 있는 데살로니가인의 교회에 편지하노니 하나님 아버지와 주 예수 그리스도로부터 은혜와 평강이 너희에게 있을지어다(살후 1:1~2).

데살로니가후서는 데살로니가 전서와 동일한 말로 시작한다. 다만 데살로니가후서는 아버지 앞에 "우리"와 "하나님 아버지와 주 예수 그리스도로부터"를 첨가한다. 바울이 편지의 서두에서 하나님을 지칭하여 "우리 아버지"라고 부른 것은 실라(실루아노)와 디모데뿐 아니라 편지를 받는 데살로니가 교회의 성도들이 한 가족으로서 한 아버지를 모시고 있다는 사실을 보여준다. 구원 받은 성도는 세상의 어느 곳에 있든지 한 아버지 하나님을 모시고 산다. 바울은 데살로니가전서에서와 마찬가지로 "은혜와 평강이 너희에게 있을지어다"(살후 1:2)라고 인사한다. 하지만 바울은 데살로니가전서와 달리 은혜와 평강의 근원이 어디인지를 밝힌다. 은혜와 평강의 근원은 "하나님 아버지와 주 예수 그리스도"이시다. 바울 사도는 하나님 아버지와 주 예수 그리스도를 동등한 위치에 두고 편지를 시작한다.

바울이 편지의 서두에 실라와 디모데를 언급한 것은 그들이 바울과 똑 같은 형편에서 데살로니가후서의 저자들이기 때문이 아니요 그들이 데살로니가 교회의 형편을 잘 알고 있을 뿐 아니라 이 편지의 내용을 구성하는데 어느 정도 기여하였기 때문이다. 바울은 로마서와 에베소서 그리고 개인에게 보낸 목회서신을 제외하고 자신의 모든 서신에서 동역자의 이름을 언급하면서 편지를 시작한다.[1)]

바울은 성도들이 "은혜와 평강"을 누리기를 소원하면서 인사를 한다. 바울은 서신을 시작하면서 항상 성도들에게 "은혜와 평강"이 있기를 빈다(롬 1:7; 고전 1:3; 고후 1:2; 갈 1:3; 엡 1:2; 빌 1:2; 골 1:2; 살전 1:1; 살후 1:2; 딛 1:4; 몬 3). 바울 사도는 디모데전서와 디모데후서에서는 "은혜와 평강"에 "긍휼"을 더 첨가하여 인사를 한다(딤전 1:2; 딤후 1:2). "은혜와 평강"은 모든 구원 받은 자들이 누릴 축복의 총화이다.[2]

"은혜"는 성도들을 향한 하나님의 사랑스러운 호의를 뜻한다. 하나님은 우리가 아직 죄인 되었을 때에 독생자 예수 그리스도를 내어주실 만큼 우리를 사랑하셨다(롬 5:8). 하나님은 허물과 죄로 죽었던 우리를 그의 큰 사랑으로 호의를 베푸셔서 우리를 그리스도와 함께 살리셨다(엡 2:1~5). "은혜"는 원수와 같은 우리를 용납하실 뿐 아니라 더 나아가 가장 값진 희생을 통해 우리를 사랑하신 하나님의 좋은 뜻을 가리킨다(롬 5:10). 그러므로 성도들은 하나님의 "은혜로만" 구원 받은 것이다. 우리의 구원을 위해 우리가 이룬 공적은 아무것도 없다.

"평강"은 원수 된 자가 화목을 이루었을 때 느끼는 마음의 상태요, 도저히 감당할 수 없는 빚을 진 채무자가 빚 전체를 탕감 받았을 때 맛볼 수 있는 감사의 마음이요, 사형 선고를 받은 죄수가 사면되어 자유 함을 얻었을 때 가지는 마음의 평온함이다. 여기서 바울이 말하는 "평강"은 하나님의 은혜로 구속 받은 성도만이 누릴 수 있는 축복이다.

---

1) 고린도전서-소스데네, 고린도후서-디모데, 갈라디아서-함께 있는 모든 형제, 빌립보서-디모데, 골로새서-디모데, 데살로니가전서-실라와 디모데, 데살로니가후서-실라와 디모데, 그리고 빌레몬서-디모데 등이다.

2) Gene L. Green, *The Letters to the Thessalonians* (*The Pillar New Testament Commentary*, Grand Rapids: Eerdmans, 2002), p. 278.

1:3~5 바울의 감사

우리가 너희를 위하여 항상 하나님께 감사할지니 이것이 당연함은 너희 믿음이 더욱 자라고 너희가 다 각기 서로 사랑함이 풍성함이며 그리고 너희의 참는 모든 핍박과 환난 중에서 너희 인내와 믿음을 인하여 하나님의 여러 교회에서 우리가 친히 자랑함이라 이는 하나님의 공의로운 심판의 표요 너희로 하여금 하나님의 나라에 합당한 자로 여기심을 얻게 하려 함이니 그 나라를 위하여 너희가 또한 고난을 받으리니(살후 1:3~5).

바울은 서론적 인사를 마친 후 데살로니가 교회에 대한 감사로 서신을 시작한다. 바울이 서신을 시작하면서 교회에 대한 자신의 생각을 정리할 때 가장 즐겨 쓰는 용어는 감사이다(고전 1:4; 빌 1:3; 골 1:3; 살전 1:2; 살후 1:3; 딤후 1:3; 몬 4). 바울은 데살로니가전서에서도 "너희 무리를 인하여 항상 하나님께 감사하고"(살전 1:2)로 시작하며, 본절에서는 좀 더 강한 표현으로 "너희를 위하여 항상 하나님께 감사할지니"(살후 1:3)[3]라고 표현한다. 바울은 교회를 생각하며 "마땅히" 감사해야 한다고 말한다. "이것이 당연함은"(καθὼς ἄξιόν ἐστιν)이라는 표현은 마땅히 감사해야 할 바울의 마음을 잘 드러내고 있다.

3) "감사할지니"는 εὐχαριστεῖν ὀφείλομεν으로서 "마땅히" "반드시" "we ought"의 뜻을 첨가하여 이해하여야 한다. Aus는 ὀφείλομεν과 καθώς를 사용하여 본 구절을 구성한 점은 하나님께 감사하는 필요성과 타당성에 대한 교회 의식의 표현이라고 주장한다. Cf. Roger D. Aus, "The Liturgical Background of the Necessity and Propriety of Giving Thanks according to 2 Thes. 1:3," *Journal of Biblical Literature* 92 (1973), pp. 432-438. 하지만 바울은 여기서 교회 의식을 행한 것이 아니요 데살로니가 교회의 신앙 상태를 생각하면서 선하신 하나님께 감사하고 있다.

1:3~4 바울의 감사의 이유

그러면 바울이 데살로니가 교회를 생각할 때 감사하는 것이 왜 당연하고 마땅하다고 생각하는가? 바울은 그 이유를 "호티"(ὅτι) 이하에서 설명하고 있다.

감사의 첫째 이유는 데살로니가 교회 성도들의 믿음이 자란 것이다(살후 1:3). 데살로니가 교회는 바른 믿음의 내용을 바울로부터 전수받았다. 바울은 처음 데살로니가를 방문했을 때 세 가지로 복음의 내용을 전달했다. ① 구약성경을 사용하여 예수님이 구약성경의 성취로 오신 메시아임을 증거했다. ② 구속을 성취하시기 위해 오신 메시아는 반드시 죽으셔야 하고 다시 살아 나셔야 함을 증명했다. ③ 나사렛 예수가 곧 기름 부음 받은 자, 메시아라고 증거했다(행 17:2~3).[4] 데살로니가 교회는 바울로부터 비교적 짧은 기간에 복음의 핵심을 전수받았다. 사도행전은 바울이 "세 안식일"(행 17:2)에 유대인의 회당에서 성경을 강론했다고 전한다. 여기 "세 안식일"이라는 표현은 유대인들이 바울에게 회당에서 성경 강론을 허용한 기간으로 생각할 수 있다. 세 안식일 이후의 체류 기간을 계산할지라도 바울의 데살로니가 체류 기간은 그렇게 길지 않았다. 데살로니가 교회가 이렇게 짧은 기간에 복음을 받았지만 그들의 믿음의 성장이 끊임없이 이루어졌다. 그래서 바울은 데살로니가 교회의 성도들이 "주를 본받는 자"(살전 1:6)가 되었으며, "모든 믿는 자의 본"(살전 1:7)이 되었고, 데살로니가 교회 성도들의 "믿음의 소문"(살전 1:8)이 각처에 퍼졌다고 칭찬하고 또 감사하고 있다. 데살로니가 교회 성도들은 하나님의 도우시는 능력으로 "믿음의 역사"(ἔργον πίστεως ἐν δυνάμει)를 이루었다(살후 1:11). 바울은 "자라다"(ὑπεραυξάνει)라는 용어를 강세형과 현재 시상을 사용하여 데살로

4) 박형용, 『사도행전 주해』(수원: 합동신학대학원출판부, 2003), p. 205.

니가 교회 성도들의 믿음의 성장을 표현한다. "자라다"라는 강세형은 신약 다른 곳에서 발견되지 않고 이 구절에서만 사용된 용어이다.[5]

감사의 둘째 이유는 데살로니가 교회 성도들이 "다 각기 서로 사랑"한 것이다(살후 1:3). 바울은 데살로니가 교회 성도들의 사랑이 넘쳐나기를 위해 기도한 바 있다. 바울은 "주께서 우리가 너희를 사랑함과 같이 너희도 피차간과 모든 사람에 대한 사랑이 더욱 많아 넘치게 하사"(살전 3:12)라고 기도했다. 하나님은 바울의 기도를 들으셔서 데살로니가 교회가 자신들을 향한 하나님의 사랑을 깨닫고(롬 5:8; 8:35~39) "다 각기 서로" 사랑할 수 있게 하신 것이다. 바울이 데살로니가 교회를 위해 기도할 때 언급한 "피차간과 모든 사람에 대한"(εἰς ἀλλήλους καὶ εἰς πάντας)은(살전 3:12) 데살로니가 교회의 사랑의 실천을 표현할 때 사용한 "다 각기 서로"(ἑνὸς ἑκάστου πάντων ὑμῶν εἰς ἀλλήλους)와 같은 의미이다. 데살로니가 교회의 성도들은 교회 내에서 편을 가르지 않았고 어떤 사람이나 그룹을 자신들의 사랑의 대상에서 제외시키지 않았다. "이 교회의 어떤 성도도 사랑을 주고받는 데에서 제외되지 않았다. 이 교회의 성도들 사이에 있었던 서로간의 보살핌은 교회 개척자들로 하여금 하나님께 감사를 드리게 하고 또 서로간의 보살핌은 산산조각이 난 기독교 공동체에 속해 있는 우리 모두에게 권면으로 남아 있다."[6] 바울은 믿음의 공동체가 사랑으로 하나 되어야 함을 확실히 알고 있는 사도였다(엡 4:2~6).

바울은 이제 데살로니가 교회의 인내와 믿음을 인하여 데살로니가 교회를 친히 자랑한다(살후 1:4). 데살로니가 교회는 열성적인 핍박자들 가운데서 믿음을 지켰다. 사도행전은 바울 사도의 사역과 복음을

---

5) J. B. Smith, *Greek-English Concordance to the New Testament* (Scottdale, PA.: Herald Press, 1974, p. 359 (section 5132); 바울은 고린도 교회의 믿음의 성장을 소망하면서 같은 어근인 αὐξάνω를 사용한다(cf. 2 Cor. 10:15).

6) Gene L. Green, *The Letters to the Thessalonians*, p. 280.

반대하는 핍박자들이 얼마나 열성적인지를 밝힌다. 사도행전 17장은 유대인들이 바울의 복음 선포를 시기하여 거리의 어떤 괴악한 사람들을 동원해서 성을 소동케 했다고 전한다(행 17:5~9). 이런 일로 바울과 실라는 밤에 데살로니가를 빠져나와 베뢰아로 갔다(행 17:10). 그런데 "데살로니가에 있는 유대인들이 바울이 하나님 말씀을 베뢰아에서도 전하는 줄을 알고 거기도 가서 무리를 움직여 소동케"(행17:13) 했다. 베뢰아는 데살로니가에서 서남쪽으로 약 75km 정도 떨어진 도시이다. 데살로니가의 유대인들은 이처럼 먼 거리까지 원정 가서 바울의 사역을 방해할 만큼 열성적인 복음의 반대자들이었다. 데살로니가 교회는 이런 반대자들이 많이 살고 있는 도시에서 신앙생활을 하기 때문에 핍박이 많을 수밖에 없었다. 박윤선 박사는 데살로니가 교회 성도들이 "환난 중에서……인내와 믿음을"(살후 1:4) 가진 것은 그들이 내세 소망을 가졌기 때문이라고 해석한다.[7] 바울 사도는 데살로니가 교회 성도들이 많은 환난 가운데서 성령의 기쁨으로 말씀을 받은 사실을 기억하고(살전 1:6) 그들이 인내와 믿음으로 고난의 과정을 이겨냈기 때문에 자랑하고 있다.

바울이 여기서 사용한 "자랑"(ἐγκαυχᾶσθαι)이라는 용어는(살후 1:4) 바울 서신 다른 곳에는 나타나지 않는다. 하지만 바울이 이 용어를 만들어 사용한 것은 아니다. 칠십인경(LXX)에 보면 이 용어가 네 번 나타난다[시 51:1(개역 52:1); 시 73:4(개역 74:4); 시 96:7(개역 97:7); 105:47(개역 106:47)].[8] 칠십인경의 용례를 문맥에 비추어 분석해 보면 "자랑"이 두 가지 의미로 사용되었음을 알 수 있다. 첫 번째 의미는 "자랑"이 경멸적인 뜻으로 사용되었다(시 52:1; 74:4; 97:7). 사람이 자신을 자랑하

---

7) 박윤선, 『바울서신 주석』(서울: 영음사, 1964), p. 432.

8) ἐγκαυχᾷ(LXX, 시편 51:1); ἐνεκαυχήσαντο(LXX, 시편 73:4); ἐγκαυχώμενοι(LXX, 시편 96:7); ἐγκαυχᾶσθαι(LXX, 시편 105:47).

는 것은 용납될 수 없다(참조 고전 1:29). 사람이 자신의 한계를 넘어 자랑하는 것은 교만에 빠지게 된다. 하나님은 피조물들이 자기 위치를 깨닫지 못하고 거들먹거리는 것을 가장 싫어하신다. 두 번째 의미는 "자랑"이 긍정적으로 "칭찬하다," "돋보이게 하다"라는 의미로 사용되었다(시 106:47). 다른 사람의 칭찬은 칭찬받는 사람에게 긍정적으로 작용한다.[9] 바울 사도는 본문에서(살후 1:4) 이 용어를 좋은 의미로 사용했다. 바울은 데살로니가 교회 성도들이 환난 가운데서 이루어 낸 믿음의 승리를 긍정적으로 칭찬하기 위해 심사숙고해서 이 용어를 특별히 선택하여 사용한 것이다. 바울의 자랑은 허영심이나 자만심을 불러일으키는 자랑이 아니요, 핍박 중에 있는 데살로니가 교회와 다른 교회들을 위로하고 격려하기 위함이었다.

1:5 하나님의 공의로운 심판

데살로니가후서 1:4과 1:5은 사상적으로는 서로 연결하여 생각해야 하지만 문법적으로는 생략 구문(elliptical construction)으로 되어 있어 특이한 면을 가지고 있다.[10] 데살로니가후서 1:5은 데살로니가 교회 성도들이 받는 고난과 하나님 나라와의 관계, 그리고 하나님의 심판의 공의로우심에 대해 설명하고 있다. 그러면 하나님 나라와 고난은 어떤 관계를 가지고 있는가? 하나님 나라는 하나님이 주인이요, 하나님의 통치가 이루어지는 영역이며, 그리고 하나님의 이름이 영광과 존귀를 받으시는 나라이다. 하나님의 나라는 하나님이 통치하시기에 의와 평강과 기쁨이 가득한 나라이다(롬 14:17). 성도들은 그리스도의 말씀을

9) 개역한글판은 시 52:1 에서는 "자랑하는고"로, 시 74:4에서는 "훤화하며"로, 시 97:7에서는 "자긍하는"으로, 그리고 시 106:47에서는 "찬양하게 하소서"로 번역했다.

10) ὅ ἐστιν을 제공하여 본문을 읽으면 훨씬 자연스럽다. 개역한글판은 "이는"으로 연결했다.

듣고(롬 10:17) 성령의 도움으로(고전 12:3) 믿음을 선물로 받아(롬 10:17; 엡 2:8) 그 믿음으로 예수님을 주로 시인하고 예수님의 죽음과 부활이 자신의 속죄와 영생을 위한 것으로 믿고 시인하여 구원을 얻는다(롬 10:9~10). 따라서 성도들은 "공중의 권세 잡은 자"(엡 2:2)에게 속하지 않고 하나님께 속한 존재들이다. 그래서 요한 사도는 성도들을 "하나님의 자녀"(요 1:12)라고 불렀으며, 바울 사도는 성도들이 "속사람과 겉사람"(롬 7:22; 고후 4:16; 엡 3:16)[11]을 소유했다고 표현하며, 성도들이 하늘의 "시민권"(빌 3:20)을 가졌다고 설명한다. 성도들은 하나님 나라에 속한 사람들이다. 성도들이 하나님 나라에 온전하게 속해 있지만 이 세상을 떠날 때까지 이 세상 질서 속에서 사는 것은 하나님의 섭리이다. 그러므로 구속 받지 못한 세상에 살고 있는 성도들은 핍박과 고난과 고통을 겪을 수밖에 없다.

성도가 이 세상에서 받는 핍박은 시련의 특성이 있다(벧전 1:7; 4:12~14). 그래서 데살로니가후서 1:5에서 성도가 경험하는 모든 핍박과 환난이 "하나님의 공의로운 심판의 표요 너희로 하여금 하나님 나라에 합당한 자로 여기심을 얻게 하려 함이니 그 나라를 위하여 너희가 또한 고난을 받느니라"고 말할 때 이는 핍박과 고난이 하나님 나라에 들어가는 입장권이라는 뜻이 아니요, 하나님 나라에 속한 성도는 이 세상에서 살 때 시련의 핍박을 피할 수 없기 때문에 핍박을 받는

---

11) Cf. William Hendriksen, *Exposition of Paul's Epistle to the Romans*(*New Testament Commentary*, Grand Rapids: Baker, 1980), p. 235: "He is not expressing a contrast between man's rational nature and his lower appetites. With Paul the inner man is the one that is hidden from the public gaze." "속사람과 겉 사람"은 각각 사람의 "영혼과 몸"을 가리키지 않는다. "속사람과 겉 사람"은 이원론적으로 사용된 것이 아니요 성도를 두 다른 관점에서 표현한 것이다. "속사람"은 성령의 역사로 성도 안에 시작된 "새로운 사람"으로서 전인적인 성도(몸과 영혼 포함)를 구원 받은 관점에서 묘사한 것이며, 외부적인 관찰로는 보이지 않는다. "겉 사람"은 부활체를 입기 이전의 몸체인 현재의 몸체로 세상과 관계하면서 살고 있는 같은 성도를 가리킨다.

그 자체가 "하나님 나라에 합당한 자로 여기심" 받게 되는 것이라는 뜻이다. 바울은 다른 곳에서 "자녀이면 또한 후사 곧 하나님의 후사요 그리스도와 함께 한 후사니 우리가 그와 함께 영광을 받기 위하여 고난도 함께 받아야 될 것이니라"(롬 8:17)고 쓴다. 바울은 성도들이 이 세상에서 핍박과 환난을 받지만 "하나님의 공의로운 심판"(살후 1:5)은 성도들이 하나님 나라를 위해 받은 핍박과 환난의 공과를 저울질하시게 될 것이라고 말한다. 성도들이 이 세상에서 받은 핍박과 환난은 이 세상이 하나님의 자녀들을 괴롭혔다는 증거 역할을 한다. 성도들은 핍박과 환난을 당하지만 믿음과 인내로 극복하고 승리의 삶을 산다. 그러므로 바울은 "모든 핍박과 환난 중에서 너희 인내와 믿음을"(살후 1:4) 가리켜 "하나님의 공의로운 심판의 표"라고 말한다.[12] 이렇게 이해할 때 뒤따라오는 데살로니가후서 1:6과 1:7의 내용이 확실하게 드러난다.

박윤선 박사는 "성도는 무죄하고 또는 의로운데도 불구하고, 핍박자들의 멸시와 천대를 받는다. 그 때에 무신론자는 더욱 무신론 사상을 옳게 여길 것이다. 그러나 '공의'의 하나님을 믿는 자는, 그 불의한 핍박을 보고서 그 불의한 일(죄 없이 아픔을 당하는 일)에 대한 하나님의 판단 행위를 확신케 한다. 그러므로 불의한 핍박은 장래 하나님의 심판이 올 것을 말하는 '표'이다"[13]라고 불의한 핍박과 하나님의 공의로운 심판을 연관시킨다. 스토트는 "하나님께서 성도들을 핍박하는 핍박자들의 편견과 분노와 잔인함과는 대조적으로 성도들의 핍박들을 수단으로 사용하여 그들의 믿음과 사랑과 인내를 발전시킴으로 그들을 영원한 왕국을 위해 준비하고 계신다"[14]라고 설명한다.

---

12) W. Hendriksen, *Exposition of I and II Thessalonians*(*New Testament Commentary*, Grand Rapids: Baker, 1974), p. 156.

13) 박윤선, 『바울서신 주석』, p. 432.

14) John Stott, *The Gospel and the End of Time: The Message of 1 & 2 Thessalonians*

1:6~10 성도의 고난과 하나님의 공의

환난 받게 하는 자들에게는 환난으로 갚으시고 환난 받는 너희에게는 우리와 함께 안식으로 갚으시는 것이 하나님의 공의시니 주 예수께서 저의 능력의 천사들과 함께 하늘로부터 불꽃 중에 나타나실 때에 하나님을 모르는 자들과 우리 주 예수의 복음을 복종치 않는 자들에게 형벌을 주시리니 이런 자들이 주의 얼굴과 그의 힘의 영광을 떠나 영원한 멸망의 형벌을 받으리로다 그 날에 강림하사 그의 성도들에게서 영광을 얻으시고 모든 믿는 자에게서 기이히 여김을 얻으시리라 (우리의 증거가 너희에게 믿어졌음이라)(살후 1:6~10).

1:6~7 하나님의 공의 앞에 위치가 바뀐 신자와 불신자의 형편

데살로니가후서 1:5에서 언급한 하나님의 공의로운 심판은 데살로니가후서 1:6~7로 이어진다. 하나님은 그의 자녀들을 괴롭힌 "환난 받게 하는 자들"에게는 환난으로 갚으시고, 환난 받는 성도들에게는 안식을 허락하실 것이다. 성도들은 그들이 받은 핍박과 환난 때문에 하나님 나라에 들어가는 것이 아니요, 그들이 받은 핍박과 환난에 대해 하나님의 공의로운 심판을 받을 것이다. 그리고 재판장이신 하나님의 최종 선고는 "환난 받게 하는 자들"에게는 계속적인 환난으로, "환난 받는 성도들"에게는 계속적인 안식이 될 것이다. 바울 사도는 "환난"(θλῖψις)이라는 용어를 데살로니가전후서에서 다섯 번 사용한다(살전 1:6; 3:3, 7; 살후 1: 4, 6). "환난"은 외부로부터 오는 압력과 고난으로 발생한다. 성도들은 살아 있는 동안 환난을 당하지만 종국에는 안식을 누릴 것이다. 불신자들은 성도들에게 환난을 받게 하지만 종국에는 환난을 경험하게 될 것이다. 그러므로 "환난"은 성도들에게 종말론적

(Downers Grove: InterVarsity Press, 1991), p. 146.

의의가 있다. 성도들이 환난을 경험하는 것은 성도들이 그리스도의 수난과 결속되어 있기 때문이다. 성도들이 세상의 억압으로 받는 모든 고통과 고난은 항상 그리스도와의 결속 관점에서 이해해야 한다(고후 1:5과 고후 1:4, 6 비교; 고후 4:10~11과 고후 4:8 비교; 빌 1:29 참조).[15]그러므로 성도들에게 환난은 당연히 있기 마련이다. 그러나 성도들이 위로를 받는 것은 하나님의 공의로운 심판이 기다리고 있기 때문이다. 박윤선 박사는 "기독 신자들이 이 세상에서는 항상 곤고하고 환난의 줄로 두루 얽히었으나, 내세에 들어가서는 그렇게 조려 있던 한 평생에서 해방되어 영원한 평강을 누린다"[16]라고 설명한다.

하나님의 공의는 성도들을 괴롭힌 자들에게는 환난으로 갚으시고(살전 1:6) 환난 받는 성도들에게는 "안식"(ἄνεσιν)으로 보상하시는 것이다. "안식"(아네시스)은 신약에서 5회 사용되었다(행 24:23; 고후 2:13; 7:5; 8:13; 살후 1:7). 본문의 "안식"의 뜻은 휴식 혹은 안심(rest), 편히 쉼 혹은 완화(relaxation), 그리고 위안 혹은 구제(relief)라고 할 수 있다. 이디(Eadie)는 "이 '안식'은 고난 받는 자들에 대한 즉각적인 하늘의 관심이요, 고단한 자들과 지친 자들에게 휴식이요, 지구상의 모든 불안과 고통과 슬픔으로부터의 해방이며, 소란 후에 경험하는 고요함이요, 폭풍우 후에 오는 고요한 안식처이다"[17]라고 주해한다. 본문의 "안식으로 갚으시는 것"은 하나님이 고난 받는 성도들에게 더 이상 고난 받지 않도록 해주시겠다는 뜻이다. 그리고 바울은 하나님이 주시는

---

15) R. Schippers, "θλῖψις(Persecution)," *The New International Dictionary of New Testament Theology,* vol. 2 (Grand Rapids: Zondervan, 1977), p. 808 (pp. 807-809).

16) 박윤선, 『바울서신주석』, p. 433, vs. 7.

17) John Eadie, *Commentary on the Greek Text of the Epistles of Paul to the Thessalonians*(Grand Rapids: Baker, 1979), p. 238: "This ἄνεσις is the immediate aspect of heaven to the suffering, rest to the weary and worn-out, release from all the disquiet, pain, and sorrow of the earth, stillness after turmoil, the quiet haven after the tempest."

이런 복을 자신들도 받을 것임을 "우리와 함께"라는 표현을 통해 확실히 한다. "우리와 함께"라는 표현은 사도들도 복음을 위해 고난 받고 있음을 암시한다. 바울은 자신을 성도들과 동일시하고 있다.

브라운(Brown)은 하나님께서 "환난 받게 하는 자들에게는 환난으로 갚으시는" 시간과 "환난 받는 너희에게는 우리와 함께 안식으로 갚으시는" 시간이 동일하다는 것을 근거로 세대주의 천년설과 역사적 전천년설의 이론을 비평한다(살후 1:6~7). 브라운은 천년을 사이에 두고 의인의 심판과 악인의 심판이 따로 있을 것이라는 세대주의 천년설과 역사적 전천년설의 이론은 본 구절의 뜻과 일치하지 않는다고 주장한다.[18] 악인을 심판하고 의인에게 보상하는 하나님의 공의는 예수님의 재림과 함께 동시에 발생할 것이다. 그러나 이 구절의 주요 관심은 예수님의 재림 때에 악인과 의인에게 어떤 일이 일어날지에 관한 것이다.

데살로니가후서 1:6은 "에이펠"(εἴπερ)로 시작한다. "에이펠"은 바울 서신과 베드로전서에서만 발견된다(롬 3:30; 8:9, 17; 고전 8:5; 15:15; 살전 1:6; 벧전 2:3). "에이펠"은 조건절을 소개하는 역할을 한다. 본 구절에서는 "하나님의 공의"가 어떤 일을 하실 것인지 소개한다. 원래 헬라어 성경에서는 "하나님의 공의"(δίκαιον παρὰ θεῷ)가 데살로니가후서 1:6의 서두에 나타나지만 개역한글판에는 번역의 편의상 데살로니가후서 1:7의 중간에 나타난다.[19] 본 구절은 하나님의 공의를 강조한다(살후 1:5; 1:7). 하나님의 공의가 명명백백하게 드러날 것을 강조하고 있다.

하나님의 공의는 예수 그리스도가 재림하시면 핍박하는 자들과 핍박

---

18) David Brown, *Christ's Second Coming: Will it be Premillennial?*(Grand Rapids: Baker, 1983), pp. 280-281.

19) "δίκαιον παρὰ θεῷ"는 "하나님 보시기에 의롭다"(it is just in the sight of God.)나 "하나님의 판단으로 볼 때 의롭다"(it is right in God' s estimation.)로 번역할 수 있다.

받는 자들의 위치가 전도되도록 만들 것이다. 그래서 바울은 "너희로 환난 받게 하는 자들에게는 환난으로 갚으시고 환난 받는 너희에게는 우리와 함께 안식으로 갚으시는 것이 하나님의 공의시니"(살전 1:6~7)라고 말한다. 스토트는 "진정으로 하나님이 의로우시기 때문에 그가 어느 날 공개적으로 성도들의 정당함을 인정하실 것이다. 그는 그리스도가 오시는 때 핍박하는 자들과 핍박 받는 자들, 이 두 그룹의 입장을 거꾸로 만들 것이다. 그는 말썽을 일으키는 자들에게는 말썽으로 갚으시고(6절), 사도들을 포함하여 환난을 받는 자들에게는(환난으로부터) 위안을 주실 것이다(7절상)"[20]라고 바로 해석한다.

1:7~10 심판 때에 있을 네 가지 사실

바울 사도는 하나님의 공의의 심판이 반드시 있을 것이라고 말한 다음 심판 때에 있을 몇 가지 사실을 설명한다. 첫째, 하나님의 공의의 심판은 예수님의 재림 때에 있을 것이다(살전 1:7). 둘째, 예수님의 재림 때에는 심판의 대상이 누구인지 확실하게 드러날 것이다(살전 1:8). 셋째, 하나님의 공의의 심판이 어떤 종류의 심판이 될 것인지 드러날 것이다(살전 1:9). 넷째, 하나님의 심판의 결과가 영화로운 것임을 보게 될 것이다(살전 1:10). 이제 이 내용들을 좀 더 구체적으로 고찰해 보도록 한다.

첫째, 하나님의 공의의 심판은 언제 있을 것인가?(살후 1:7) 하나님의 심판은 "주 예수께서 저의 능력의 천사들과 함께 하늘로부터 불꽃 중에 나타나실 때"(살전 1:7) 있게 될 것이다. 부활 승천하신 예수님은 현재 하나님의 우편에 앉아 계신다(행 2:33, 34; 5:31; 롬 8:34; 골 3:1; 히 8:1; 12:2; 벧전 3:22). 스데반은 순교하면서 "예수께서 하나님 우편에

20) Stott, *The Gospel and the End of Time*, pp. 146-147.

서신 것"(행 7:56~57)을 보았다.[21] 하나님 우편은 영광과 존귀와 권세의 자리를 뜻한다. 예수님은 하나님 우편에서 다시 오실 것이다. 이는 "너희 가운데서 하늘로 올리우신 이 예수는 하늘로 가심을 본 그대로 오시리라"(행 1:11)고 약속하신 약속의 성취가 될 것이다.

예수님께서 재림하실 때는 "저의 능력의 천사들"과 함께 오실 것이다. "저의 능력의 천사들"은 어떤 특별한 종류의 천사들을 가리키지 않고 예수님과 함께 올 천사들이 능력 있는 천사들이라는 사실을 밝히고 있다. 바울 사도는 본문에서 천사들의 특성을 설명하려는 것이 아니다. 오히려 바울은 예수님의 재림의 특성을 묘사하고 있다. 예수님은 "능력 있는 천사들"을 대동하고 강림하실 것이다(마 16:27; 24:30~31; 25:31; 막 8:38; 살전 4:16). 이 능력 있는 천사들은 예수님의 공의로운 심판을 도울 것이다.

예수님께서 재림하실 때는 "하늘로부터" 이 땅 위로 오실 것이다. 어떤 이는 예수님이 재림하시면 이 지구가 없어질 것으로 생각하기도 한다. 이런 이론은 "주의 날이 도적같이 오리니 그날에는 하늘이 큰 소리로 떠나가고 체질이 뜨거운 불에 풀어지고 땅과 그 중에 있는 모든 일이 드러나리로다"(벧후 3:10)라는 성경 구절에 근거한 것이다.[22] 그러나 우리는 하나님의 구속 역사 진행을 깊이 묵상해 보아야 한다. 하나님은 온 세상을 창조하시고 아담과 하와를 이 지구 위에서 살게 하셨다. 처음 조상이 범죄하자, 하나님은 메시아를 약속하시고 그 메시아를 인간의 모습으로 이 땅 위에 보내셔서 구속을 성취하게 하신다.

21) 부활하신 예수님이 하나님의 우편에 앉아 계신다는 뜻은 예수님이 구속 성취를 완성하시고, 대 제사장의 역할을 현재에도 감당하고 계시며, 앞으로 심판 주의 역할을 감당하실 것임을 가리킨다. 한편 스데반이 하나님 우편에 서신 예수님을 보았다는 뜻은 순교자의 영혼을 하나님 나라로 영접하시는 예수님의 심중의 표현이다.

22) 이 말씀은 인간의 이해의 정도를 넘어서 이 세상이 완전하게 새롭게 될 것이라는 뜻이다.

그리고 부활 승천하신 예수님은 우리가 본 그대로 다시 오실 것이다. 하나님은 지구를 중심으로 그리고 지구에 사는 인간을 중심으로 그의 구속 역사를 진행하고 계신다. 그러므로 예수님이 재림하실 때에는 우리의 이해를 능가하는 모습으로 이 지구가 변화할 것이지만 하나님은 이 지구를 중심으로 구속 역사를 완성하실 것이다. 예수님의 재림은 예수님 자신이 오시는 인격적인 재림이요, 누구나 볼 수 있게 오시는 재림이며, 또한 그의 재림은 영광스러운 재림이 될 것이다(살전 4:13~18; 살후 1:10).[23]

예수님은 "불꽃 중에" 재림하실 것이다.[24] 불은 심판을 상징한다(말 3:2; 4:1). 성경은 하나님께서 마지막 심판을 불로 하실 것이라고 말씀한다.[25] 예수님은 재림 때에 숨겨진 상태나 고요한 가운데 오시지 않고, 밝고, 빛나고, 가장 강렬한 광채와 함께 나타나실 것이다. 예수님이 "불꽃 중에 나타나신다"는 뜻은 예수님께서 재림하실 때 이 세상의 모든 악을 불로 심판하여 이 세상을 거룩하고 깨끗하게 만드실 것이라는 뜻을 포함하고 있다.

그런데 바울 사도가 예수님의 재림을 묘사하는 용어는 "계시"(ἀποκάλυψις, revelation)라는 말이다.[26] 바울 사도가 왜 예수님의 재림을 "계시"로 묘사했는가? 바울 사도는 하나님의 진리가 드러난다는 뜻으로 "계시"를 자주 사용한다(롬 2:5; 16:25; 고전 14:6, 26; 고후 12:1,

---

23) Stott, *The Gospel and the End of Time*, pp. 147-148.

24) 주: 원래 "불꽃 중에"(ἐν πυρὶ φλογός)는 헬라어 성경 살후 1:8에 포함되어 있으나 개역한글판은 살후 1:7에 포함시켜 번역했다. 사본상의 문제는 ἐν πυρὶ φλογός(A, K, L, ℵ 사본 등이 지지)를 택하느냐 ἐν φλογὶ πυρός(B, D, F 사본 등이 지지)를 택하느냐로 나누어진다. 사본상의 지지는 거의 비슷한 비중으로 나뉘지만 더 많은 사본의 지지를 받는 ἐν πυρὶ φλογός를 본문으로 받는 것이 더 타당하다.

25) 신 32:22; 사 29:6; 30:27, 30; 33:14; 66:15-16, 24; 렘 15:14; 17:4; 욜 2:3, 30; 나 1:6; 습 1:18; 3:8; 말 4:1; 행 2:19; 벧후 3:7, 10; 계 9:17-18; 16:8; 20:9.

26) 개역한글판은 "나타나실 때"로, New King James Version 와 New International Version 은 "is revealed"로, New Living Translation 은 "appears"로 번역했다.

7; 갈 1:12; 엡 3:3). 그러나 이 구절의 "계시"는 주님이 재림 때에 영광스럽게 표명된다는 뜻으로 사용되었다. 그 이유는 예수님이 현재 감추어진 상태로 존재하시는데, 그가 재림하시면 그의 존재가 확실하게 드러날 것이기 때문이다. 그래서 요한 사도는 "그가 나타내심이 되면 우리가 그와 같을 줄을 아는 것은 그의 계신 그대로 볼 것을 인함이니"(요일 3:2)라고 설명했다. 이디(Eadie)는 "파루시아(παρουσία)가 일반적으로 사용되는 용어이지만(살전 2:19; 3:13 해석을 참조), 그러나 아포칼륍시스(ἀποκάλυψις)는 주 예수 그리스도의 가시적, 인격적, 그리고 은혜로운 표명을 가리키는(고전 1:7) 더 생생한 용어이다"[27]라고 바르게 설명한다. 예수님의 재림은 세기적인 계시의 사건이 될 것이다. 예수님의 나타나심은 구원과 심판을 적나라하게 노출시킬 것이다(고전 1:7; 살후 1:7). 예수님의 재림은 온 피조 세계가 고대하는 하나님의 자녀의 영광스런 표명을 실현할 것이다(롬 8:20~23). 이 말씀은 이미 구원 받은 하나님의 자녀들이(요 1:12) 영광스런 모습으로 나타나게 될 것이라는 뜻이다(빌 3:21, 참조, 롬 8:11). 현재의 실재가 종말에 드러난다는 뜻은 감추어진 형태로 현재 존재하는 것이 노출된다는 의미도 있지만 새롭게 실현된 실재가 그 모습을 드러낼 것이라는 뜻도 포함된다.[28] 예수님의 초림도 계시 사건이지만 예수님의 재림 사건 역시 우리의 이해를 뛰어 넘는 계시 사건이 될 것이다. 그래서 바울은 예수님의 재림을 "계시"(ἀποκάλυψις)라는 용어로 설명했다.

둘째, 하나님의 공의의 심판의 대상은 누가 될 것인가?(살후 1:8) 바울 사도는 심판의 대상이 "하나님을 모르는 자들"과 "우리 주 예수의 복음을 복종치 않는 자들"(살전 1:8)이라고 말한다. 심판의 대상이 두

27) John Eadie, *op. cit.*, p. 239.

28) Traugott Holtz, "ἀποκάλυψις," *Exegetical Dictionary of the New Testament*, vol. 1 (Grand Rapids: Eerdmans, 1990), p. 131.

그룹인지 한 그룹인지에 대한 견해는 서로 나뉜다. 마샬(Marshall)과 다른 학자들은 "하나님을 모르는 자들"은 이방인들을 가리키고, "우리 주 예수의 복음을 복종치 않는 자들"은 유대인들을 가리키는 것으로 해석한다.[29] 모팟(Moffatt) 역시 "'하나님을 모르는 자들'은 이방인들 자체를 가리키는 것은 아니지만 로마서 1:28 이하의 의미로 부도덕한 이방인들을 가리킨다. '복음을 복종치 않는 자들'은 정관사의 반복이 제시하는 것처럼 아마 유대인들과 이방인들로 구성된 다른 부류의 사람들이다"[30]라고 해석한다.

그러나 이런 주장은 별로 설득력이 없다. 우선 이 구절에서 바울의 말을 처음으로 들었던 데살로니가 교회 성도들이 "하나님을 모르는 자들"을 한 그룹으로, 또 "우리 주 예수의 복음을 복종치 않는 자들"을 다른 그룹으로 나누어 이해했다고 생각하는 것은 너무 임의적이다. 그리고 바울 사도는 유대인과 이방인을 나누어 생각할 때도 있지만(롬 1:18~2:29), 유대인과 이방인을 함께 "예수의 복음을 복종치 않는 자들"로 묘사한다(롬 11:30~32). 또한 구약에서는 이스라엘 백성을 가리켜 "하나님을 알지 못하는 자들"이라고 여러 곳에서 언급하고 있다(렘 4:22; 9:3, 6; 호 5:4). 그러므로 이 구절의 "하나님을 모르는 자들"과 "주 예수의 복음을 복종치 않는 자들"은 한 그룹에 속한 사람들이다. 칼빈은 "하나님을 모르는 자들"과 "주 예수의 복음을 복종치 않는 자들"이 모두 불신자들이라고 해석한다.[31] 이들은 구세주 예수 그리스

---

29) I. Howard Marshall, *1 and 2 Thessalonians* (Grand Rapids: Eerdmans, 1983), pp. 177-178; James E. Frame, *A Critical and Exegetical Commentary on the Epistles of St. Paul to the Thessalonians*(*ICC*, Edinburgh: Clark, 1912), p. 233; John Eadie, *Commentary on the Greek Text of the Epistles of Paul to the Thessalonians*, pp. 242-243.

30) James Moffatt, *The First and Second Epistles to the Thessalonians*(*The Expositor's Greek Testament*, Grand Rapids: Eerdmans, 1980), pp. 45-46. Moffatt이 말하는 "정관사의 반복"은 "하나님을 모르는 자들" 앞에도 τοῖς가 있고 "복음을 복종치 않는 자들" 앞에도 τοῖς가 있다는 뜻이다.

도와 상관없는 사람들이며 구원의 복음을 받아들이지 않는 사람들이다. 바울은 이 구절에서 심판 때에 어떤 사람들이 심판을 받을 것인지 강조하고 있다.[32)]

셋째, 하나님의 공의의 심판은 어떤 심판인가?(살후 1:9) 바울 사도는 앞 절에서 언급한 형벌을 받을 자들이 어떤 형벌을 받을 것인지 이 구절에서 설명한다. 그래서 바울은 "이런 자들이"(οἵτινες)로 시작한다. 하나님의 공의의 심판을 받을 자들은 "주의 얼굴과 그의 힘의 영광을 떠나 영원한 멸망의 형벌"을 받게 될 것이다(살후 1:9). 본 구절은 이사야 2:10의 내용(LXX)과 거의 비슷하다.[33)] 그 내용과 구문이 거의 일치하는 것으로 보아 바울 사도가 이사야서를 참고한 것으로 보인다. 이사야 선지자는 여호와 하나님의 임재를 두려움의 임재라고 전한다. 하나님의 임재는 축복도 되지만 심판도 된다. 하나님의 임재는 불순종하는 자들에

---

31) John Calvin, *The Epistles of Paul to the Romans and Thessalonians,* Trans. R. Mackenzie, p. 392.

32) ἐκδίκησιν 은 신약에 9회 사용 된다(마 18:7,8; 21:22; 행 7:24; 롬 12:19; 고후 7:11; 살후 1:8; 히 10:30; 벧전 2:14). 그러나 διδόντος ἐκδίκησιν은 데살로니가 1:8 에만 나타난다. 바울사도는 특별한 표현을 사용하여 반드시 "형벌을 주실 것"(살후 1:8)임을 강조하고 있다. "하나님을 모르는 자들"과 "주 예수의 복음을 복종치 않는 자들"을 동일한 한 그룹으로 해석하는 학자들은 다음과 같다. W. Hendriksen, *Exposition of I and II Thessalonians,* p. 160; Charles A. Wanamaker, *Commentary on 1 and 2 Thessalonians*(*New International Greek Testament Commentary*, Grand Rapids: Eerdmans, 1990), p. 227; Gene L. Green, *The Letters to the Thessalonians,* pp. 290-291; Stott, *The Gospel and the End of Time,* p. 148.

33) 사 2:10: ἀπὸ προσώπου τοῦ φόβου Κυρίου, καὶ ἀπὸ τῆς δόξης τῆς ἰσχύος αὐτοῦ. 사 2:10에는 "두려움"(fear)이 있는 반면, 데살로니가후서 1:9에는 "두려움"이 빠져있다. 그런데 개역한글판은 "여호와의 위엄과 그 광대하심의 영광을 피하라"로 번역하므로 그 의미가 약화되었다. 표준 새번역과 표준 새번역 개정판은 "주님의 그 두렵고 찬란한 영광 앞에서 피하라"로 번역했고, 아가페 쉬운 성경은 "여호와의 진노와 그분의 영광스런 위엄을 피하라"로 번역했다. NKJV은 "From the terror of the Lord and the glory of His majesty."로 번역했으며, NIV는 "from the dread of the Lord and the splendor of his majesty!"로 번역했다. 이상의 번역들을 비교할 때 개역한글판이 내용의 의미를 약화시킨 것이 분명하다.

게는 심판으로 다가온다. 바울 사도는 이사야서에서 묘사된 심판의 사상을 데살로니가후서 1:9에서 강조하길 원한다.

데살로니가후서 1:9은 심판 받을 자들이 "주의 얼굴"을 떠나고 "그의 힘의 영광"을 떠나는 것으로 묘사한다. 여기서 "떠나"는 "아포"(ἀπό)로서 시간적인 의미(롬 1:20; 빌 1:5)로 "주의 얼굴"로부터 영원히 떠난다는 뜻도 있지만, 장소적인 의미(롬 9:3; 고후 11:3)로 기쁨의 원천이 되시는 "주님의 면전"에서 떠난다는 뜻도 있다.[34] 하지만 "아포"를 시간적인 의미로 받든지 장소적인 의미로 받든지 그 뜻에서는 큰 차이가 없다. 심판을 받을 자들은 복의 근원이 되시는 주님과의 교제가 단절되어 영원한 멸망의 형벌을 받을 것이기 때문이다. 그린(Green)은 "데살로니가후서 1:9이 전하는 사상은 불순종하는 자들이 단순히 주님의 임재로부터 제외된다는 뜻이 아니요, 이 임재로부터 나오는 영원한 멸망을 받게 되는 것이다"[35]라고 해석한다. 바울은 계속해서 심판받을 자들이 "그의 힘의 영광"을 떠날 것이라고 말한다. 하나님의 영광은 그의 힘을 근원으로 나타난다. 하나님의 전능은 그의 영광을 보장한다. "그의 힘의 영광"에서 떠나는 것은 하나님의 영광에 참예하지 못한다는 뜻이다(롬 8:17~18, 30; 고후 4:17; 빌 3:21).

데살로니가후서 1:9의 "영원한 멸망의 형벌"(ὄλεθρον αἰώνιον)은 이미 설명했듯이 "주의 얼굴"에서 떠나고, "그의 힘의 영광"에서 떠나는 것을 말한다. 본문은 멸망의 형벌이 영원하리라는 것을 확실히 한다. 본 구절은 영혼 멸절설(annihilation theory)을 지지하지 않는다. 예수님의 복음을 받지 않는 자들이 받을 멸망의 형벌은 계속되고 끝나지 않을 것이다. 스토트는 본 구절을 해석하면서 "하나님과 그리스도를 배척한 자들의 마지막 상태가 무섭고 영원할 것이라는 사실은 논의의 여지가

---

34) 살후 1:9: ἀπὸ προσώπου τοῦ κυρίου καὶ ἀπὸ τῆς δόξης τῆς ἰσχύος αὐτοῦ.
35) Gene L. Green, *The Letters to the Thessalonians*, p. 293.

없다. 그러나 그들의 배제 및 멸망이 의식적인 고통을 뜻하는 것일지 혹은 궁극적 멸절이 될지는 이 구절과 그 용어에 호소해서는 해결을 볼 수가 없다. 왜냐하면 사도가 여기서 어느 쪽도 분명하게 언급하고 있지 않기 때문이다"[36]라고 애매하게 해석했다. 그러나 데살로니가후서 1:9의 "영원한 멸망의 형벌"은 "주님의 얼굴과 그의 힘의 영광을 떠나"는 것인데 이는 멸절의 개념과 거리가 멀다. 왜냐하면 존재하는 자만이 제외될 수 있기 때문이다(참조, 눅 16:22~24; 마 13:42, 50; 계 14:10; 19:20; 20:10). 불순종하는 자들이 영원한 고통의 심판을 받게 될 것이라는 내용은 바울 서신뿐 아니라 성경의 여러 곳에서 발견된다. 성경은 심판 받을 자들이 갈 곳을 "꺼지지 않는 불"(마 3:12), "풀무불"(마 13:42, 50), "영영한 불"(마 25:41), "영원히 예비된 캄캄한 흑암"(유 1:13), "불과 유황으로 타는 못"(계 21:8) 등으로 묘사하며, "하나님의 진노"(엡 5:6)를 받게 될 것이라고 설명한다. 성경은 스토트가 가능성을 열어놓은 "영혼 멸절설"[37]을 지지하지 않는다. 불순종하는 자들에게

---

36) John Stott, *The Gospel and the End of Time*, p. 149; 영혼 멸절설은 John Stott(David L. Edwards and John Stott, *Essentials*, London: Hodder & Stoughton, 1988, pp. 313-320), P. E. Hughes(P. E. Hughes, *The True Image*, Grand Rapids: Eerdmans, 1989, pp. 398-407), Clark Pinnock("The Destruction of the Finally Impenitent," *Criswell Theological Review* 4 (Spring, 1990), pp. 243-259), Edward William Fudge(*The Fire That Consumes*, Houston: Providential Press, 1982) 등의 학자들에 의해 지지를 받는다.

37) 영혼 멸절설을 지지하는 논증은 다음과 같이 요약할 수 있다. 첫째, 천국에서의 성도들의 기쁨이 지옥에서 어떤 사람들이 계속적으로 징벌을 받고 있다는 지식으로 손상을 입게 될 것이라는 이론이다. 하지만 천국에서의 성도들의 기쁨은 하나님을 사랑하고 동료 성도들을 사랑하는 데서 기인하며 자신이 천국에 있다는 사실에 근거하기 때문에 성도들의 영원한 기쁨이 손상을 입을 이유가 없다. 천국에서 성도들 사이에 상급의 차이가 있을지라도 성도들 각자의 영원한 기쁨이 손상 받지 않은 이유도 자신이 천국에 속해 있다는 기쁨이 다른 모든 것을 덮을 수 있기 때문이다(참조, 고전 3:10-15). 둘째, 하나님이 불신자들에게 지속적으로 보복한다는 사상은 의롭지 못하다는 이론이다. 이 이론은 지속적으로 불신자들이 고통을 받도록 내버려 두신 하나님을 잔인하다고 생각한다. 하지만 영혼 멸절설의 이론은 자승자박한 셈이 된다. 왜냐하면 불신자들의 고통을 염려한다면 불신자들이 죽자마자 멸절되어야 한다고 주장해야 옳다. 그들은 불신자들의 영혼이 죽은 이후 일정 기간 고통을 받다가 멸절될

내려질 예수님의 심판은 마지막이 될 것이지만 불순종하는 자들이 받게 될 형벌은 영원히 고통스러운 것이 될 것이다.

넷째, 하나님의 심판의 결과는 영화로운 것이 될 것이며 예수님의 재림 때에 발생할 것이다(살후 1:10). 개역한글판은 "그가 오실 때"와 "그 날"을 연결하여 "그 날에 강림하사"로 번역했다. 그러나 헬라어는 "그가 오실 때"를 문장 앞에 두고 "그 날"은 문장 마지막에 위치시켰다. 헬라어는 "그가 오심"을 강조하여 "그 날"은 그가 오셔야만 발생할 것임을 함축하고 있다. "그 날"은 예수님의 재림하실 날을 가리킨다.[38] "그 날"은 미래에 발생할 것이다. 예수님께서 "그 날"에 신자들에게는 "내 아버지께 복 받을 자들이여 나아와 창세로부터 너희를 위하여 예비된 나라를 상속하라"(마 25:34)고 축복하시고, 불신자들에게는 "저 주받을 자들아 나를 떠나 마귀와 그 사자들을 위하여 예비된 영영한 불에 들어가라"(마 25:41)고 저주하실 것이다. 하나님께서 심판하실 "그 날"이 오면 예수님에게 접붙인 바 된 성도들에게는 더 이상 사망이 그 효력을 발휘할 수 없을 것이다(고전 15:26, 55~56).

바울 사도는 데살로니가전후서에서 예수님의 재림을 여러 차례 언급한다.[39] 그 이유는 그리스도의 복음 때문에 핍박을 받고 있는 데살로니

것을 주장하기 때문이다. 셋째, 마 25:26의 "저희는 영벌에, 의인들은 영생에 들어가리라"의 말씀에서 사용된 "영원"(αἰώνιον)이 시간적인 영원성을 가리키지 않는다는 이론이다. 그들은 아이오니오스(αἰώνιος)가 행동의 결과를 가리키지, 과정을 가리키지 않는다고 주장한다. 하지만 모든 신약 저자들은 오는 세상이 영원할 것이라고 기록한다. 그리고 같은 문맥에서 사용된 아이오니오스가 영생에는 끝없는 뜻으로 적용되고, 영벌에는 끝없는 뜻으로 적용되지 않는 것은 일관성을 결여한 해석이다.

38) ὅταν이 뒤에 따라 나오는 부정과거 가정법(ἔλθῃ)과 함께 "그 날"이 미래에 발생할 것을 함축하고 있다.

39) 살전 1:10 "그의 아들이 하늘로부터 강림하심을 기다린다"(ἀναμένειν τὸν υἱὸν ἀυτοῦ ἐκ τῶν οὐρανῶν); 살전 2:19 "그의 강림"(ἐν τῇ αὐτοῦ παρουσίᾳ); 살전 3:13 "강림하실 때에"(ἐν τῇ παρουσίᾳ); 살전 4:15 "강림하실 때"(εἰς τὴν παρουσίαν); 살전 4:16 "강림하시리니"(καταβήσεται ἀπ᾽ οὐρανοῦ); 살전 5:23 "강림하실 때"(ἐν τῇ παρουσίᾳ); 살후 1:10 "강림하사"(ὅταν ἔλθῃ); 살후 2:1 "강림하심"(τῆς παρουσίας); 살후 2:8 "강림하여"(τῆς παρουσίας αὐτοῦ)로 표현한다.

가 교회 성도들을 위로하기 위함이다. 바울 사도는 예수님의 재림 때에 있을 잔치는 성도들만 위한 잔치가 될 것이라고 말한다. 예수님은 다른 사람 아닌 "그의 성도들에게서"(ἐν τοῖς ἁγίοις αὐτοῦ) 영광을 얻으시고, "모든 믿는 자에게서"(ἐν πᾶσιν τοῖς πιστεύσασιν) 기이히 여김을 받으실 것이다. 예수님 재림 때에 있을 잔치에 불신자들의 자리는 마련되지 않을 것이다. 여기 "성도들"과 "모든 믿는 자"는 예수님 재림 때에 하나님 나라를 상속 받을 같은 그룹의 사람들을 가리킨다. 그런데 벵겔(Bengel)은 "성도들"과 "모든 믿는 자"를 구분하여 설명한다. 벵겔은 "이 단어(모든)가 성도들에게는 덧붙여 사용되지 않고 믿는 자에게만 덧붙여 사용된 이유는 믿는 자들이라는 용어가 성도들이라는 용어 이상의 의미를 갖고 있기 때문이다." "성도들은 할례를 통해 구성된 사람들이요, 믿는 자들은 데살로니가 교회 성도들도 포함된 이방인들로 구성된 사람들이다"[40]라고 해석한다. 벵겔은 특별한 근거를 제시하지 않고 성도들과 믿는 자들을 구별한다. 벵겔의 구분은 별로 설득력이 없다. 이 구절에서 "성도들"과 "모든 믿는 자"를 구분할 아무런 근거도 발견할 수 없다. 단지 바울이 인접 문맥에서 같은 표현의 중복을 피하려고 다른 표현을 사용했다고 생각할 수 있다. 이 구절에서 바울 사도는 예수님께서 재림하실 때에 구원 받은 모든 그의 백성들의 영광을 받으시고, 기이히 여김을 받으실 것을 설명하고 있다(롬 1:7; 고전 1:2).

그러면 예수님께서 재림 때에 "그의 성도들에게서 영광을 얻으신다"(살전 1:10)는 말은 무엇인가? 박윤선 박사는 "'영광을 얻으심'은, 그리스도께서 그의 성도들을 구원하시므로 그들이 그의 구원의 덕을 찬양하며 송영함을 의미한다(시 67:3~5; 88:8; 사 49:3)"[41]라고 성도들의 찬양과

---

40) John A. Bengel, *Bengel's New Testament Commentary(Gnomon of New Testament)*, vol. 2(Grand Rapids: Kregel Publications, 1981), pp. 490-491.

송영함을 통해 예수님께서 영광을 얻으신다고 평범하게 해석한다.

그러나 바울은 "영광을 얻는다"(ἐνδοξάζω)는 표현을 특이하게 본서에서만 두 번 사용한다(살후 1:10, 12). 부정사 ἐνδοξασθῆναι("영광을 얻으시고")와 함께 사용된 ἐν("안에서")이라는 전치사는 영광을 받으시는 일이 어디에서 발생할 것인지를 가리킨다. 즉 주님은 성도들 안에서 영광을 받으실 것이다. 이디(Eadie)는 이를 다음과 같이 해석한다.

> 그는 그들(성도들) 안에서 영광을 받는다. 그는 그들의 인격 안에서, 그들을 용서하고 변화시킨 구원의 능력 안에서, 그들의 영적인 성숙 안에서, 영적인 성숙에 이르는 모든 이전 단계와 과정 안에서, 그들 위에 지울 수 없게 인을 친 자기 자신의 형상 안에서, 그들의 완전하고 변할 수 없는 축복됨 안에서, 그리고 그들의 충만하고 최종적인 영화로움 안에서 영광을 받는다. 그들의 역사와 예정의 이 모든 요소들 안에 그리스도의 영광이 반영되어 있다. 그는 그 자신이 영광을 받으신다(엡 1:6, 12). 그의 사랑과 그의 대속적 죽음, 그의 영과 그의 중보 기도가 그 자신의 거룩한 목적을 그들 안에서 이루셨다. 그리고 그는 그의 중보의 열매로서 그들 안에서 영광을 받는다.[42]

성도들은 하나님께서 그리스도 안에서 만드신 걸작품이다(엡 2:10). 예수님께서 재림하실 때 완성된 하나님의 걸작품을 보시고 영광을 받으실 것이다. 예수님 재림 때에는 성도들이 예수님께서 그의 죽음과 부활을 통해 이루신 눈부신 사역 때문에 예수님께 영광을 돌리고, 예수님은 성도들 안에 온전하게 형성된 하나님의 형상 때문에 "기이히 여김을 얻으실 것이다"(살후 1:10). 예수님 재림 때에 하나님께서 성도들 안에 이루신 일은 모든 기대를 뛰어 넘을 것이요, 모든 인간의 생각을 능가할 것이다.

---

41) 박윤선, 『바울서신 주석』, p. 435.

42) John Eadie, *Thessalonians*, p. 246; Cf. William Hendriksen, *1 and 2 Thessalonians(NTC)*, p. 161.

이디의 해석은 이렇다.

> 성도들이 그 날에 그렇게도 순수하고, 그렇게도 사랑스럽고, 그리고 그렇게도 그리스도를 닮은 모습으로 나타나게 될 때; 그들의 그렇게도 죄가 많고, 그렇게도 연약하고, 그렇게도 더럽고, 그리고 그렇게도 무력한 지상에서의 처음 상태와 성도들이 누릴 재림 때의 영광이 비교될 때; 그들이 무슨 일, 즉 그의(예수님의) 십자가와 수난으로 구원 받았다는 생각을 할 때; 이런 일들이 하나님의 아들을 믿는 어린이의 신뢰와 같은 단순한 방법으로 성취되었음을 생각할 때; 그러면 그들을 위해 그런 위대한 일들을 이루신 그분은 마땅히 그들의 존경과 경의를 받을만하다.[43]

이 말씀은 비록 성도들의 최종 구원 받은 상태가 전적으로 하나님의 은혜로 성취된 것이지만, 성도들 안에 성취된 하나님의 눈부신 계획은 재림 주되신 예수 그리스도가 그것을 봄으로 영광을 얻으시고, 또한 그것을 봄으로 놀라게 되실 것이라는 뜻이다. 브루스(Bruce)도 같은 어조로 "믿는 자들의 공동체는 하나님의 걸작품이다(그의 만드신 바, 엡 2:10); 예술가의 지혜와 기술은 그의 걸작품의 특질에 전시되었다. 그는 그의 걸작품을 고맙게 감상하는 사람들의 존경을 얻는다"[44] 라고 설명한다.

스토트(Stott) 역시 같은 어조로 다음과 같이 설명한다.

> 우리들 자신이 영화롭게 될 것이다. 이것은 그리스도의 형상으로의 완전한 변형을 수반할 것이다. 우리들의 몸은 부활과 함께 그리스도의 '영광의 몸의 형체'(빌 3:21)와 같게 될 것이다. 우리들의 성격은 그리스도처럼 될 것이다.

---

43) John Eadie, *Thessalonians*, p. 247.

44) F.F. Bruce, *1 and 2 Thessalonians(WBC,* Waco: Word Books, 1982*)*, p. 153: "The community of believers is God's masterpiece(his ποίημα, Eph 2:10); the wisdom and skill of the artist are displayed in the quality of his masterpiece, which wins him the admiration of those who appreciate it(cf. Eph 3:10)."

'우리가 장래에 어떻게 될 것은 아직 나타나지 아니하였으나 그가 나타내심이 되면 우리가 그와 같게 될 것이다'(요일 3:2). 종국적으로 우리는 모든 죄와 이기심에서 구원 받아 하나님과 다른 사람들을 위한 사랑으로 최대한으로 채워질 것이다. 그 결과 우리들은 진정한 인간 정체성을 발견하게 될 것이다.[45]

재림주 되신 예수님께서 하나님의 구속 계획 안에서 회복된 인간의 완전한 정체성을 보시고 감탄하시는 것은 마치 하나님께서 처음 창조 때에 모든 창조를 마치시고 "그 지으신 모든 것을 보시니 보시기에 심히 좋았더라"(창 1:31)고 감탄하시는 것과 비슷하다. 예수님은 재림 때에 완벽한 하나님의 작품인 성도들을 보시고 "기이히 여김을 얻으실 것이다"(살후 1:10).[46] 하나님의 처음 창조가 놀랍도록 아름답지만 하나님의 마지막 창조는 처음 창조 이상으로 더 놀라운 광경이 될 것이다.

1:10 "오직 믿음으로만" 이룰 수 있는 황홀한 완성

바울은 이제 이런 놀랄만한 일이 어떻게 성취되었는지를 설명한다. "우리의 증거가 너희에게 믿어졌음이라"(살후 1:10). 예수님께서 성도들 안에 성취된 하나님의 완전한 계획을 보시고 그 안에서 영광을 얻으시고, 또 놀라시게 되는 것은 데살로니가 성도들이 예수님에 대한 사도들의 증거를 믿는 데서부터 시작한다. 성도들의 믿음은 예수님께서 십자가의 죽음과 부활, 승천을 통해서 이루신 모든 것을 성도들의 것으로 만드는 통로 역할을 한다. 과거에 발생한 예수님의 죽음을 통한 구속과 부활을 통한 영원한 생명은 성도들이 예수님을 믿을 때 실제적으로

45) John Stott, *The Gospel and the End of Time,* p. 152.

46) 바울은 여기서 놀라움을 표시하는 단어인 θαυμάζω를 사용한다. 원래 이 말은 그 뿌리가 "본다"(θεάομαι)의 뜻과 통한다. 그러므로 θαυμάζω는 눈으로 보고 놀란다는 뜻이 있다. Cf. F. Annen, θαυμάζω, *Exegetical Dictionary of the New Testament,* vol. 2(Grand Rapids: Eerdmans, 1991), p. 135. 창 1:31은 "보시기에"라는 용어를 사용하여 시각적인 뜻을 담고 있다.

성도들의 것이 된다(골 2:12; 롬 10: 9~10).[47] 그들의 믿음은 그들을 그리스도와 연합하게 만들고 결국 그들은 예수 그리스도 때문에 예수님의 재림 때에 하나님의 걸작품으로 나타나게 될 것이다. 바울은 에베소서 4:13에서 "우리가 다 하나님의 아들을 믿는 것과 아는 일에 하나가 되어 온전한 사람을 이루어 그리스도의 장성한 분량이 충만한 데까지 이르리니"라는 표현으로 예수님 재림 때의 성도들의 모습을 그리고 있다.

1:11~12 기도의 효능과 결과

> 이러므로 우리도 항상 너희를 위하여 기도함은 우리 하나님이 너희를 그 부르심에 합당한 자로 여기시고 모든 선을 기뻐함과 믿음의 역사를 능력으로 이루게 하시고 우리 하나님과 주 예수 그리스도의 은혜대로 우리 주 예수의 이름이 너희 가운데서 영광을 얻으시고 너희도 그 안에서 영광을 얻게 하려 함이니라(살후 1:11~12).

바울의 기도에는 몇 가지 특징이 있다. 첫째, 바울은 시간과 장소를 가리지 않고 항상 기도한다. 그래서 바울은 "쉬지 말고 기도하라"(살전 5:17)고 명령할 수 있었다. 둘째, 바울은 삼위일체이신 하나님 중심으로 기도를 한다. 바울은 하나님의 은혜와 사랑이 지극히 크심을 깨닫고 하나님께 감사의 기도를 드린다(엡 1:3~14). 셋째, 바울은 예수 그리스도의 구속 사역의 오묘함과 영광스러움을 깨닫고 감격하면서 기도한다(롬 8:18~25). 넷째, 바울은 성령의 임재와 도움을 요청하는

47) 박형용, 『바울신학』(수원: 합동신학대학원출판부, 2005), pp. 191-194.

기도를 한다(고전 2:4; 엡 6:18~19). 다섯째, 바울은 항상 자신을 위해서보다는 다른 사람을 위해서 기도한다.

바울의 이런 특징은 데살로니가후서 1:11~12의 짧은 두 구절에서도 나타난다. 바울은 "항상"(살전 1:11) 기도한다고 말한다. 바울은 시간과 때를 가리지 않고 하나님의 은혜의 보좌 앞에 데살로니가 교회 성도들의 필요를 기억하고 그들을 위해서 기도한다(살전 1:2; 살후 1:3). 바울은 "우리 하나님"이 성도들을 부르심에 합당한 자로 여기신다고 하나님을 강조한다. 바울은 또한 "주 예수 그리스도의 은혜," 즉 그리스도의 구속 성취를 강조한다. 그리고 바울은 성도들이 그리스도 안에서 영광의 신분을 얻게 되었다고 성령의 임재와 도움을 함축적으로 설명한다.

바울이 데살로니가 교회의 성도들을 위해서 기도하는 기도의 내용은 데살로니가후서 1:11에서 두 가지로 언급되고, 기도의 목적도 데살로니가후서 1:12에서 두 가지로 언급된다.[48]

바울의 기도 내용은 두 가지다. 하나는 데살로니가 교회 성도들이 하나님의 부르심에 합당한 자가 되는 것이요, 그 다음은 데살로니가 교회 성도들이 모든 선을 기뻐하고 믿음의 역사를 능력으로 이루는 것이다. 바울의 기도의 목적도 두 가지다. 하나는 예수님의 이름이 데살로니가 교회 성도들 안에서 영광을 얻는 것이요, 그 다음은 데살로니가 교회 성도들이 예수 그리스도 안에서 영광을 얻는 것이다. 이제 바울의 기도의 내용과 기도의 목적을 좀 더 구체적으로 고찰하도록 한다.

---

48) 살후 1:11에 사용된 ἵνα 이후 부정과거, 가정법 형의 두 단어(ἀξιώσῃ πληρώσῃ)는 기도의 내용이 두 가지임을 암시하고 있다. 그리고 살후 1:12은 ὅπως 와 함께 가정법을 사용함으로 기도의 목적이 무엇인지를 밝히고 있다.

1:11 바울의 기도의 두 가지 내용

바울의 기도의 첫 번째 내용은 "성도들이 하나님의 부르심에 합당한 자로 되는 것"이다. 이 구절의 표현은 데살로니가후서 1:5의 "하나님 나라에 합당한 자로 여기심을 얻게 하려 함이니"와 거의 비슷한 표현이다. 그러므로 이 구절은 같은 전망에서 해석되어야 한다. "하나님의 부르심"은 복음의 제시를 통해 구원으로 부르심이요, 결국 하나님 나라 백성으로 부르신 것이다. 이 부르심은 전능하신 하나님의 부르심이기에 실패할 수 없는 효과적인 부르심이다. 하나님의 부르심이 성령의 역사와 함께 인간에게 적용되면 인간은 그 부르심을 거절할 수 없다.[49] 그래서 바울은 다른 서신에서 "미리 정하신 그들을 또한 부르시고 부르신 그들을 또한 의롭다 하시고 의롭다 하신 그들을 또한 영화롭게 하셨느니라"(롬 8:30)고 확언한다. 머레이(Murray)는 로마서 8:30을 해석하면서, "(로마서 8장) 30절은 우리를 시간적 영역으로 인도하고, 하나님의 자녀들 안에서 영원한 계획의 실제적 실현을 이루는 행위들을 가리키고 있다. 세 행위들, 즉 부르심(소명), 의롭다 하심(칭의), 영화롭게 하심(영화)이 언급되었다. 이 세 행위들은 깨뜨릴 수 없는 결속으로 연결되어 있다"라고 말하고, 계속해서 "부르심, 의롭다 하심, 영화롭게 하심이 하나님의 행위들로 제시된 사실을 주목해야 한다. '그가 부르시고,' '그가 의롭다 하시고,' '그가 영화롭게 하셨다.' '그가 미리 아시고,' '그가 미리 정하셨다'는 말씀처럼 (중생과 구원은 하나님 한 분만의 작품이라는) 똑같은 신적 모널지즘(monergism)이 나타난다. 구속의 적용의 이 요소들을 하나님의 행위 이외의 다른 용어로 정의 내리려는 것은 (본 절의) 이런 강조와 정면으로 상충되는 것이다"[50]라고 설명한다. "하나

---

49) 신약에서 κλῆσις는 구원에로 부르시는 하나님의 효과적인 부르심을 묘사할 때 사용된다(롬 11:29; 고전 1:26; 7:20; 엡 1:18; 4:1, 4; 빌 3:14; 딤후 1:9; 히 3:1; 벧후 1:10). Cf. William Hendriksen, *1 and 2 Thessalonians*, p. 162.

님의 부르심"은 항상 결과를 동반한 부르심이다. "하나님의 부르심"은 온전한 종말론적 구원을 보장하는 부르심이요, 하나님의 아들 됨을 보장하는 부르심이다. 그러므로 "우리 하나님이 너희를 그 부르심에 합당한 자로 여기신다"(살후 1:11)는 뜻은 하나님이 성도들을 부르신 목적대로 성도들의 삶의 방식이 일치하기를 원한다는 것이다.

바울의 기도의 두 번째 내용은 데살로니가 교회 성도들이 모든 선을 기뻐하고 믿음의 역사를 능력으로 이루는 것이다. 이 구절의 해석은 "기뻐함"(εὐδοκίαν)을 하나님의 행위로 해석하느냐 성도들의 행위로 해석하느냐 하는 것으로 약간의 어려움이 있다. "기뻐함"을 하나님이 기뻐하시는 것으로 해석할 수도 있다. 누가복음 2:14은 "지극히 높은 곳에서는 하나님께 영광이요 땅에서는 기뻐하심을 입은(εὐδοκίας) 사람들 중에 평화로다"라고 읽는다. 여기 누가복음 2:14의 "기뻐하심"은 하나님의 기뻐하심이 확실하다. 바울 서신의 경우도 "유도키아"를 하나님의 기뻐하심으로 해석해야 할 곳이 있다(엡 1:5, 9; 빌 2:13). 반면 "기뻐함"을 성도들이 기뻐하는 것으로 해석해야 할 구절들도 있다. "형제들아 내 마음에 원하는 바"(롬 10:1)의 "원하는 바"가 "유도키아"인데 이는 바울의 기뻐함을 가리키고, "어떤 이들은 투기와 분쟁으로, 어떤 이들은 착한 뜻으로 그리스도를 전파하나니"(빌 1:15)에서 "착한 뜻"이 "유도키아"인데 이 착한 뜻 역시 성도들의 착한 뜻을 가리킨다.

그러면 데살로니가후서 1:11에 사용된 "기뻐함"은 어떤 용도로

50) John Murray, *The Epistle to the Romans*(*NICNT*, Grand Rapids: Eerdmans, 1968), p. 320. Cf. Geoffrey B. Wilson, *Romans*(*A Digest of Reformed Comment*)(London: The Banner of Truth Trust, 1969), p. 150: "It must be noted that throughout the passage Paul speaks of salvation exclusively in terms of God's action. Those whom He foreloved are none other than those whom He glorified. Thus God's foreknowledge, predestination, calling, justification and glorification of His people form five links in an unbreakable chain of salvation." 모널지즘(Monergism)은 인간의 협력 없이 하나님 한 분만이 우리의 중생과 구원을 이루신다는 신학적인 용어이다.

사용되었는가? 이 구절에서 "기뻐함"은 "모든 선"(πᾶσαν εὐδοκίαν ἀγαθωσύνης)과 함께 사용되었다. 그런데 "선"이라는 용어인 "아가도쉬네"가 신약에서 네 번 나타난다(롬 15:14; 갈 5:22; 엡 5:9; 살후 1:11).[51] 그런데 우리가 현재 다루고 있는 데살로니가후서 1:11을 제외한 신약 세 곳에 사용된 "아가도쉬네"(선함, kindness, goodness, uprightness)는 문맥에 비추어 해석할 때 모두 인간에게 적용된 것으로 나타난다.[52] 그러므로 데살로니가후서 1:11에 사용된 "아가도쉬네"도 인간에게 적용된 것으로 해석하는 것이 타당하다. 그린(Green)도 "이 구절에서 생각하고 있는 것은 하나님의 '선함'이 아니라 데살로니가 교회 성도들의 태도이다"[53]라고 해석한다.

따라서 "선함"(아가도쉬네)이 인간에게 적용된 것으로 생각한다면 당연히 "모든 선을 기뻐함"은 데살로니가 교회 성도들의 행위를 가리키는 것으로 해석해야 한다. 바울은 데살로니가 교회 성도들이 선함, 착함, 올바름, 친절 등 모든 선을 기뻐함으로 성령의 열매를 맺는 삶을 살게 되기를 위해 기도한다. 바울은 계속해서 데살로니가 교회 성도들이 "믿음의 역사"를 하나님의 능력으로 이루게 하시도록 기도한다(살후 1:11; 참조, 살전 1:3). 이 구절의 "능력으로"(ἐν δυνάμει)라는 표현은 "이루게 한다"를 수식하고 있다. 그러므로 "우리 하나님"이 능력으로

---

51) J. B. Smith, *Greek-English Concordance to the New Testament*, p. 1(section 19).

52) J. Baumgarten, "ἀγαθός," *Exegetical Dictionary of the New Testament*, vol. 1(Grand Rapids: Eerdmans,1990), p. 7. "아가도쉬네"가 사용된 세 곳의 용법을 보면, "너희가 스스로 **선함이** 가득하고"(롬 15:14), "성령의 열매는 사랑과 희락과 화평과 오래 참음과 자비와 **양선과** 충성과 온유와 절제니"(갈 5:22-23), 그리고 "빛의 열매는 모든 **착함과** 의로움과 진실함에 있느니라"(엡 5:9)이다. 개역한글판은 "아가도쉬네"를 선함, 양선, 착함으로 번역했다.

53) Gene L. Green, *The Letters to the Thessalonians*, p. 297. Cf. R. Mahoney, "εὐδοκία," *Exegetical Dictionary of the New Testament*, vol. 2(Grand Rapids: Eerdmans, 1991), p. 76.; William Hendriksen, *1 and 2 Thessalonians*, p. 163.

이루게 하시는 주어가 된다. 바울의 기도는 하나님 중심적인 기도이다.

바울 사도는 "우리 하나님과 주 예수 그리스도의 은혜"(살후 1:12)를 설명하면서 하나의 정관사만 사용했다. 이는 바울 사도가 하나님과 예수 그리스도를 동격으로 생각했다는 뜻이다. 즉 바울은 예수 그리스도를 하나님으로 생각한 것이다. 그러므로 "은혜"는 하나님과 그리스도로부터 기인한다. 아버지 하나님과 성자 예수님의 속성은 은혜로 특징지을 수 있다.

1:12 바울의 기도의 두 가지 목적

이제 바울은 기도의 목적이 무엇인지 밝힌다. 바울의 기도의 첫 번째 목적은 주 예수의 이름이 영광 받게 되는 것이다. 주 예수께서 영광 받으시는 것과 주 예수의 이름이 영광 받으시는 것은 같은 의미이다. 예수님의 이름은 예수님이 자신을 계시해 주신 것으로 예수 그리스도 자신을 가리킨다.[54] 바울은 자신과 동료들이 데살로니가 교회 성도들을 위해 하나님께 드리는 기도의 궁극적 목적을 설명한다. 그것은 "예수님의 이름"이 데살로니가 교회 성도들 안에서 영광을 받는 것이다.

바울의 기도의 두 번째 목적은 데살로니가 교회 성도들이 예수님 안에서 영광을 받는 것이다.[55] 성도들이 예수님 안에서 영광을 얻는 것은 성도들이 예수님과 연합되었기 때문에 가능하다. 예수님이 이루신 영광이 바로 성도들의 영광이 될 것이기 때문이다.

예수님이 재림하시면 예수님은 성도들 안에서, 성도들은 예수님

---

54) 박형용, 『신약성경신학』(수원: 합동신학대학원 출판부, 2005), pp. 107-165: 박형용은 여기서 예수님의 이름의 용법과 의미에 관해 자세하게 소개한다. 예수님은 자신을 메시아, 주, 하나님의 아들, 인자의 이름으로 계시해 주셨다.

55) King James역은 "the name of our Lord Jesus Christ" 번역하여 Christ를 더 첨가했다. 그 이유는 King James역이 A(5세기), F(9세기), G(9세기), P(9세기)와 같은 신빙성이 약한 사본들에 의존했기 때문이다.

안에서 영광을 얻게 될 것이다. 예수님은 자신의 구속으로 성취된 하나님의 걸작품을 보고 영광을 받으실 것이요, 성도들은 그들의 메시아요, 구세주요, 재림주요, 심판주이신 예수 그리스도 안에서만 그의 구속 성취에 참여하는 영광을 얻게 될 것이다. 바울은 편안한 마음으로 아버지 하나님과 구세주이신 예수 그리스도에게 기도를 드린다. 박윤선 박사는 "바울 사도가 데살로니가후서 1:12에서 '우리'를 두 번 사용한 것은 하나님과 예수님에게 대한 바울의 친근한 관계를 나타낸다"[56]라고 설명한다.

56) 박윤선, 『바울서신 주석』, pp. 435-436.

제2장 주해

2:1-12 · 주의 날에 대한 교훈

2:13-15 · 바울의 감사와 권면

2:16-17 · 바울의 기도

2:1~12 주의 날에 대한 교훈

> 형제들아 우리가 너희에게 구하는 것은 우리 주 예수 그리스도의 강림하심과 우리가 그 앞에 모임에 관하여 혹 영으로나 혹 말로나 혹 우리에게서 받았다 하는 편지로나 주의 날이 이르렀다고 쉬 동심하거나 두려워하거나 하지 아니할 그것이라 누가 아무렇게 하여도 너희가 미혹하지 말라 먼저 배도하는 일이 있고 저 불법의 사람 곧 멸망의 아들이 나타나기 전에는 이르지 아니하리니 저는 대적하는 자라 범사에 일컫는 하나님이나 숭배함을 받는 자 위에 뛰어나 자존하여 하나님 성전에 앉아 자기를 보여 하나님이라 하느니라 내가 너희와 함께 있을 때에 이 일을 너희에게 말한 것을 기억하지 못하느냐 저로 하여금 저의 때에 나타나게 하려 하여 막는 것을 지금도 너희가 아나니 불법의 비밀이 이미 활동하였으나 지금 막는 자가 있어 그 중에서 옮길 때까지 하리라 그 때에 불법한 자가 나타나리니 주 예수께서 그 입의 기운으로 저를 죽이시고 강림하여 나타나심으로 폐하시리라 악한 자의 임함은 사단의 역사를 따라 모든 능력과 표적과 거짓 기적과 불의의 모든 속임으로 멸망하는 자들에게 임하리니 이는 저희가 진리의 사랑을 받지 아니하여 구원함을 얻지 못함이니라 이러므로 하나님이 유혹을 저의 가운데 역사하게 하사 거짓 것을 믿게 하심은 진리를 믿지 않고 불의를 좋아하는 모든 자로 심판을 받게 하려 하심이니라(살후 2:1~12).

바울은 데살로니가후서를 쓰는 가운데 2:1에서 처음으로 "데"(δέ)를 사용한다. 바울이 여기서 "데"를 쓰는 이유는 지금까지의 내용과는 달리 이 편지의 중심 되는 주제를 다루기 위해서다. 바울 사도는 데살로니가후서 2:1~12에서 예수님의 재림에 관한 잘못된 교훈과 조급한 기대의 잘못을 비교적 상세하게 설명하고, 2:13~3:15의 말씀에서는 예수님의 재림을 고대하며 사는 성도들이 어떻게 살아야 할 것과 잘못된 교훈에 빠진 동료들을 어떻게 대하여야 할 것을 가르치고 있다. 그러므로 넓게는 2:1~3:15은 데살로니가후서 전체의 몸체라고 할 수 있고, 좁게는 2:1~12을 데살로니가후서의 핵심 부분이라고 할 수 있다.

2:1~4 주의 날에 대한 경고

바울은 본 단락의 내용을 통해 데살로니가 교회를 괴롭히는 사람들이 핍박자들뿐 아니라(참고, 행 17:5~9, 13~15; 살전 1:6; 2:14~16; 3:4~5) 거짓 교사들(살후 2:1~2)도 있었음을 밝히고 있다. 거짓 교사들은 "주 예수 그리스도의 강림"과 "우리가 그 앞에 모임"[1]에 관한 것을 잘못 가르쳤다. 그래서 데살로니가 교회 내에 미혹이 있었고 혼란이 일어났다. 바울은 이미 데살로니가전서 4:13~18에서 "예수 그리스도의 강림"과 "성도들이 재림하실 예수님을 만날 일"에 대해 상세히 가르친 바 있다. 그러함에도 데살로니가 교회 성도들은 거짓 교사들의 잘못된 교훈에 빠져 그리스도의 강림에 대하여 잘못 생각하고 있었다. 그래서 바울 사도는 예수 그리스도의 재림에 대해 "혹 영으로나 혹 말로나 혹 우리에게서 받았다 하는 편지로나 주의 날이 이르렀다고 쉬 동심하거나 두려워하거나 하지 아니할 그것이라"(살후 2:2)고 호소한다.[2]

2절의 "쉬 동심하거나"[3]를 뜻하는 "살류데나이"(σαλευθῆναι)는 부정과거형으로 데살로니가 교회 성도들이 처음에 흔들리고 자극받은 상태를 강조하고, "두려워하거나"를 뜻하는 "드로에이스다이"(θροεῖσθαι)는 현재시상으로 데살로니가 교회 성도들이 계속해서 두려워한 상태를 강조한다. 데살로니가 교회 성도들은 거짓 교사들이

---

1) ἐπισυναγωγῆς 는 신약성경에서 본 절(살후 2:1)과 히 10:25에만 나타난다. 하지만 두 곳의 용법은 큰 차이를 나타낸다. 히 10:25의 ἐπισυναγωγήν은 기독교 신자들이 경배와 권고를 위해 특정한 장소에 정규적으로 모이는 것을 뜻하지만, 살후 2:1의 ἐπισυναγωγῆς는 예수님 재림 때에 성도들이 그의 앞에 모이는 종말론적인 의미를 가지고 있다. Cf. 박형용, 『히브리서』(한국성경 주석총서)(서울: 도서출판 횃불, 2003), p. 263; Philip E. Hughes, *A Commentary on the Epistle to the Hebrews*(Grand Rapids: Eerdmans, 1977), p. 418

2) 살후 2:2 서두의 εἰς τό와 뒤따라 나오는 부정사(σαλευθῆναι와 θροεῖσθαι)는 살후 2:1의 ἐρωτῶμεν의 목적이 된다. 그러므로 바울의 호소의 목적은 데살로니가 교회 성도들이 쉽게 흔들리거나 불안해 할 필요가 없다는 것이다.

3) 개역개정판은 "쉽게 마음이 흔들리거나"로, 쉬운성경은 "흔들리거나"로, 표준 새번역과 표준 새번역개정은 "쉽게 흔들리거나"로 각각 번역했다.

주의 날이 이미 이르렀다고 가르침으로 처음에 많이 흔들렸고 그로인해 계속 두려워하고 있었다.[4] "쉬 동심하는 것"은 폭풍이 지나가는 바다 위에서 배가 요동치듯이 마음이 철저하게 안정되지 않은 상태를 뜻한다(참조, 행 2:25; 17:13).[5] "두려워하는 것"은 위험이 곧 닥칠 것으로 생각하는 심리적인 상태를 뜻한다. 데살로니가 교회 성도들이 이렇게 불안하고 안정되지 못하며 두려워한 것은 "주님의 날이 이미 이르렀다"(살후 2:2)는 소식 때문이었다.

"주님의 날"은 예수님의 재림의 날을 가리킨다. 그날에 예수님은 심판주로 세상을 심판하실 것이요(마 25:41~46), 그의 구속 사역은 완성되고(롬 11:36; 고전 15:50~57), 그의 교회는 온전하게 되며(엡 4:12~16), 그는 성도들로부터 영광을 받고, 그는 완성된 왕국을 아버지 하나님께 바치게 될 것이다(고전 15:23~28). 그날에는 예수님께서 지금까지 보지 못한 최고의 위치에 오를 것이다.[6] 데살로니가 교회 성도들은 이런 주님의 날이 이미 이르렀다는 소식에 흔들리고 두려워한 것이다. 본문의 "이미 이르렀다"(ἐνέστηκεν)는 "에니스테미"(ἐνίστημι)라는 완료시상이다. "에니스테미"는 신약성경에 7회 사용되었다(롬 8:38; 고전 3:22; 7:26; 갈 1:4; 살후 2:2; 딤후 3:1; 히 9:9).[7] 신약의 용례에 비추어 볼 때

4) John Stott, *The Gospel and the End of Time*, p. 157; John Eadie, *Thessalonians*, p. 256.

5) Norman Hillyer, "σαλεύω," *The New International Dictionary of New Testament Theology*, vol. 3(Grand Rapids: Zondervan, 1979), p. 559.

6) John Eadie, *Thessalonians*, p. 259.

7) 롬 8:38은 ἐνεστῶτα(완료, 분사)가 사용되고 "현재 일"(things present)로 번역되었으며, 고전 3:22은 ἐνεστῶτα(완료, 분사)가 사용되고 "지금 것"(things present)으로 번역되었고, 고전 7:26은 ἐνεστῶσαν(완료, 분사)이 사용되고 "임박한"(present, be at hand)으로 번역되었으며, 갈 1:4의 ἐνεστῶτος(완료, 분사)는 "현재"(present)로 번역했고, 살후 2:2의 ἐνέστηκεν(완료 시상)은 "이르렀다"(to have come)로 번역했다. 그리고 딤후 3:1의 ἐνστήσονται(ἐνίσταμαι 의 미래)는 "이르리니"(be at hand)로 번역했고, 히 9:9의 ἐνεστηκότα(완료, 분사)는 "현재"(present)의 의미로 번역되었다. 이렇게 볼 때 신약에 사용된 "에니스테미"(ἐνίστημι)가 미래시상인 딤후 3:1의 경우를 제외하고 모두 이미 실현된 의미로 사용되었다.

본문의 "에니스테미"는 "주님의 날"이 이미 도착했다는 뜻을 가지고 있다.

그러면 데살로니가 교회 성도들이 왜 이렇게 흔들리고 두려워하게 되었는가? 그들은 거짓 교사들이 "영으로나 혹 말로나 혹 우리에게서 받았다 하는 편지로 주의 날이 이르렀다고"(살후 2:2) 하는 잘못된 교훈에 미혹되었기 때문이다. 바울 사도는 세 개의 연결된 부정사(μήτε)를 사용하여 데살로니가 교회 성도들이 어떤 경로를 통해 미혹 받게 되었는지를 구체적으로 밝힌다.

첫 번째 경로는 "영으로"(διὰ πνεύματος)이다. 본 구절의 맥락에 비추어 볼 때 여기 사용된 "프뉴마"가 인간의 "영" 혹은 "심령"을 가리킨다고 생각할 수 없다.[8] 왜냐하면 데살로니가 교회 성도들이 어떤 사람들의 "심령" 혹은 "영" 때문에 "주의 날"에 대해 미혹을 받을 수 없기 때문이다. 그렇다면 본문의 "프뉴마"는 성령을 가리키는 것으로 해석해야 한다. "프뉴마"가 성령일 경우 데살로니가 교회 성도들은 "성령으로" 주의 날에 대해 미혹을 받은 것이다. 그런데 성령은 보이지 않는 제3위 하나님이시다. 이 말씀은 거짓 교사들이 성령으로부터 받았다고 말하면서 주의 날에 대한 거짓 예언을 한 것이다. 칼빈은 "영으로나"는 "거짓 예언들"을 뜻한다고 해석한다. 칼빈은 그 당시

---

8) 데살로니가후서에서 "프뉴마"를 사용한 곳은 살전 2:2, 8, 13 세 곳뿐이다. 개역한글판과 개역개정판은 살전 2:2은 소문자 "영"으로 번역했고, 살전 2:8은 "입의 기운" 할 때 "기운"으로 번역했으며, 그리고 살후 2:13만 성령으로 번역했다. 반면 표준 새번역은 살후 2:2을 "예언"으로, 살후 2:8을 "입김"으로, 그리고 살후 2:13을 "성령"으로 번역했다. 표준 새번역 개정판은 살전 2:8의 "입의 기운"을 "입김"으로 줄여 번역하는 변화를 주었지만 개역한글판이나 개역개정판의 번역으로 회귀하는 번역을 했다. 반면 KJV은 살후 2:2을 소문자 "spirit"으로, 살후 2:8을 "the spirit"(of his mouth)로, 그리고 살후 2:13을 "the Spirit"으로 번역했다. 그런데 NASB 와 NKJV 은 살후 2:2을 "spirit"으로, 살후 2:8을 "the breath"로, 살후 2:13을 "the Spirit"로 번역했다. 반면 NIV 는 살후 2:2을 "prophecy"로, 살후 2:8을 "the breath"로, 그리고 살후 2:13을 "the Spirit"로 번역했다.

불경건한 사람들 사이에 이런 방식으로 말하는 것이 통례였기 때문에 그들이 자신들을 칭찬하기 위해 예언적 진술들을 가리켜 "영으로"(διὰ πνεύματος)라는 용어를 사용했다고 말한다.[9] 박윤선 박사도 "영으로" 란 말은 저들 착각자들이 성령의 계시에 근거하여 주장한다는 뜻으로 해석한다.[10] 데살로니가 교회 안에 거짓 교사들이 침입해서 그들이 성령으로부터 받았다는 거짓 예언을 사용하여 성도들을 미혹시킨 것이다.

두 번째 경로는 "말로"(διὰ λόγου)이다. 거짓 교사들은 "말로" 데살로니가 교회 성도들을 미혹했다. 칼빈은 "말로"를 "모든 종류의 교리"가 포함되는 것으로 해석하며,[11] 박윤선 박사는 "말로"란 말은 착각자들이 사도의 말에 의지하여 주장한다는 뜻으로 해석한다.[12] 신약성경은 당시 순회 전도자들이 이단의 교훈을 가르쳤다고 증거한다(딤후 2:17~18; 요이 1:7). 데살로니가 교회의 경우는 거짓 교사들이 자신들의 거짓 교훈을 마치 사도가 말한 내용이듯 데살로니가 교회 성도들에게 전한 것이다. 분별력이 깊지 못한 데살로니가 교회 성도들 중의 일부는 거짓 교사들의 말을 너무 쉽게 받아들였다.

세 번째 경로는 "우리에게서 받았다 하는 편지로"(δἰ ἐπιστολῆς ὡς δἰ ἡμῶν)이다. 모파트(Moffatt)는 "편지"가 바울의 이름을 도용하여

---

9) John Calvin, *The Epistles of Paul to the Romans and Thessalonians*, Trans. R. Mackenzie, p. 397.

10) 박윤선, 『바울서신 주석』, p. 437; Hendriksen 은 διὰ πνεύματος를 "inspired message" 혹은 "prophetic voice"로 해석하고(*I and II Thessalonians*, p. 168); James Moffatt 은 "the hallucination of some early Christian prophet at Thessalonica"로 해석하며(*The First and Second Epistles to the Thessalonians: The Expositor's Greek Testament*, p. 47); William Arnold Stevens는 "any supposed prophetic communication"으로 해석한다("Commentary on the Epistles to the Thessalonians," *An American Commentary on the New Testament*, vol. V, ed. Alvah Hovey (Valley Forge: The Judson Press, 1887, p. 82).

11) John Calvin, *op. cit.*, p. 397.

12) 박윤선, 전게서, p. 437.

어떤 사람들이 위조한 편지일 가능성도 제시하지만, 그는 본 구절의 "편지로"를 "데살로니가전서의 어떤 구절에 대한 곡해"나 혹은 "잃어버린 바울의 편지의 어떤 구절에 대한 곡해"를 뜻하는 것으로 해석한다.[13] 하지만 이 구절의 "편지"가 정관사 없이 사용되었기 때문에 데살로니가전서를 가리킨다고 말할 수 없다. 만약 바울 사도가 데살로니가전서를 가리켰다면 "편지" 앞에 정관사를 사용했을 것이다. 그러므로 박윤선 박사가 "우리에게 받았다고 하는 편지"는 거짓 교사들이 사도의 권위를 사칭하여 자신의 편지를 마치 사도의 편지인 것처럼 쓴 것을 가리킨다고 해석한 것이 바르다고 생각되며[14] 또한 같은 맥락에서 칼빈이 제시했듯이 본 구절의 "편지"는 바울 사도의 이름을 도용하여 쓴 거짓 교사들의 편지를 가리킨다고 해석한 것[15]이 더 타당하다고 생각된다.

데살로니가 교회 성도들은 이상의 세 가지 경로로 거짓 교사들이 "주의 날"에 대해 잘못된 교훈을 가르치자 그 교훈에 미혹되어 흔들리고 두려워한 것이다. 그래서 바울은 "누가 아무렇게 하여도 너희가 미혹하지 말라"(살후 2:3)고 권면하면서 "주의 날"에 대해 자세히 설명한다. "미혹하지 말라"[16]는 "아무도 너희를 속이지 못하게 하라"는 뜻이거나 또는 "아무도 너희를 기만하지 못하게 하라"의 뜻이다.

바울은 "주의 날"이 "먼저 배도하는 일이 있고 저 불법의 사람 곧 멸망의 아들이 나타나기 전에는 이르지 아니하리니"(살후 2:3)라고 말한다. 본문의 구조로 보아 배도하는 일이 먼저 일어나고 "불법의 사람"이 뒤를 따를 것이다. 그러나 본문은 "배도하는 일"과 "불법의 사람의

---

13) James Moffatt, *The First and Second Epistles to the Thessalonians*, p. 47.

14) 박윤선, 전게서, p. 437.

15) John Calvin, *op. cit.*, p. 397.

16) "미혹히다"의 ἐξαπατήση(ἐξαπατάω의 부정과거, 가정법)는 ἀπατάω의 강세형이다(ἐκ 참조).

나타남" 사이의 시간 관계보다는 "주의 날의 임함"과 "배도의 일" 사이의 선후 관계를 강조하고 있다. 바울은 "배도의 일"이 먼저 있고 그 다음에 "주의 날"이 임하게 될 것임을 확실히 하고 있다.

바울 사도는 데살로니가후서 2:3 하반절에서 생략법을 사용한다. 즉 "에안"(ἐὰν)이라는 접속사가 이끄는 조건절을 충족시켜 줄 귀결절이 없다.[17] 바울이 이렇게 귀결절을 생략한 것은 마음속으로 "주의 날이 아직 이르지 않았음을 생각하고" 있었기 때문이다. 바울은 "배도하는 일"이 있고 "불법의 사람"이 나타나기 전에는 주의 날은 오지 않을 것임을 분명히 하고 있다. 바울은 주의 강림이 갑자기 올 것임을 부인하지 않지만(참조, 살전 5:2) 주의 강림이 있기 전에 배도하는 일이 있을 것이요 불법의 사람이 나타날 것이라는 것을 분명히 하고 있다.

그러면 "배도하는 일"은 어떤 사건을 가리키는가? "배도"(ἀποστασία)는 어떤 종류이든 기존 권위에 도전하는 의미로 사용된다. 배도는 공동체와 그 규칙을 배반한 경우일 수 있고(참조, 1 QS 7:18ff.), 정치적인 권위에 대한 도전일 수도 있고(참조, 1 Esdras 2: 21, 22: ἀποστάτις), 종교적인 도전으로 하나님의 권위에 대한 도전일 수도 있다(수 22:22; 대하 29:19; 33:19).[18] 본문의 배도는 정관사(ἡ ἀποστασία)를 사용한 것으로 보아 구체적인 영적 변절을 가리킨다. 그러므로 데살로니가 교회 성도들은 바울이 말하고 있는 "배도하는 일"이 어떤 종류의 일인지를 잘 알고 있었다. 바울은 이미 데살로니가 교회 성도들에게 이런 영적 변절에 대해 언급한바 있다. "내가 너희와 함께 있을 때에 이 일을 너희에게

---

17) 귀결절을 제공한다면 ἡ ἡμέρα τοῦ κυρίου οὐκ ἐνστήσεται(주의 날이 이르지 않을 것이다)를 사용할 것이다. 개역한글판과 개역개정판은 (주의 날)이 "이르지 아니하리니"를 제공하고, 표준 새번역과 표준 새번역 개정판은 "그 날이 오기 전에"를 삽입하여 문장을 만들었다. NKJV 은 "that Day will not come"을 제공했고, NIV 는 "that day will not come"으로 day를 소문자로 처리했다.

18) W. Bauder, "Fall, Fall Away, ἀποστασία," *NIDNTT*, vol. 1(Grand Rapids: Zondervan, 1975), pp. 606-608.

말한 것을 기억하지 못하느냐"(살후 2:5). 예수님도 배도에 대해 이미 가르친바 있다(마 24:11~14). 바울은 성도가 그리스도의 진리 안에서 성장하고 탁월하게 되는 것이 정상적인 것인데 그렇지 못하게 될 때가 올 것을 가르쳤다. 바울은 때가 이르면 믿음은 약해지고, 사랑은 차갑게 되고, 소망은 붕괴되고, 진리는 잊혀져서 하나님을 무시하고, 그리스도를 기억하지 못하며, 성령을 소멸하고 슬프게 만드는 영적 변절이 있을 것이라고 가르쳤다.[19] 그러므로 바울이 본 절에서 언급하고 있는 "배도의 일"은 대단히 심각하고 치명적인 것이어서 누구나 인식할 수 있는 그런 변절이다. 이런 "배도의 일"이 발생하면 "불법의 사람"이 나타나게 될 것이다.

그러면 "불법의 사람"[20]은 누구를 가리키는가? 사본상으로 볼 때 "죄의 사람"이든 "불법의 사람"이든 큰 차이는 없다. 이는 모두 같은 대상을 염두에 두고 이르는 말이다. "불법의 사람"은 이사야 55:7의 "불의한 자"(ἀνὴρ ἄνομος)와 비슷한 표현이다. 이사야 선지자는 불의한 자가 하나님의 생각과 다른 생각을 하며 하나님의 길과 다른 길을

---

19) John Eadie, *Thessalonians*, p. 266.

20) 본문에 사본 상의 문제가 있다. "불법의 사람"(ὁ ἄνθρωπος τῆς ἀνομίας) 대신 "죄의 사람" (ὁ ἄνθρωπος τῆς ἁμαρτίας)을 택한 사본도 있다. "죄의 사람"은 광범위한 사본들의 지지를 받는다. Alexandrian witness: A(5세기), Western witnesses: D(6세기), G(9세기), Byzantine witnesses: K(9세기), L(9세기), P(9세기), Eusebius, Chrysoston, Augustine 등의 지지를 받는다. 반면 "불법의 사람"은 사본 중 가장 신빙성이 있다고 인정되는 Alexandrian witnesses(Neutral text); ℵ(4세기), B(4세기), 81(11세기)등의 지지를 받는다. 비록 "죄의 사람"이 광범위한 사본의 지지를 받지만 더 신빙성이 있는 사본들이 지지하는 "불법의 사람"을 본문으로 택하는 것이 타당하다. 사본학의 권위자인 Bruce Metzger 는 "The *Alexandrian text*(the *Neutral text*) is usually considered to be the best text and the most faithful in preserving the original."(p. xvii) "…evidence is now available that the Alexandrian type of text goes back to an archetype that must be dated early in the second century."(p. xviii) (Bruce M. Metzger, *A Textual Commentary on the Greek New Testament*, London, New York: United Bible Societies, 1971, p. xvii, xviii) 라고 ℵ사본과 B사본을 평가한다.

가는 자라고 말한다(사 55:8). 영(Young)은 이사야 55:7을 해석하면서 "악인(불의한 자)은 하나님을 대항하는 죄를 지은 자요 그의 길은 그가 따르고 그가 행하는 악한 생애의 과정이다"[21]라고 설명한다. 그리고 델리취(Delitzsch)는 하나님의 생각과 인간의 절망적인 생각의 차이는 하늘만큼 차이가 난다고 지적한다.[22] 이처럼 "불의한 자"는 그의 생각과 방법에 있어서 하나님을 대항하는 자이다. 바울 사도가 말하는 "불법의 사람"도 같은 종류의 사람을 가리킨다. 본문의 "불법의"라는 표현이 이 사람의 특징을 규정하고 있다. 불법의 사람은 하나님의 공의로운 법과는 거리가 먼 사람이다. 불법의 사람은 죄로 뭉쳐지고 불법으로 뭉쳐진 사람이다. 그의 계획과 행동이 모두 불법으로 이루어져 있다. 그린(Green)은 "불법의 사람"을 묘사하면서 "우리가 이 시점에서 말할 수 있는 바는 대체로 여기에 묘사된 인물(figure)이 주님이 반대하는 모든 것을 소유한 존재요, 다음에 설명하겠지만, 하나님의 위치를 빼앗으려할 것이다"[23]라고 정리한다.

"불법의 사람"은 곧 "멸망의 아들"이다. 하나님을 배반하고 하나님의 율법을 지키지 않고 불법을 자행하는 사람은 당연히 그 결국이 멸망일 수밖에 없다. 이 구절의 "멸망의 아들"은 이사야 57:4에서 언급한 "패역의 자식, 궤휼의 종류"(τέκνα ἀπωλείας, σπέρμα ἄνομον)[24]와 비슷한 표현이다. 이사야 선지자는 "패역의 자식"을 우상 숭배하는 자, 음행하는 자, 교만한 자, 불의를 행하는 자라고 말한다(사 57:3~21).

---

21) Edward J. Young, *The Book of Isaiah(NICOT)*, vol. III(Grand Rapids: Eerdmans, 1972), pp. 380-381,

22) Franz Delitzsch, *Biblical Commentary on the Prophecies of Isaiah,* vol. II, Trans. James Martin(Grand Rapids: Eerdmans, 1969), p. 358.

23) Gene L. Green, *The Letters to the Thessalonians,* p. 308.

24) 사 57:4의 해당 구절을 개역개정판은 "패역의 자식, 거짓의 후손"으로 번역했고, 표준 새 번역은 "거역하는 자의 자식, 거짓말쟁이의 종자"로 번역했다. 아가페출판사판 쉬운성경은 같은 구절을 "악인의 자식, 거짓말쟁이의 종자"로 번역했다.

예수님은 "멸망의 아들"(ὁ υἱὸς τῆς ἀπωλείας)이라는 말과 똑같은 표현을 사용하여 가룟 유다를 가리키는 데 사용하셨다(요 17:12). 이 말씀은 가룟 유다가 예수님을 배반하고 하나님의 구속 계획을 방해한 결과로 확실하게 멸망한 것처럼(마 26:24~25; 막 14:21; 눅 22:22), "불법의 사람"도 하나님의 법을 무시하고 하나님을 배반함으로 확실하게 멸망할 것이다. "성경의 용법으로 '…의 아들'이란 표현은 가장 강한 표현 방법으로 어떤 사람의 본성이나 혹은 어떤 사람의 탁월한 특성을 묘사하는 데 사용되었다."[25] 바울은 본 구절에서 불법의 사람의 멸망을 강조하고 있지 멸망 자체를 강조하는 것은 아니다(참조, 살후 2:8). 바울은 예수님의 재림의 때에 관해 설명하면서 먼저 배도하는 일이 있고 불법의 사람, 곧 멸망의 아들이 나타난 후에 예수님의 재림이 있게 될 것이라고 설명한다(살전 2:3).

"불법의 사람"이 누구냐에 대해 교회 역사는 여러 가지 제안을 내놓았다. (1) 어떤 이는 "불법의 사람"을 안티오커스 에피파네(Antiochus Epiphanes)와 동일시한다. 그 이유는 시리아의 왕 안티오커스 에피파네(BC 175~163)가 주전 167년경에 유대인들을 헬라화하기 위해 예루살렘 성전에서 드리는 제사를 금지하고 성전에 우상을 세워 성전을 더럽혔기 때문이다(살후 2:3). 안티오커스 에피파네는 예루살렘 성전 중심의 유대인들의 삶을 치욕으로 떨어뜨린 일들을 자행한 것이다. 그는 사독 계통으로 이어 내려 온 합법적인 대제사장 오니아스 2세(Onias II) 후임으로 예수스(Jesus of Jason, BC 175~172)를 자신이 대제사장으로 임명한다. 이는 있을 수 없는 일이요 불법적인 것이다. 이와 같은 잘못된 정책에 반대해서 마타타이아스(Mattathaisa)를 중심으로 한 하스모니

25) William A. Stevens, *Thessalonians(AMNT)*, p. 85: "'Son of,' in Biblical diction, expresses one's nature, or one's distinguishing characteristic, in the strongest manner"; Gene Green, *op. cit.*, p. 308.

안(Hasmonaeus) 제사장 가족이 무장 궐기를 했고, 특히 유다 마카비(Judas Maccabaeus)는 게릴라전에 능숙하여 안티오커스 4세(에피파네)로부터 종교적 자유를 보장받았다. 안티오커스 에피파네의 박해 기간은 대략 6년 반(BC 171~164) 정도이다(2,300 주야. 참조, 단 8:14). 안티오커스 에피파네의 이와 같은 종교적 탄압 때문에 그를 "불법의 사람"과 동일시한다.

(2) 어떤 이는 "불법의 사람"이 로마의 제3대 황제 가이우스 갈리굴라(Gaius Caligula, AD 37~41)를 가리키는 것으로 생각한다. 갈리굴라 황제는 AD 40년경 자신의 상을 성전에 세우고 신하들에게 그 상에 경배하도록 명했다. 어떤 해석자는 예수님께서 예언한 "멸망의 가증한 것"(마 24:15~16; 막 13:14)이 바로 갈리굴라 황제가 자신의 상을 성전에 세운 사건을 가리킨다고 해석하여 본 구절의 "불법의 사람"을 로마 황제 갈리굴라와 동일시하는 것이다. 그러나 갈리굴라의 명령은 시리아 총독 페트로니우스(Petronius)와 헤롯 아그립바 1세의 외교적 중재로 실현되지 못하다가 갈리굴라 황제가 AD 41년 암살됨으로 이행되지 않았다.

(3) 어떤 이는 "불법의 사람"을 AD 81년에 로마 황제가 된 도미티안(Domitian)과 동일시한다. 도미티안은 황제가 된 후 자신을 신으로 숭배하도록 강요한다. 이 명령에 복종하지 않는 사람들은 핍박했다. 요한 사도가 도미티안 황제의 통치 때에 밧모 섬에 추방당했고 거기서 계시록을 기록했다.

(4) 어떤 이는 "불법의 사람"이 마호메트(Mohammed, AD 570-632)를 가리킨다고 주장한다. 그 이유는 마호메트가 기독교 성지를 강탈하였기 때문이다.

(5) 어떤 이는 "불법의 사람" 즉 적그리스도를 악한 교황(Pope)을 가리키는 것으로 생각하거나 교황직(papacy)을 가리키는 것으로 생각한

다.[26] 초기 종교개혁자들 중 영국의 위클리프(Wycliffe)나 보헤미아의 요한 후스(John Hus)는 교황의 부패를 근거로 교황이 적그리스도인 것으로 생각했고, 16세기의 루터나 칼빈이나 츠빙글리와 같은 종교개혁자들은 교황직 자체를 적그리스도로 생각했다.[27] 칼빈은 "신으로 간주하는 모든 것 위에 높임을 받는 이 일을 교황이 하고 있는 일이 아니라면 무슨 뜻인가라고 나는 묻는다"[28]라고 하여 "불법의 사람"과 당시의 교황을 연계시킨다. 칼빈은 하나님의 특권과 대적하는 자의 특권을 비교한 후 "대적하는 자"가 누구인지는 열 살 먹은 어린아이도 알 수 있는데 대적하는 자는 바로 교황을 가리킨다고 말한다. 칼빈은 계속해서 선언하기를 "성경은 하나님이 유일한 입법자로서 구원하시기도 하며 멸하시기도 하는 분이시다(약 4:12). 그리고 하나님은 유일한 왕으로서 그의 말씀으로 사람의 영혼들을 다스리신다. 하나님만이 모든 거룩한 의식들(observances)을 만드실 수 있는 저자이시다"[29]라고 한다. 칼빈은 또한 교황이 하나님의 영광을 탈취하여 하나님에게는 공허한 명칭만 남기고 교황 자신에게 하나님의 모든 능력을 돌리기 때문에 바울 사도가 곧 이어 멸망의 아들이 자기를 하나님이라 선포한다는 말을 첨부한다(살후 2:4)고 해석한다.[30]

---

26) Westminster Confession of Faith의 제25장 6절은 "There is no other head of the church but the Lord Jesus Christ: nor can the Pope of Rome in any sense be head thereof; but is that antichrist, that man of sin, and son of perdition, that exalteth himself in the church against Christ, and all that is called God."

27) John Stott, *The Gospel and the End of Time: The Message of 1 & 2 Thessalonians* (Downers Grove: InterVarsity Press, 1991), pp. 163-167; "불법의 사람"에 관한 더 자세한 논의는 다음의 연구를 참조하라. Geerhardus Vos, *The Pauline Eschatology*(Grand Rapids: Eerdmans, 1966), pp. 94-135; F. F. Bruce, *1 & 2 Thessalonians: Word Biblical Commentary*, vol. 45(Waco: Word Books, 1982), pp. 179-188; W. Hendriksen, *I & II Thessalonians*(*NTC*), pp. 170-179.

28) Calvin, *The Epistles of Paul to the Romans and Thessalonians*, trans. R. Mackenzie, p. 401.

29) *Ibid.*

(6) 근래에는 이런 잘못을 저지르지 않지만 지난 약 3세기 어간에는 "불법의 사람" 혹은 "적그리스도"를 세상 역사에 지대한 악영향을 끼쳤다고 생각되는 인물과 연계하는 시도가 있었다. 어떤 이는 "불법의 사람", "적그리스도"를 나폴레옹이나 히틀러, 혹은 스탈린과 같은 정치적인 인물과 동일시하기도 한다. 대부분 그들의 특징은 법 없이 하나님 없이 행동하고 많은 악을 자행했다.

지금까지의 연구는 성경에서 언급한 예수님의 재림과 관련하여 "불법의 사람" 혹은 "멸망의 아들"을 해석자가 살고 있는 시대에 큰 해악을 끼쳤던 어떤 인물과 동일시하거나 해석자가 살고 있었던 시대 이전 역사에서 극악한 일을 했던 어떤 인물과 동일시한 사실을 보여준다. 그리고 지난 역사의 교훈은 "불법의 사람"을 어떤 역사적 인물과 동일시하려는 시도가 틀렸다는 것도 가르친다. 그러면 우리는 어떤 마음 자세로 데살로니가후서 2:1~12을 해석해야 하는가? 성경 해석의 원리는 후대의 해석의 결과에 비추어 성경 본문의 뜻을 확정해서는 안 되지만 역사적 노력들의 결과를 성경 해석에 참조할 수는 있다. 우리는 지난 역사적 연구를 통해 "불법의 사람"을 어느 특정 인물과 동일시하는 시도는 실패했지만 왜 해석자들이 어떤 특정 인물을 "적그리스도"로, "불법의 사람"으로 생각했는지는 이해할 수 있게 되었다. 성경 해석자들은 당 시대나 혹은 이전 시대에 기독교를 심하게 핍박했거나 세상에 악독한 영향을 끼친 인물을 "적그리스도"로 지목했다.[31] 이와 같은 시도는 어떤 인간도 그 시대의 한계를 완전히 뛰어넘을 수 없다는

30) *Ibid.*

31) 예언과 그 성취에 대한 일반적인 견해에 대해 John A. Broadus, 의 마태복음 24장 25장 주석을 참조하라. John A. Broadus, *Matthew: An American Commentary on the New Testament,* ed. by Alvah Hovey(Valley Forge: Judson Press, 1886), pp. 479-515. "Many a prediction of human action was necessarily obscure till the fulfillment came."(p. 486)

교훈을 가르쳐 준다.

데살로니가 교회 성도들이 데살로니가후서 2:3~4에 언급된 "불법의 사람" 혹은 "멸망의 아들"에 관해 어떤 이해를 하고 있었을까? 바울 사도는 예수님의 재림과 연계하여 "불법의 사람"의 출현을 말하고 있다(살후 2:3, 8). 바울이 언급한 "불법의 사람"은 다니엘서의 예언에 그 기초를 두고 있다(단 8:9~14, 25; 11:36). 다니엘서 7장과 8장에 언급된 하나님을 대적하는 역할을 하는 "작은 뿔"(참고, 단 7:8; 8:9)이 안티오커스 에피파네(BC 175~163)를 가리킨다는 해석은 많은 해석자들이 공감대를 이루고 있다.[32] 그런데 예수님께서 역시 다니엘서를 근거로 "너희가 선지자 다니엘의 말한 바 멸망의 가증한 것이 거룩한 곳에 선 것을 보거든"(마 24:15; 참조, 단 9:27; 11:31; 12:11)[33]이라고 말씀하신다. 그러면 예수님께서 마태복음에서 예언하신 "멸망의 가증한 것이 거룩한 곳에 선 사건"과 같은 종말론적인 대격변의 사건은 어떤 사건을 가리키는가? 일반적으로 인정받은 견해는 "멸망의 가증한 것이 거룩한 곳에

32) Flavius Josephus, *The Works of Flavius Josephus*, Trans. by William Whiston, vol. III(Grand Rapids: Baker, 1974), p. 95: "And indeed it so came to pass, that our nation suffered these things under Antiochus Epiphanes, according to Daniel's vision, and what he wrote many years before they came to pass."(*Antiquities of the Jews*, X, 11, 7); Edward J. Young, *The Prophecy of Daniel*(Grand Rapids: Eerdmans, 1970), pp. 170-175, 181, "There seems to be general agreement among expositors that the one horn which goes forth from smallness is Antiochus Epiphanes."; C. F. Keil, *Biblical Commentary on the Book of Daniel*(Grand Rapids: Eerdmans, 1971), p. 295: "The one of the four horns from which the little horn grew up is the Syrian monarchy, and the horn growing up out of it is the king Antiochus Epiphanes, as Josephus (*Ant.* x. 11. 7) and all interpreters acknowledge, on the ground of 1 Macc. I. 10."; John E. Goldingay, *Daniel*(*Word Biblical Commentary*, vol. 30)(Dallas: Word Books, 1989), p. 209(다니엘서 8:9 해석 참조); R. T. France, *Matthew* (*Tyndale New Testament Commentaries*)(Grand Rapids: Eerdmans, 1990), p. 340.

33) 마태복음의 "거룩한 곳"(마 24:15)을 마가복음은 "서지 못할 곳"(막 13:14)으로 기록한다.

선 것"이라고 말씀하신 예수님의 예언이 AD 66~70년의 '유대인의 전쟁'을 가리킨다는 것이다.[34] 이 전쟁으로 예루살렘 성전은 파괴되었다. 그리고 AD 90년대에 요한복음과 요한계시록과 요한서신을 쓴 사도 요한은 자신의 서신에서 "대적하는 자"(살후 2:4)의 뜻을 가진 "적그리스도"(ἀντίχριστος)라는 용어를 사용한다. 이 용어는 신약에서 요한서신에만 5회 나타난다(요일 2:18, 18, 22; 4:3; 요이 1:7). 요한 사도가 정의한 "적그리스도"는 "예수께서 그리스도이심을 부인하는 자"이며 "아버지와 아들을 부인하는 자"(요일 2:22)이다. 그리고 요한 사도는 이와 같은 "적그리스도"들이 이미 세상에 나타났다고 말한다(요일 2:18; 4:3). 요한 사도가 정의한 "적그리스도"의 행위는 바울 사도가 데살로니가후서 2:3~4에서 설명한 "불법의 사람"의 행위와 비슷하다.

우리는 여기서 흥미 있는 성경 예언의 중복적 성취를 본다. 다니엘서의 예언이 BC 175~163년에 발생한 안티오커스 에피파네의 사건에서 성취되었고 같은 다니엘서의 예언이 AD 66~70년의 유대인의 전쟁을 통해서도 성취된 것이다. 그런데 AD 95~97년경에 사도 요한은 예수 그리스도의 성육신하신 사실을 부인하거나 하나님의 아들임을 부인하는 자가 "적그리스도"라고 증거한다. 요한 사도는 성육신하신 예수님의 하나님의 아들 되심을 부인하거나 하나님을 부인하는 자가 "불법의 사람"이요 "적그리스도"라고 천명한다. 우리는 계시 기록 과정에서 예언의 중복적 성취를 확인할 뿐 아니라 어떤 일을 하는 자가 "적그리스도"로 혹은 "불법의 사람"으로 지목받게 되었는지를 알게 되었다. 이제 데살로니가후서 2:3~4로 돌아가자. 바울도 여기서 다니엘서를 근거로 "불법의 사람" 곧 "멸망의 아들"의 나타남을 말하고 있다.

---

34) R. T. France, *Matthew*, p. 341: "Whatever the precise fulfilment of Jesus' warning, it seems clear from what follows that it is in the events of the Jewish War of AD 66-70 that he sees the reappearance of Daniel's *desolating sacrilege*."(Italics original)

그러면 "불법의 사람"은 어떤 일을 하는 자인가? 바울은 데살로니가후서 2:4에서 불법의 사람이 하는 일을 구체적으로 언급한다. "저는 대적하는 자라 범사에 일컫는 하나님이나 숭배함을 받는 자 위에 뛰어나 자존하여 하나님 성전에 앉아 자기를 보여 하나님이라 하느니라"(살후 2:4). 바울은 본 구절에서 불법의 사람의 교만한 행동을 열거한다. 그는 첫째로 대적하는 일을 하며, 둘째로 하나님이라 불리는 모든 것 위에 군림하며 혹은 경배의 대상이 되는 모든 것 위에 자신을 높이는 일을 할 것이다. 셋째로 대적하는 자는 하나님의 성전에 앉아서 자신을 하나님이라고 과시한다. 원래 대적하는 일은 사단 자신의 일이다. 성경은 사단을 대적하는 자라 부른다(딤전 5:14; 벧전 5:8). 이처럼 그의 하는 일로 보아 "불법의 사람"은 그 배후에 사단의 능력이 함께하고 있음을 증거한다(살전 2:18; 살후 2:9). "불법의 사람"은 하나님을 포함하여 경배의 대상이 되는 모든 것 위에 군림하는 존재이다. 이 "불법의 사람," "대적하는 자"는 자신이 하나님의 보좌에 앉아 최고의 숭배를 받을 대상으로 생각하며 활동한다. 사실상 "불법의 사람"은 하나님이 가장 싫어하는 교만(잠 16:18)을 자신의 삶의 방식으로 삼는 존재이다(참조, 단 11:36~37). "불법의 사람"은 자신을 최고로 숭배 받을 존재로 생각하여 "하나님의 성전에 앉아 자기를 보여 하나님"(살후 2:4)으로 행세한다. 본문의 문장 구조[35]로 볼 때 대적하는 자는 직접화법으로 "내가 하나님이다"라고 선포하고 다닌다는 뜻이다. 하지만 어떤 존재도 하나님의 보좌에서 하나님을 내려 앉힐 수 없다. 이는 달걀로 큰 바위를 치는

35) ὅτι ἔστιν θεός는 "that I am God."와 같은 직접화법의 표현이다. Cf. Maximilian Zerwick, *Biblical Greek*(Roma: Editrice Pontificio Istituto Biblico, 1985), pp. 119-120(section 347). NKJV 는 "that he is God."로 번역했으며, NIV는 "(proclaiming) himself to be God."로 번역했고, NASB 는 "(displaying) himself as being God."로 번역했다. 본 구절의 의미를 가장 잘 전달한 번역은 NKJV라고 생각된다.

것과 같다.

본문에 사용된 "하나님의 성전"이 무엇을 뜻하느냐에 대한 의견은 갈린다. 첫째, "하나님의 성전"이 예루살렘 성전을 가리킨다는 견해이다. 이 견해는 안티오커스 에피파네(Antiochus Epiphanes)가 BC 167년에 예루살렘 성전을 더럽힌 사건을 배경으로 하고 있다. 그는 예루살렘 성전의 번제단에 제우스(Zeus) 신을 위해 제단을 세웠다. 그는 제우스의 동상을 그 위에 세우고 거기에서 유대인들이 싫어하는 돼지를 제물로 바쳤다. 이 사건은 다니엘의 예언이 성취된 사건이다(단 11:31~35).[36] 물론 안티오커스 에피파네는 "불법의 사람"의 본보기임이 틀림없다. 그러나 본문의 "불법의 사람"을 안티오커스 에피파네와 동일시하는 것은 무리라고 생각된다. 왜냐하면 안티오커스 에피파네는 유대인의 성전에 자신의 상을 세우지 않았기 때문이다.[37] 또한 본문에서 바울 사도는 과거의 사건을 회상하고 있는 것이 아니요 예수님의 재림과 관련된 종말론적인 사건을 바라보면서 설명하고 있기 때문이다. 따라서 본문의 "하나님의 성전"이 예루살렘 성전을 가리킨다고 생각하는 것은 설득력이 약하다.[38] 또한 데살로니가 교회 성도들은 대부분이 이방인

---

36) 안티오커스 4세(에피파네)의 박해 기간은 대략 6년 반 BC 171-164 사이이다(2300주야, cf. 단 8:14). BC 164년 마카비는 안티오커스 에피파네에 의해 더러워진 성전을 성결하게 하였다. 참조, I Maccabees 1:54: "Now the fifteenth day of the month Casleu, in the hundred forty and fifth year, they set up the desolation upon the altar, and builded idol altars throughout the cities of Juda." I Maccabees 1:59: "Now the five and twentieth day of the month they did sacrifice upon the idol altar, which was upon the altar of God."

37) Gene L. Green, *The Letters to the Thessalonians,* p. 311.

38) F. F. Bruce 는 초대 기독교 신자들 모두가 예루살렘 성전에 대해 부정적으로 생각한 것은 아니고 바울의 성전에 대한 태도나 예수님의 말씀(마 24:15; 막 13:14)을 고려할 때 바울은 본문의 "하나님의 성전"을 은유적으로 "예루살렘 성전"을 가리키는 것으로 사용했다고 해석한다. Cf. F. F. Bruce, *1 & 2 Thessalonians* (*Word Biblical Commentary*, vol. 45)(Waco: Word Books, 1982), p. 169. "하나님의 성전"과 예루살렘 성전을 동일하게 볼 수 있는 가능성 있는 사건은 유대인들이 로마 황제 갈리굴라(Gaius Caligula, AD 37-41; 막 13:14 참조)를 불법의 사람, 대적자로 생각한 경우이

들이었는데(살전 1:9~10 참조) 본문의 "하나님의 성전"을 곧바로 예루살렘 성전과 동일시했다고 생각하는 것은 억지가 뒤따른다.

둘째, "하나님의 성전"이 교회를 가리킨다는 견해이다. 기블린(Giblin)은 바울 사도가 교회를 염두에 두고 "하나님의 성전"(τὸν ναὸν τοῦ θεοῦ)이란 표현을 썼다고 주장한다.[39] 박윤선 박사도 성전을 하나님의 교회로 해석한다.[40] 칼빈은 "바울이 적그리스도는 바로 하나님의 성전에 앉아 있다. 그는 밖으로부터 온 적이 아니요 믿음의 가족으로부터 온 적이며 바로 그리스도의 이름 아래서 그리스도를 반대한다"[41] 라고 해석함으로 적그리스도가 앉아 있는 성전을 교회라고 주장한다. 헨드릭센(Hendriksen)도 데살로니가후서 2:4의 "나오스(ναός)라는 용어는 명백하게 은유적으로 사용되었다. '대적하는 자'는 참 하나님의 백성에 대한 권위를 자기의 것으로 돌린다"고 해석함으로 성전을 교회와 동일시한다.[42] 반면 그린(Green)은 본문에서 "대적하는 자"가 단순히 교회에 대해 자신의 주장을 펴는 것이 아니요 그가 다른 모든 신적인 존재를 대항하여 자신을 하나님이라고 선언하고 세상 전체를 향해서 자신을 최고로 높이고 있다고 하면서 "하나님의 성전"과 "교회"를 동일시하는 것은 바람직하지 못하다고 주장한다.[43] 마샬(Marshall)도

다. 그 이유는 갈리굴라 황제가 그의 동상을 예루살렘 성전에 세우두록 페트로니우스(Petronius)에게 명령했기 때문이다. 그러나 유대인들의 목숨을 건 강경한 반대로 시행되지 못하다가 갈리굴라의 갑작스런 죽음으로 실현되지 못했다.(Flavius Josephus, *The Works of Flavius Josephus,* vol. IV, Trans. William Whiston, Grand Rapids: Baker, 1974, pp. 40-48(*Antiquities of the Jews,* chapter VIII:1-9).

39) Charles H. Giblin, *The Threat to Faith: An Exegetical and Theological Re-examination of 2 Thessalonians 2*(Rome: Pontifical Biblical Institute, 1967), pp. 76-80.

40) 박윤선, 『성경주석. 바울서신』(서울: 영음사, 1964), p. 438.

41) Calvin, *The Epistles of Paul to the Romans and Thessalonians,* p. 402.

42) Hendriksen, *I and II Thessalonians,* p. 178.

43) Green, *The Letters to the Thessalonians,* p. 312.

"어떤 특별한 성전을 마음에 둔 것이 아니다. 그러나 성전에 앉아서 하나님이라 주장하는 동기는 하나님에 대항하는 악의 반대를 표현하는 데 사용되곤 한다"[44]라고 설명한다.

그리고 어떤 이는 "대적하는 자"가 하나님의 성전에 앉아 있다고 묘사하는 것은 하나님의 성전이 장소와 연계하여 사용되고 있음을 뜻하는데 그렇다면 교회를 "믿는 자들의 모임"으로 생각할 때 바울 사도가 "하나님의 성전"을 교회와 같은 뜻으로 사용했다고 말할 수 없다고 주장한다.

그러면 본 절의 하나님의 성전을 교회와 동일하게 볼 수 없는가? 바울이 다른 곳에서 "성전"(ναός)이란 용어를 어떤 의미로 사용했는가? 바울은 "성전"이란 용어를 사도행전의 설교와 자신의 서신에서 9회 사용한다(행 17:24; 고전 3:16, 17, 17; 6:19; 고후 6:16, 16; 엡 2:21; 살후 2:4). 바울은 아레오바고의 설교에서 창조주 되신 하나님은 "손으로 지은 전"[45]에 계시지 않는다(행 17:24)고 말하면서 "성전"이란 용어를 사용했다. 그리고 고린도전서 3:16, 17; 6:19; 고린도후서 6:16; 에베소서 2:21 등에서는 성도들 자신이 "하나님의 성전," "성령의 전," "살아 계신 하나님의 성전," "주 안에서 성전"[46]이라고 설명한다. 바울 사도가 성도들의 몸을 성령이 내주하시는 성령의 전 혹은 하나님의 성전이라고 부르는 것은 확실히 은유적인 표현임을 알 수 있다. 구약의 성전은 하나님이 임재하셔서 그의 백성을 만나는 장소이고 백성을 대표하는 제사장을 통해 그들의 죄를 용서해 주시는 장소이다. 구약의 성전은 이스라엘 백성의 삶의 중심이 될 만큼 중요한 장소였다. 그런데 예수님

---

44) I. H. Marshall, *1 & 2 Thessalonians*(*New Century Bible Commentary*) (Grand Rapids: Eerdmans, 1983), p. 192.

45) 행 17:24: ἐν χειροποιήτοις ναοῖς

46) 고전 3:16: ναὸς θεοῦ; 고전 6:19: ναὸς τοῦ ἐν ὑμῖν ἁγίου; 고후 6:16: ναὸς θεοῦ ζῶντος; 엡 2:21: ναὸν ἅγιον ἐν κυρίῳ

은 공생애를 시작하시면서 "너희가 이 성전을 헐라 내가 사흘 동안에 일으키리라"(요 2:19)고 말씀하신다. 예수님은 자신의 오신 목적인 죄와 사망의 문제를 해결하기 위해 십자가에서 죽으실 것과 사흘 만에 부활하실 것을 내다보시면서 이렇게 말씀하신 것이다. 그래서 요한 사도는 "예수는 성전 된 자기 육체를 가리켜 말씀하신 것이라"(요 2:21)고 정리한다. 예수님은 십자가상의 죽음으로 성전이 되셨다. 그런데 성도들은 성전 되신 예수님과 연합됨으로 구원함을 받아 성도들도 성전이 될 수 있게 된 것이다. 그래서 바울 사도는 "너희가 하나님의 성전인 것과 하나님의 성령이 너희 안에 거하시는 것을 알지 못하느뇨"(고전 3:16)라고 말씀하시고, "너희 몸은 너희가 하나님께로부터 받은바 너희 가운데 계신 성령의 전인 줄을 알지 못하느냐"(고전 6:19)라고 말씀하신 것이다. 분명히 구속함을 받은 성도들은 그리스도 때문에 하나님의 성전이 되었다. 그리고 성도들의 모임인 교회도 역시 하나님이 임재하신 하나님의 성전이다. 바울은 "대적하는 자"가 성전인 교회 안에서 교회를 어지럽히고 하나님을 대적하게 될 것이라고 말한다.

바울은 데살로니가후서 2:1~12에서 예수님의 재림과 연계하여 대적하는 자의 활동을 기술하고 있다. 바울이 다니엘서의 예언을 배경으로 이 말씀을 한 것으로 보아 "불법의 사람" 곧 "대적하는 자"는 어떤 특정한 인물이 될 것임은 확실하다.[47] 왜냐하면 다니엘서의 예언 성취도 인물을 통해 성취되었고, 예수님의 예언도 인물을 통해 성취되었기 때문이다. 그러므로 예수님의 재림 전에 누구나 대적하는 자로 알 수 있는 어떤 인물이 나타나서 하나님의 성전인 교회를 어지럽게 하고 교회 안에서 자신을 하나님이라고 부르면서 하나님을 대적하고 교만한 일을 자행할 것이다. 다니엘이 예언할 때에 다니엘의 예언을 들은

47) Hendriksen, *I and II Thessalonians,* p. 178.

사람들은 그 예언이 안티오커스 에피파네를 통해 성취될 것을 확실하게 알지 못했다. 예수님께서 "멸망의 가증한 것이 거룩한 곳에 선 것"(마 24:15)이라는 예언을 말씀하실 때 그 예언을 들은 사람들은 그 예언이 로마 황제가 예루살렘 성전을 파괴하는 사건을 통해 성취될 것이라는 것을 확실히 알지 못했다. 마찬가지로 바울이 예수님의 재림 전에 "불법의 사람" 곧 "대적하는 자"가 나타날 것이라고 말할 때 데살로니가 교회 성도들은 그가 특정 인물일 것임과 그가 어떤 일을 할 것인지는 확실하게 알았지만 그가 누구인지는 확실하게 알지 못했다. 예언 당시에는 누가 배도를 할 것인지 정확하게 알 수가 없다. 그러나 일단 배도가 일어나면 배도에 대한 그 예언의 말씀이 성취된 것을 만천하 사람들은 모두 알 수 있다. 데살로니가후서를 해석하는 오늘날 성도들도 같은 형편에 처해 있다. 우리는 배도가 어떤 사람 중심으로 일어날 것과 그 배도의 성격은 알 수 있지만 배도가 일어나기 전까지는 배도를 한 "불법의 사람," 즉 "적그리스도"가 누구인지 확실하게 지목할 수 없다.

2:5~7 주의 날에 대한 교훈

데살로니가 교회 성도들은 주님의 재림과 불법의 사람의 출현에 대해서 이미 바울로부터 직접 들은 바 있다. 바울이 "내가 너희와 함께 있을 때에 이 일을 너희에게 말한 것을 기억하지 못하느냐"(살후 2:5)라고 말한 것이 이를 증거한다. 바울은 예수님의 재림이 있기 전에 배도하는 일과 불법의 사람, 즉 대적하는 자가 활동할 것이라는 이 중요한 교리를 알고 그가 데살로니가를 방문했을 때 성도들에게 이 교리에 대해 주지시킨 바 있다. "내가 너희와 함께 있을 때에"(ἔτι ὢν πρὸς ὑμᾶς)의 구문 형식은 바울 사도가 데살로니가를 방문하여 교회 성도들과 함께 있었다는 것을 특별히 말하고 있다. 이 표현은 예수님이 부활하신 후 제자들에게 자신이 공생애 기간 동안에 제자들과 함께 있었음을 말할 때 사용한 표현[48]과 유사하며(눅 24:44) 바울 자신이 데살로니가후서 3:10에서 사용한 표현과도 비슷하다. 바울은 이 표현을 통해 자신의 사도적 방문을 상기시키고 있다.

헨드릭센은 바울이 배도하는 일, 불법의 사람, 뒤따르는 핍박, 예수님의 재림 등에 관해 데살로니가 교회 성도들에게 충분히 가르쳤다고 해석한다.[49] 사도행전은 "바울이……성경을 가지고 강론하며 뜻을 풀어 그리스도가 해를 받고 죽은 자 가운데서 다시 살아야 할 것을 증명하고 이르되 내가 너희에게 전하는 이 예수가 곧 그리스도라 하니" (행 17:2~3)라고 기록한다. 이 말씀의 내용으로 미루어 볼 때 바울은 구약에서 예언된 메시아가 바로 예수 그리스도인 것과 이 예수가 십자가에서 죽으셨지만 다시 부활하셔서 현재도 살아계신다고 증거한 것이다. 그렇다면 바울이 예수 그리스도의 죽음과 부활을 가르칠 때 예수님이 앞으로 재림하실 것에 대해서도 어떤 모양으로든지 언급했다고 생각하는 것이 옳다. 그래서 바울은 마치 아버지가 아들에게 책망하듯 부드럽게 그들의 기억을 되살리고 있는 것이다.[50] 바울 사도는 너희들이 내가 너희들과 함께 있을 때에 자주 가르쳤던[51] 이 중요한 교훈들을 기억하고만 있어도 지금처럼 그렇게 당황해 하거나 불안해하는 일은 없었으리라고 권면하고 있다. 바울은 본문에서 "내가"라는 표현을 사용함으로 자신이 선교팀 중에서 대표가 되는 선생임을 드러내고

48) 눅 24:44: ἔτι ὢν σὺν ὑμῖν.

49) Hendriksen, *I and II Thessalonians,* p. 179.

50) John Calvin, *The Epistles of Paul to the Romans and Thessalonians,* Trans. R. Mackenzie(Grand Rapids: Eerdmans, 1973), pp. 402-403.

51) 바울은 ἔλεγον(미완료, 일인칭 단수, I used to tell.)이라는 용어를 사용하여 그가 이 교리에 관하여 자주 가르쳤음을 암시하고 있다.

이 편지의 저자임을 증거한다. 실라와 디모데가 이 편지의 발신자로 언급되었지만(살후 1:1) 이 편지의 궁극적 저자는 바울 자신이다.

바울은 "불법의 사람," 즉 "대적하는 자"(살후 2:3~4)가 아직 나타나지 않는 이유를 데살로니가후서 2:6~7에서 설명한다. "대적하는 자"는 하나님이 정해주신 때에 나타나게 될 것이다. "저로 하여금 저의 때에 나타나게 하려 하여"(살후 2:6)는 하나님이 정한 때에 대적하는 자가 나타나게 될 것을 말한다. 그런데 불법의 사람이 아직 나타나지 않는 이유는 "막는 자"(ὁ κατέχων)가 "막는 것"(τὸ κατέχον), 즉 "막는 일"을 하고 있기 때문이다. 학자들은 바울 사도가 "막는 자"를 표현할 때는 남성 분사를 사용하여 어떤 인물을 가리키고 있고, "막는 것"을 표현할 때는 중성 분사를 사용하여 "막는 일" 자체를 가리키고 있기 때문에 "막는 자"는 누구이며, "막는 것"은 무엇을 가리키느냐에 대해 많은 의견을 제시한다. 하지만 바울 사도가 "불법의 사람"이 나타나지 못하게 제어하는 일을 할 인물에 대해서는 남성 분사로 표현하고 그 인물이 하는 일에 대해서는 중성 분사로 표현한 것은 어쩌면 당연하다는 생각이다. 왜냐하면 어떤 인물을 표현할 때는 남성으로 그리고 그 인물이 하는 일은 중성으로 표현하는 것이 자연스럽기 때문이다. 결국 본문의 이해는 "막는 자"가 누구를 가리키고 있느냐를 알게 되면 풀릴 수 있는 것이다. 박윤선 박사는 "막는 것"은 "막는 행동"을 말하며, "막는 자"는 "막는 행동을 하는 자"를 뜻한다고 해석함으로 "막는 자"가 누구인지는 구체적으로 언급하지 않는다.[52] 그러면 "막는 자"가 누구를 가리키는지에 대한 제안들을 간략히 정리하고자 한다.

첫째, 막는 자가 "로마 제국과 로마 제국의 권력"이라고 생각하는 견해이다. 크리소스톰(Chrysostom)은 막는 자가 성령을 가리키거나

52) 박윤선, 『데살로니가후서: 바울서신』 (서울: 영음사, 1967), p. 439.

혹은 로마 제국을 가리킬 수밖에 없다고 생각하면서 성령보다는 로마 제국이 더 타당한 견해라고 해석한다. 크리소스톰은 바울이 성령을 생각하면서 "막는 자"라는 대단히 애매한 표현을 사용할 이유가 없었지만, 로마 제국의 경우는 당시 사회 상황으로 보아 로마 제국을 직접 언급하는 공격적 표현을 쓸 필요가 없었기 때문이라고 그 이유를 설명한다.[53] 플류머(Plummer)는 "불법을 정상적으로 제어하는 자는 법이요, 1세기에서 법의 위대한 조직자와 시행자는 로마 제국이다"[54]라고 말하면서 막는 자가 로마 제국임을 확실하게 천명한다. 그리고 이 견해는 바울의 국가에 대한 견해와도 일치하는 것이다(롬 13:1~5). 바울은 국가가 칼을 가진 것은 하나님의 사자가 되어 악을 행하는 자에게 징벌을 하기 위한 것이라고 설명한다(롬 13:4). 헨드릭센(Hendriksen)도 "막는 자"와 "막는 것"은 로마 황제와 로마 제국을 가리킨다고 해석한다. 그는 "제국과 황제, 공의와 판사, 법과 법을 집행할 사람"[55]을 떠올릴 때 막는 자와 막는 것이라는 표현은 서로 잘 일치된다고 설명한다.

둘째, 막는 자와 막는 것을 성령과 교회의 사역으로 생각하는 견해이다. "막는 자"는 성령이요, "막는 것"은 교회의 사역이라고 할 수 있다. 이 견해는 성령께서 교회를 세상의 빛과 소금의 역할을 하게 함으로 불법의 사람이 나타나는 것과 세상의 종말을 제어하고 있다고 해석하는 것이다. 예수님께서 "이 천국 복음이 모든 민족에게 증거되기 위하여 온 세상에 전파되리니 그제야 끝이 오리라"(마 24:14)고 말씀하신 내용과 일맥상통한다. 그러나 이 견해는 바울이 왜 성령과 교회를 비밀스런 표현으로 설명하고 있느냐 하는 문제에 대한 확실한 답을 할 수가

53) Calvin, *The Epistles of Paul to the Romans and Thessalonians*, p. 403 참조.
54) Alfred Plummer, *A Commentary on St. Paul's Epistles to the Thessalonians* (Robert Scott, 1918), p. 61.
55) William Hendriksen, *I and II Thessalonians(New Testament Commentary)* (Grand Rapids: Baker, 1974), pp. 181-182.

없다. 그리고 본문의 "막는 자가 있어 그 중에서 옮길 때까지 하리라"(살후 2:7)의 말씀처럼 막는 자인 성령이 그 중에서 옮길 때까지 막는 역할을 한다면 예수님 재림 전에 교회는 옮겨질 것이기 때문에 예수님의 재림 때에 교회가 예수님을 영접할 수 없는 상황에 처하게 되는 문제에 대한 답변도 확실하게 할 수가 없다.[56)]

셋째, 막는 자와 막는 것을 "바울과 복음 전파"로 생각하는 견해이다. 칼빈은 데살로니가 교회 성도들이 바울의 입을 통해 세상의 완고함과 악독이 정죄 받을 때까지 복음이 널리 전파되어야 할 것을 전해 들었다고 말한다. 칼빈은 바울이 하나님께서 사단에게 이런 특별한 방법으로 활동하도록 허락하기 전에 마땅히 복음의 빛이 먼저 세상 각처에 전파되어야 함을 선포했다고 생각하면서 이는 이방인들에게 복음이 전파되는 우주적인 복음 전파를 가리키는 것이라고 주장한다. 칼빈은 "그러므로 이것은 복음 전파의 과정이 완성될 때까지의 지연이다. 왜냐하면 복음에 대한 은혜로우신 초청은 질서에서 먼저 있어야 하기 때문이다"[57)]라고 해석한다. 이런 이유로 칼빈은 "막는 자"는 복음을 전하는 바울 자신이요, "막는 것"은 복음 전파를 뜻한다고 생각한다. 이 견해는 본문이 "막는 자"를 일차적으로 바울 자신을 가리는 것으로 생각하지만 뒤 따라오는 모든 복음 전파자를 포함하고 있다. 쿨만(Cullmann)도 "이 천국 복음이 모든 민족에게 증거되기 위하여 온 세상에 전파되리니 그제야 끝이 오리라"(마 24:14)는 예수님의 말씀과 연계하여 이방인의

---

56) Stott, *The Gospel and the End of Time*, p. 169. 개역한글판은 불법의 비밀이 옮겨질 것인지, 막는 자가 옮겨질 것인지 애매하게 번역되었다. 표준 새번역과 표준 새번역 개정판은 "다만, 억제하시는 분이 물러나실 때까지는, 그것을 억제하실 것입니다"(살후 2:7)라고 번역함으로 막는 자가 물러 날 것을 확실하게 드러낸다. NIV는 "but the one who now holds it back will continue to do so till he is taken out of the way."로 더 선명하게 번역했으며, NKJV 는 "He who now restrains will do so until He is taken out of the way."로 선명하게 번역했다.

57) Calvin, *The Epistles of Paul to the Romans and Thessalonians*, p. 403.

사도인 바울 자신을 "막는 자"로 해석하고, 바울의 선교적인 복음 전파를 "막는 것"으로 해석한다.[58)]

우리는 여기서 "막는 자"가 행하고 있는 "막는 것"은 예수님의 재림 전에 나타날 "불법의 사람 곧 멸망의 아들"(살후 2:3)의 나타남과 관련된 것임을 주목해야 한다. "막는 자"의 막는 행위는 예수님의 재림 전까지 진행될 것이요 마지막에 "불법한 자"가 나타날 것이다. 그리고 예수님께서 강림하여 "멸망의 아들"을 죽이실 것이다(살후 2:7). 때가 차매 그리스도께서 이 세상에 오신 것처럼(갈 4:4) 불법의 사람도 그의 정해진 때에 나타날 것이다. 보스(Vos)는 "진리의 통치가 점진적으로 확장되어 갈 때 악의 세력도 그 힘을 종말 쪽으로 집중시킬 것이다. 세상에서 모든 일들을 바르고 새롭게 만드는 일은 점진적인 개선(gradual amelioration)에 달려 있지 않고 하나님의 궁극적 간섭에 달려 있다"[59)]라고 해석한다.

이처럼 "막는 자"의 활동을 예수님의 재림과 연계하여 고려할 때, "막는 자"와 "막는 것"을 "로마 제국과 로마 제국의 권력"이나 "성령과 교회의 사역"을 가리키는 것으로 생각하기보다 "바울과 후대의 복음 전파자 그리고 계속되는 복음 전파"로 생각하는 것이 더 타당하다고 본다.

하지만 예수님의 재림에 관한 구체적인 상황을 성경이 계시하는 것 이상으로는 알 수 없듯이 불법의 비밀이 어떻게 제어되는지에 대한 구체적인 것도 하나님의 지혜 안에 감추어져 있다. 불법의 비밀은 이해할 수 없는 것이 아니요 단지 최후의 종말 때까지 교회에 감추어진

---

58) Oscar Cullmann, *Christ and Time*, rev. ed.(London: SCM, 1962), pp. 164-166.

59) Geerhardus Vos, *The Pauline Eschatology*(Grand Rapids: Eeerdmans, 1966), p. 135: "As the reign of the truth will be gradually extended, so the power of evil will gather force towards the end. The making all things right and new in the world depend not on gradual amelioration but on the final interposition of God."

것일 뿐이다. 보스(Vos)는 이 문제에 대해 "그럼에도 불구하고 어떻게 불법의 비밀이 제어되고, 어떻게 그 능력이 조직되었고, 어떻게 '불법한 자'에게 직접적인 방해 영향이 미쳤는지 혹은 그가 자신의 희생자들에게 미친 영향들 때문에 그의 활동에서 간접적으로 영향을 받았는지에 대한 구체적인 개념을 우리가 갖는 것이 불가능하다는 사실은 그대로 남는다"[60]라고 설명한다.

"불법의 비밀"은 감추어진 것이 불법적 특성임을 드러내고 있다. 이 "비밀"은 주요한 원리가 불법적일 뿐 아니라 불법으로 가득 차 있다. "불법의"(τῆς ἀνομίας)라는 표현은 비밀이 어떤 특성을 가졌는지를 규정해 주며 그 내용이 무엇인지를 가르쳐 준다.[61] "불법의 사람"(ὁ ἄνθρωπος τῆς ἀνομίας, 살후 2:3)이란 하나님을 대적하고, 자신을 경배의 대상으로 생각하는 등 교만한 행동으로 불법을 일삼는 존재다. 그리고 "불법의 비밀"(살후 2:7)이란 아직 드러나지 아니한 감추어진 비밀이 불법으로 가득 차 있음을 의미한다. 이 "불법의 비밀"은 예수님의 강림 전에 드러나게 될 것이다.

2:8~12 주의 날에 있을 결과

불법한 자가 나타나면 막는 일이 멈추게 될 것이다(살후 2:7). "그 때에"(καὶ τότε, 살후 2:8)는 강조된 표현으로 막는 자가 막는 것을 멈추게 될 바로 그때를 가리킨다(살후 2:7~8). 그 때에 그동안 감추어진 불법한 자가 드러나게 될 것이다. 불법한 자의 나타남은 임의적인 것이 아니요, 우연한 것도 아니다. 불법한 자는 그가 나타나도록 정해진 때에 나타날 것이다. 이는 하나님의 구속 계획 안에서 발생할 사건이다. 불법한

60) Geerhardus Vos, *The Pauline Eschatology*, p. 132.
61) John Eadie, *Thessalonians* (*Greek Text Commentaries*: Grand Rapids: Baker, 1979), p. 277.

자의 나타남을 설명하는 동사인 아포칼립토(ἀποκαλύπτω)는 바울 서신에서 13회 사용되는데(롬 1:17, 18; 8:18; 고전 2:10; 3:13; 14:30; 갈 1:16; 3:23; 엡 3:5; 빌 3:15; 살후 2:3, 6, 8),[62] 그중에 하나님이 아닌 어떤 존재와 연계되어 사용된 경우는 3회이다. 그런데 이 아포칼립토가 하나님이 아닌 불법한 자의 나타남과 연계되어 사용된 경우는 모두 데살로니가후서에서 발견된다(살후 2:3, 6, 8). 아포칼립토는 감추어진 것을 드러나게 할 때 사용되는 용어이다. 예수님의 강림이 있기 전에 그동안 나타나지 않고 감추어진 "불법한 자"가 나타나게 될 것이고 주님이 강림하실 때 그를 멸망시킬 것이다(살후 2:8).

바울은 예수님께서 강림하실 때 "그 입의 기운으로"(τῷ πνεύματι τοῦ στόματος αὐτοῦ) 불법한 자를 죽이실 것이라고 밝힌다. 칼빈은 "공의로 빈핍한 자를 심판하며 정직으로 세상의 겸손한 자를 판단할 것이며 그 입의 막대기로 세상을 치며 입술의 기운(LXX: ἐν πνεύματι διὰ χειλέων)으로 악인을 죽일 것이며"라는 이사야서 11:4의 말씀을 근거로 본문의 "입의 기운"이 하나님의 말씀을 뜻한다고 말한다.[63]

하나님이 세상을 창조하실 때 말씀으로 창조하신 것처럼(창 1:1~31) 주 예수님께서 재림하실 때 말씀으로 불법한 자를 죽이실 것이다(살후 2:8). 빛이신 예수님의 강림으로 "불법의 사람 곧 멸망의 아들"(살후 2:3), "대적하는 자"(살후 2:4), "불법한 자"(살후 2:8)로 표현된 적그리스도의 어두움의 활동은 깨끗하게 정리될 것이다.

그런데 바울 사도는 "불법한 자의 임함"을 확실하게 표현하기 위하여

62) J. B. Smith, *Greek-English Concordance to the New Testament*, p. 35(section 601).

63) John Calvin, *The Epistles of Paul to the Romans and Thessalonians*, p. 405.; Leon Morris, *The First and Second Epistles to the Thessalonians*(*NICNT*, Grand Rapids: Eerdmans, 1970), p. 230.; R.C.H. Lenski, *The Interpretation of St. Paul's Epistles to the Colossians, to the Thessalonians, to Timothy, to Titus and to Philemon* (Minneapolis: Augsburg Publishing House, 1964), p. 423.

"에스틴"(ἐστιν)을 사용한다.[64] "불법한 자의 임함"은 보통으로 임하지 않고 사단의 능력과 함께 임하게 될 것이다. 사단은 그의 때가 마지막인줄로 알고 불법한 자에게 여러 가지 능력을 제공한다. 사단은 "모든 능력과 표적과 거짓 기적"(살후 2:9)으로 "불법한 자"가 활동하도록 도울 것이다. 그런데 헬라어 본문은 "모든 거짓 능력과 거짓 표적과 거짓 기적"으로 표현되어 있다. 불법한 자의 활동은 거짓으로 포장되어 있다.[65] 박윤선 박사에 따르면, "'모든 능력과 표적과 거짓 기적'이라는 말은 잘못 번역되었다. 바로 번역한다면, '모든 거짓된 능력과 모든 거짓된 표적과 모든 거짓된 기적'이라고 할 것이다(Van Leeuwen)"[66]라고 바로 지적한다. 바울 사도가 사단의 능력을 표현할 때 사용한 용어들인 "능력"(δυνάμεις), "표적"(σημεῖα), "기적"(τέρατα)은 하나님의 역사를 가리킬 때 사용하는 용어들이다(행 2:22; 히 2:4). 원래 성경에서 사용된 "능력"은 이적의 성질과 관계된 명사이고, "표적"은 그것의 영적 의미를 생각한 명사이다. "기적"은 이적의 경이로움을 가리키는

---

64) οὗ ἐστιν ἡ παρουσία (살후 2:9). Cf. John Eadie, *Thessalonians,* p. 283.

65) 살후 2:9의 번역을 비교할 때 헬라어 본문의 뜻을 가장 잘 전달한 번역이 NIV라고 생각된다.

개역한글판: "악한 자의 임함은 사단의 역사를 따라 모든 능력과 표적과 **거짓** 기적과"

개역개정: "악한 자의 나타남은 사탄의 활동을 따라 모든 능력과 표적과 거짓 기적과"

표준새번역: "그 불법자가 오는 것은 사탄의 작용을 따른 것인데 그는 온갖 능력과 표징과 거짓 이적을 행하고,"

KJV: [Even him], "whose coming is after the working of Satan with all power and signs and lying wonders."

NASB: [that is,] "the one whose coming is in accord with the activity of Satan, with all power and signs and false wonders."

NIV: "The coming of the lawless one will be in accordance with the work of Satan displayed in all kinds of counterfeit miracles, signs and wonders."

66) 박윤선, 『바울 서신 주석』, p. 440.: Marvin R. Vincent, *Word Studies in the New Testament,* vol. IV (Grand Rapids: Eerdmans, 1975), p. 66: "*Of a lie* characterises the three words, *power, signs, wonders.* All bear the stamp of fraud."(italics original).

명사이다.[67] 바울이 이처럼 같은 용어들로 사단의 역사를 표현한 것은 사단의 역사가 하나님의 역사와 비슷하게 보여 사람들이 미혹 받을 것임을 암시하고 있다. 사단의 역사는 간교하고 속임수로 가득 차 있다. 바울은 본 절(살후 2:9)에서 사단의 지원을 받고 있는 불법한 자를 멸망시키는 일이 그리스도에게는 쉬운 일이라고 강조한다.

바울은 "불법한 자"의 나타남과 관련하여 사단이 그 배후에서 사역하고 있지만 하나님이 이 모든 일을 주관하고 계신다고 말한다. 그래서 바울은 "사단의 역사를 따라"(살후 2:9)라는 표현과 "하나님이 유혹을 저의 가운데 역사하게 하사"(살후 2:11)라는 표현을 같은 맥락에서 사용하고 있다. 하지만 사단의 능력은 제한되어 있어서 그가 멸망시킬 수 있는 대상은 오로지 악한 자들에 국한된다.[68] "바울은 구원에로의 부르심을 받았지만 복음을 거절하고 그들의 마음이 불경건과 거짓을 더 좋아하는 사람들에 대해 적그리스도가 하나님의 의로운 심판의 사역자임을 공포하고 있다."[69]

바울은 악한 자가 "불의의 모든 속임으로" 멸망하는 자들에게 임하게 될 것이라고 증거한다(살후 2:10). 그 이유는 멸망하는 자들이 진리의 사랑을 받지 아니하고 진리를 거절했기 때문이다. 모리스(Morris)는 "여기서의 진리는 바울의 다른 기록에서처럼 단순히 추상적인 도덕적인 특성을 가리킨다고 생각할 수 없다. 진리는 밀접하게 예수님과 연관되어 있다(참조, 엡 4:21: '진리가 예수 안에 있는 것같이,' 요 14:6: '내가 곧 길이요 진리요')"[70]라고 해석한다. 하나님이 멸망하는 자들에게 믿도록 하시는 거짓은 하나님을 하나님으로 받지 않고 적그리스도 자신이 하나님이라고 주장하게 하는 것이다. 멸망하는 자들은 진리를 사랑하지

---

67) 박윤선, 『바울 서신 주석』, p. 440.
68) John Calvin, *The Epistles of Paul to the Romans and Thessalonians*, p. 406.
69) Ibid, p. 407.
70) Leon Morris, *The First and Second Epistles to the Thessalonians*, p. 232.

아니하고 불의를 원해서 사랑하는 경향을 가지고 있는 자들이다(살후 2:12).[71] 이들의 행위는 의도적인 행동이요 그들의 마음의 태도를 드러내고 있다.

2:13~15 바울의 감사와 권면

> 주의 사랑하시는 형제들아 우리가 항상 너희를 위하여 마땅히 하나님께 감사할 것은 하나님이 처음부터 너희를 택하사 성령의 거룩하게 하심과 진리를 믿음으로 구원을 얻게 하심이니 이를 위하여 우리 복음으로 너희를 부르사 우리 주 예수 그리스도의 영광을 얻게 하려 하심이니라 이러므로 형제들아 굳게 서서 말로나 우리 편지로 가르침을 받은 유전을 지키라(살후 2:13~15).

바울은 데살로니가 교회 성도들이 주님의 사랑을 받는 대상임을 분명히 한다. "주의 사랑하시는 형제들아"를 좀 더 정확히 변역한다면 "주님에 의해 사랑을 받는 형제들아"로 할 수 있다. 바울은 데살로니가 전서에서 "우리가 너희 무리를 인하여 항상 하나님께 감사하고"(살전 1:2)라고 쓴 반면 데살로니가후서에서는 "우리가 너희 무리를 위하여 항상 하나님께 '마땅히' 감사할지니"(살후 1:3)라고 쓰며 또한 "우리가 항상 너희를 위하여 마땅히 하나님께 감사할 것은"(살후 2:13)이라고 쓴다. 데살로니가전서에는 "마땅히"(ὀφείλομεν)가 사용되지 않은 반면

---

71) 살후 2:12의 εὐδοκήσαντες (had pleasure or taking pleasure)는 멸망하는 자들이 "악에 대해 자발적인 성향"(a voluntary propensity to evil)을 가지고 있음을 암시하고 있다. Cf. Calvin, *The Epistles of Paul to the Romans and Thessalonians*, p. 408.

데살로니가후서에는 위에 언급한 두 구절 모두에 "마땅히"가 나타난다. 이는 바울 사도가 데살로니가후서를 쓸 때 데살로니가 교회 성도들에 대한 감사를 더 강조하고 있음을 보여 준다.

2:13~14 하나님의 선택과 구원 방법

바울이 감사하는 이유는 하나님이 처음부터 데살로니가 교회 성도들이 구원 받을 수 있도록 택하셨기 때문이다. 바울은 그들이 거짓을 믿도록 하나님이 유혹의 역사를 그들에게 보내시지 않고(살후 2:10~12) 그들이 성령의 거룩하게 하심과 진리를 믿음으로 구원 받도록 그들을 선택하신 것에 감사하고 있다(살후 2:13). 선택은 하나님이 타락한 인간의 구원을 위해 베푸신 첫 번째 은혜이다. 선택받지 못한 사람은 중생도 체험하지 못하고 회개할 수도 없다. 박윤선 박사는 "이 선택은, 인간으로 하여금 구원 얻게 하는데 기본과 밑천이 된다. 하나님의 선택하심을 받지 못한 자는, 중생하지도 못하며 복음을 믿지도 못한다. 중생과 신앙은, 하나님의 택하심을 받은 결과이다. 그러므로 누구든지 중생하고 신앙이 있는 자라면, 곧, 영원 전에 하나님의 택하심을 입은 자이다"[72]라고 설명한다. 그런데 어떤 사본은 13절의 "처음부터"(ἀπ' ἀρχῆς)라는 표현 대신해 "첫 열매로서"(ἀπαρχήν)라는 표현을 택하고 있다.[73] 메츠거(Metzger)는 "처음부터"라는 말이 바울 서신 다른 곳에는 나타나지 않고, "첫 열매로서"라는 표현이 바울 서신에서 6회(롬 8:23; 11:16; 16:5; 고전 15:20; 15:23; 16:15) 사용되었고 또한 사서자들이 본 문맥에

---

72) 박윤선, 『데살로니가후서: 바울서신』(서울: 영음사, 1967), pp. 441-442.

73) 처음부터(ἀπ' ἀρχῆς)를 지지하는 사본들은 ℵ(4세기), D(6세기) 및 비교적 늦은 사본들이며, "첫 열매로서"(ἀπαρχήν)를 지지하는 사본들은 B(4세기), F(9세기), G(9세기) 등이다. United Bible Societies는 The Greek New Testament의 4th Revised Edition에서 ἀπαρχήν을 본문으로 선택하고 "The text is almost certain."을 표시하는 B등급을 매겼다.

"첫 열매로서"가 적합하지 않다고 생각하여 "첫 열매로서"를 "처음부터"로 바꾸어 기록했을 가능성이 크기 때문에 "첫 열매로서"를 본문으로 택했다고 설명한다.[74] 또한 성도들이 "첫 열매"라는 사상은 상기에 언급한 구절들이 뜻하는 것처럼 바울의 사상임이 틀림없다. 하지만 지지하는 사본들의 비중이 비슷할 뿐 아니라 본 문맥에서 선택의 개념과 더 어울리는 표현이 "첫 열매로서"보다는 "처음부터"이기 때문에(참조, 엡 1:4; 고전 2:7) 본 필자는 "처음부터"를 본문으로 택한다.[75] 하나님은 창세 전에 그의 백성을 택하셨다. 바울 사도는 이 문맥에서 잠시 전에 언급한 "멸망하는 자들"(살후 2:10), "진리를 믿지 않고 불의를 좋아하는 모든 자"(살후 2:12)와 하나님의 선택을 받은 사랑하는 형제들을 비교하고 있다. 이디(Eadie)는 하나님의 선택에 관해 "하나님의 선택은, 비록 그의 부르심이 시간 안에서 발생하고 복음의 선포를 통해서 발생하지만, 그 본질로부터 영원한 선택이다. 사도(바울)가 즐겨 묵상하는 이 신적이며 궁극적인 요소와 인간 구원의 기원은 인간의 모든 수단들과 연약성과 실패들을 뛰어 넘는다. 그리고 그것은 그의(하나님의) 축복된 주권과 그의 은혜로운 자의적인 목적을 생각나게 하며, 또한 그것은 하나님께 모든 영광을 돌린다"[76]라고 바로 설명한다.

---

74) Bruce M. Metzger, *A Textual Commentary on the Greek New Testament*(New York, London: United Bible Societies, 1971), pp. 636-637.

75) 필자와 같은 생각을 가진 학자들은 Leon Morris, *The First and Second Epistles to the Thessalonians,* pp. 237-238. John Stott, *The Gospel and the End of Time,* p. 176. Calvin, *The Epistles of Paul to the Romans and Thessalonians,* p. 409. William A. Stevens, "Commentary on the Epistles to the Thessalonians," *An American Commentary on the New Testament,* ed. Alvah Hovey (Valley Forge: The Judson Press, 1887), p. 94. William Hendriksen, *I and II Thessalonians,* pp. 187-188. John Eadie, *Thessalonians* (*Greek Text Commentaries*), pp. 291-292. Charles A. Wanamaker, *Commentary on 1 and 2 Thessalonians* (*New International Greek Testament Commentary*, Grand Rapids: Eerdmans, 1990), p. 266. 반대로 Gene L. Green 은 그의 주석(*The Letters to the Thessalonians*, p. 326)에서 "첫 열매로서"를 본문으로 택하고 "데살로니가 성도들이 수확의 첫 부분을 가리키는 '첫 열매'를 뜻한다"고 설명한다.

하나님이 자기 백성을 선택하시는 일은 영원 전에 이루어진 것이다. 그러나 그 일의 실현은 시간 안에서 실현된다. 하나님의 선택은 자기 백성의 구원을 위한 것이다. 성도들의 구원과 관련하여 우리는 두 가지 요소를 주목하게 된다. "성령의 거룩하게 하심"과 "진리를 믿는 것"은 구원의 중요한 두 기둥과 같다. 첫째는 "성령의 거룩하게 하심"이요, 둘째는 "진리를 믿는 것"(살후 2:13)이다. 어떤 이는 "성령의 거룩하게 하심"의 프뉴마토스(πνεύματος)를 삼위일체의 삼위이신 성령으로 생각하지 아니하고, 인간의 영의 거룩함 혹은 인간의 영의 성화로 생각한다(참조, 살전 5:23). 모팟(Moffatt)은 프뉴마토스가 사람의 마음을 가리키는 인간의 영을 뜻한다(참조, 살전 5:23; 고후 7:1)고 말한다.[77] 렌스키(Lenski)는 두 개의 여격(ἁγιασμῷ: 거룩과 πίστει: 신앙)이 목적격적 소유격을 취한다고 설명한 후 "그것은 마치 우리들의 신앙이 신뢰하는 진리처럼, 하나님이 거룩하게 하시는 우리들의 영(spirit)이다"[78]라고 본문의 프뉴마토스를 인간의 영으로 해석한다. 물론 성도들은 예수님의 재림 때에 온전하게 거룩해질 것이다. 하나님의 백성이 거룩하지 않으면 예수님의 재림 때에 유업을 받을 수 없다. 거룩함은 성도들이 소유할 영원한 유업의 조건이다.

하지만 본문의 프뉴마토스를 인간의 영으로 생각하여 "성령의 거룩하게 하심"을 인간의 영의 거룩함으로 해석하기보다 성령의 사역으로 이해하는 것이 더 타당하다. 바울은 본문(살후 2:13)에서 "성령의 거룩하게 하심"을 성도들의 구원과 연관시켜 말하고 있다. 거룩함은 성도

---

76) John Eadie, *Thessalonians*, p. 292.

77) James Moffatt, "The First and Second Epistles to the Thessalonians," *The Expositor's Greek Testament*, vol. IV. Ed. W. Robertson Nicoll. Grand Rapids: Eerdmans, 1980. p. 50.

78) R. C. H. Lenski, *The Interpretation of St. Paul's Epistles to the Colossians, to the Thessalonians, to Timothy, to Titus and to Philemon*, p. 440: "It is our 'spirit' that God sanctifies just as it is 'truth' that our faith trusts."

안에서 역사하는 성령의 사역이다. 벵겔(Bengel)은 "성령은 우리를 거룩하게 하신다. 그리고 거룩함(성화)은 선택 받았음을 인증하는 테스트이다"[79]라고 말한다. 바울 사도는 고린도전서 12:3에서 "그러므로 내가 너희에게 알게 하노니 하나님의 영으로 말하는 자는 누구든지 예수를 저주할 자라 하지 않고 또 성령으로 아니하고는 누구든지 예수를 주시라 할 수 없느니라"고 진술한다. 성령의 사역 없이는 성도 안에 구원 경험의 어떤 것도 시작할 수 없다. 성령은 우리를 깨끗하게 하시고 거룩하게 하시고 의롭게 하신다(고전 6:11; 참조, 벧전 1:2). 성도 안에 역사하는 성령의 거룩하게 하시는 역사를 통해 성도들의 삶의 모습이 거룩하게 나타나게 된다. "성령의 거룩하게 하심"이라는 표현은 거룩하신 성령을 묘사하는 성령의 특성 자체를 강조하지 않고, 거룩함을 이루는 성령의 활동을 강조하고 있다. 거룩함(ἁγιασμός)은 이미 거룩하게 된 상태를 뜻하지 않고 거룩하게 되는 과정을 뜻한다.[80] 그린(Green)은 "사도가 거룩하게 하는 사역을 구원을 가져오시는 하나님의 성령의 행위로 이해한다"[81]고 설명한다. 본문의 성령은 거룩하게 하시는 저자라고 할 수 있다. 성령(πνεύματος)을 소유격으로 사용한 것은 성령이 거룩하게 하시는 저자(genitive of author)임을 가리키기 원한 것이다. 그런데 성령의 거룩하게 하시는 사역으로 성도들은 거룩하여 진다.

---

79) John A. Bengel, *Bengel's New Testament Commentary*, vol. 2 (Grand Rapids: Kregel Publications, 1981), p. 500. "The Holy Spirit sanctifies us, and sanctification is the test of election."

80) Otto Procksch, ἁγιασμός, *Theological Dictionary of the New Testament*, vol. 1 (Grand Rapids: Eerdmans, 1972), p. 113: "In the phrase ἐν ἁγιασμῷ πνεύματος the emphasis does not fall on the character of the Spirit described as πνεῦμα ἅγιον, but on His operation, which consists in sanctification." Cf. H. Balz, ἅγιος, *Exegetical Dictionary of the New Testament*, vol. 1 (Grand Rapids: Eerdmans, 1990), p. 17; F.F. Bruce, *1 and 2 Thessalonians*(*Word Biblical Commentary*, vol. 45, Waco : Word Books, 1982), p. 82.

81) Gene Green, *The Letters to the Thessalonians*, p. 327.

바울 사도가 성도들의 구원에 필요한 수단으로 본 구절에서 언급한 두 번째 것은 "진리를 믿음으로"(πίστει ἀληθείας)이다. 이 표현을 더 직접적으로 번역하면 "진리의 신앙" 혹은 "진리를 믿는 믿음"(faith in the truth)으로 할 수 있다. 여기서 진리는 목적격적 소유격이다.[82] 그러므로 진리는 신앙의 대상이요 신앙의 내용이다. 바울은 이미 멸망하는 자들이 진리의 사랑을 받지 아니하고(살후 2:10), 진리를 믿지 아니했다(살후 2:12)고 진술한 바 있다. 바울은 이제 주님의 사랑을 받은 자들, 즉 하나님의 선택을 받은 자들이 구원을 얻기 위해 믿어야 할 진리를 언급하고 있다. 그러므로 여기서의 진리는 일차적으로 도덕적 특성을 가리키지 않는다. 이곳 본문에서 진리는 예수님과 관련된 복음의 진리를 가리킨다. 신앙의 대상인 진리는 나사렛 예수께서 인간의 모양으로 성육신하시고 우리를 대신해서 고난을 당하시고 십자가에서 죽으심으로 우리의 죄 문제를 해결하시고 사흘 만에 부활하셔서 지금은 하나님의 우편에 계신다는 복음의 내용이다(참조, 롬 1:2~4; 4:25; 빌 2:5~11). 예수님의 죽음과 부활은 초대교회 사도들의 복음 선포의 축약이었고(행 2:22~32; 3:15; 4:10) 바울 사도가 선포한 복음의 핵심이었다(행 17:3, 31). 바울은 여기서 하나님의 선택을 받아 구원 받게 될 사람은 성령의 거룩하게 하심과 진리를 믿는 과정을 통하여 일어난다는 것을 분명히 한다.

바울은 "이를 위하여"(살후 2:14)라는 표현을 사용하여 이전 절과 사상적 연결이 있음을 분명히 한다. "이를 위하여"는 이전 절의 어떤 한 부분을 가리킨다고 생각하기보다 하나님이 부르시고 모든 수단을 사용하여 성취하신 성도들의 구원의 전모를 가리킨다고 생각하는 것이 더 타당하다. 본문은 하나님의 구원 계획의 일관됨을 설명하고 있다.

---

82) George Benedict Winer, *A Grammar of the Idiom of the New Testament* (Andober: Warren F. Draper, 1869), pp. 184-187(section 30, 1).

성도들의 구원은 항상 복음 선포라는 수단을 사용하여 이루어진다. 복음이 선포되면 들음이 있고 들음의 과정에서 성령이 믿음을 주시며 하나님의 선물인 이 믿음으로 예수 그리스도를 구주로 받고 예수님의 죽음과 부활을 마음으로 믿고 입으로 시인하여 구원을 얻게 된다(롬 10:17; 엡 2:8; 롬 10:9~10). 이처럼 성도들의 구원은 복음 선포를 통해서만 가능하다. 여기에서 우리는 복음 선포의 당위성과 필요성과 긴급성을 찾을 수 있다. 그래서 바울은 "우리들의 복음으로" 너희를 불렀다고 데살로니가 교회 성도들에게 말하고 있다(참조, 살전 2:12; 4:7; 5:24; 살후 1:11). 하나님이 데살로니가 교회 성도들을 부른 것은 달콤한 말솜씨가 아니라 피와 땀으로 뒤범벅이 된 예수님의 십자가상의 죽음과 영광스런 부활을 통해 성취하신 구속의 복음, 생명의 복음, 화목의 복음을 통해서이다.

그런데 성도들을 복음으로 부르셔서 구원하신 것은 특별한 목적이 있어서이다. 그것은 성도들로 하여금 "우리 주 예수 그리스도의 영광"(살후 2:14)을 획득하게 하시기 위함이다. "영광을 얻게 하다"의 "얻게 하다"(εἰς περιποίησιν)는 "소유하다," "획득하다"라는 뜻이 있다. 같은 표현이 데살로니가전서 5:9에도 나타난다. 성도들의 구원은 현재의 삶에만 국한된 것이 아니다. 바울의 생각은 성도들의 미래의 영광을 향해 움직인다.[83] 성도들이 얻을 미래의 영광은 예수님의 재림 때에 나타날 것이다(마 16:27; 19:28; 24:30; 25:31; 막 8:38; 13:26; 눅 9:26; 21:27; 딛 2:13). 성도들은 이 약속된 영광을 얻기 위해 믿음으로 소망 중에 기다리는 것이다(롬 5:2; 8:17-18; 골 1:27; 살전 2:12). 스토트(Stott)는 "바울 사도의 마음에는 편협한 점이 전혀 없다. 그의 지평선은 과거의 영원에서 미래의 영원으로 둘러 싸여 있다. 과거의 영원에서 하나님은

---

83) Leon Morris, *The First and Second Epistles to the Thessalonians*, p. 239.

우리들을 구원하시기 위해 선택하셨다. 그런 후 하나님은 시간 안에서 우리들을 부르셔서 복음을 듣게 하시고, 진리를 믿게 하시고, 성령으로 거룩하게 하셔서 우리로 하여금 미래의 영원에서 그리스도의 영광에 동참하게 하신다. 단 한 문장에서 사도의 마음은 '시작'(처음)에서부터 '영광'까지 전망하고 있다"[84]라고 바로 해석한다. 예수님께서 아버지 하나님의 뜻을 이루시고 영광의 자리에 들어가셨기 때문에 예수님과 연합되어 구원 받은 성도들은 예수님 때문에 당연히 예수님의 영광에 참여하게 될 것이다(참조, 롬 8:17).

2:15 바울의 두 가지 권면

바울은 이제 이런 축복의 상태에 있는 성도들에게 두 가지 권면의 말씀을 전한다. 첫째, 바울은 데살로니가 교회 성도들을 향한 하나님의 계획이 변할 수 없고 하나님의 약속 성취가 확실하기 때문에 데살로니가 교회 성도들은 흔들림 없이 "굳게 서야"(살후 2:15; 참조, 빌 1:27) 한다고 권면한다. 그래서 바울은 데살로니가 교회 성도들이 "형제들"임을 데살로니가후서 2:13에서 밝히고 또 본 절(살후 2:15)에서도 다시 확인한다. "굳게 서는 것"은 데살로니가후서 2:2의 "쉬 동심하는 것"과 대조를 이룬다.[85] 바울은 데살로니가후서 2:2에서 "혹 영으로나 혹 말로나 혹 우리에게서 받았다 하는 편지로나 주의 날이 이르렀다고 쉬 동심하거나" 하지 말라는 부정적인 권면을 한 바 있다. 그 이유는 거짓 교사들이 거짓된 근거로 미혹하고 있기 때문이다. 그런데 바울은 데살로니가후서 2:15에서 "형제들아 굳게 서서 말로나 우리 편지로 가르침을 받은

---

84) John Stott, *The Gospel and the End of Time*, pp. 176-177.

85) "굳게 서서"(στήκετε)는 현재, 명령형으로 계속적으로 굳게 설 것을 권면한 반면, "쉬 동심하는 것"(σαλευθῆναι)은 부정과거 수동태로 쉬 동심하는 일을 단호히 그치라는 권면이다.

유전을 지키라"고 긍정적으로 권면한다. 데살로니가 교회 성도들은 어떤 자극이나 고난이나 새로운 것처럼 보이는 어떤 유혹에도 불구하고 굳게 서 있어야 한다. 둘째, 바울은 데살로니가 교회 성도들에게 말로나 편지로 가르침을 받은 대로 유전을 지키라고 권면한다. 바울은 데살로니가를 방문했을 때 그들을 가르쳤다. 바울이 가르친 내용은 복음의 핵심인 예수님의 죽음과 부활이요 예수님이 그리스도라는 진리이다(행 17:1~3). 바울은 데살로니가후서를 쓰기 전에 이미 데살로니가전서를 통해 예수님의 죽음과 부활과 재림에 관한 진리를 가르친 바 있다(참조, 살전 1:10; 4:13~18). 그래서 바울은 데살로니가 교회 성도들에게 "말로나 우리 편지로"(살후 2:15)라고 언급한다. 데살로니가 교회 성도들이 해야 할 것은 바울이 가르친 "유전"을 지키는 것이다. 여기서 "유전"은 성경에 기록되지 않은 것으로 교회가 만들어 전해 내려오는 어떤 규율을 가리키지 않고 바울과 일행이 가르친 진리인 하나님의 말씀을 가리킨다(참조, 살후 2:10, 12).[86] "유전"에는 두 가지 종류의 유전이 있다. 하나는 후대 교회가 만들어낸 것으로 그리스도의 복음과는 직접 관련이 없는 것이요, 다른 하나는 사도들이 그리스도로부터 받아 최초에 가르친 교리이다. 사도들이 가르친 유전을 세분하면 (1) 복음의 핵심을 선포한 유전(kerygmatic tradition, 참조, 고전 15:1~3), (2) 교회가 지키도록 전해 내려오는 유전(Church tradition, 참조, 고전 11:23-25), (3) 성도들의 바른 삶과 관련된 도덕적 유전(ethical tradition, 참조, 고전 7:10; 11:2; 살전 4:1)[87]

---

86) W. Popkes, παράδοσις, *Exegetical Dictionary of the New Testament*, vol. 3 (Grand Rapids: Eerdmans, 1993), p. 21; Lenski, *The Interpretation of St. Paul's Epistles to the Colossians, to the Thessalonians, to Timothy, to Titus and to Philemon*, p. 443; Calvin, *The Epistles of Paul to the Romans and Thessalonians*, p. 411.

87) James D. G. Dunn, *Unity and Diversity in the New Testament: An Inquiry into the Character of Earliest Christianity* (Philadelphia: The Westminster Press, 1977), pp. 66-69.

등으로 나눌 수 있다. 사도들의 유전은 기독교 신앙과 생활의 기초가 된다(엡 2:20). 바울은 그리스도로부터 받은 교훈(고전 15:1~3)을 데살로니가 교회 성도들에게 전했다. 바울이 데살로니가 교회 성도들에게 지키라고 권면한 "유전"은 자신이 다메섹 도상에서 부활하신 예수 그리스도로부터 받은 계시에 비추어 해석한 복음의 핵심이다.[88] 바울이 여기서 "유전"을 복수로 사용한 것은 유전의 여러 부분을 생각한 표현이다. 데살로니가 교회 성도들은 이 사도의 교훈과 교리를 굳게 지켜야 한다.

2:16~17 바울의 기도

> 우리 주 예수 그리스도와 우리를 사랑하시고 영원한 위로와 좋은 소망을 은혜로 주신 하나님 우리 아버지께서 너희 마음을 위로하시고 모든 선한 일과 말에 굳게 하시기를 원하노라(살후 2:16~17).

바울은 이제 엄숙하면서도 효과를 보장하는 마음의 소원을 밝힌다. 바울은 "우리 주 예수 그리스도"와 "우리 아버지 하나님"을 동등한 위치에 두어 예수 그리스도와 하나님이 본질과 목적에서 동일하시고 동등하다고 분명히 한다. 바울은 예수 그리스도와 하나님의 동일성을 강조하기 위해 주어가 복수임에도 불구하고 뒤따르는 수식 구절의 분사를 단수(ἀγαπήσας)로 사용하고 또한 뒤에 나오는 동사 "위로하시고"(παρακαλέσαι)와 "굳게 하시고"(στηρίξαι)도 단수로 사용한다. 그

---

88) Dunn, *Unity and Diversity in the New Testament*, pp. 66-67.

런데 본 절의 문장 구조에 관해 학자들 간에 견해가 나누인다. 데살로니가후서 2:16의 "우리를 사랑하시고 영원한 위로와 좋은 소망을 은혜로 주신"이라는 수식 구절이 "우리 아버지 하나님"에게만 해당되는 것인지, 아니면 "우리 하나님 아버지"와 "우리 주 예수 그리스도" 양쪽에 모두 해당되는 것인지에 대한 견해의 차이이다. 모리스(Morris)[89)]와 그린(Green)[90)]과 와나메이커(Wanamaker)[91)] 등은 "우리를 사랑하시고 영원한 위로와 좋은 소망을 은혜로 주신"이라는 표현이 "우리 하나님 아버지"에게만 적용된다고 해석하고 본 구절의 문법도 이 견해를 지지한다고 주장한다. 반면 대부분의 학자들은 "우리를 사랑하시고 영원한 위로와 좋은 소망을 은혜로 주신"이라는 수식 구절이 "우리 하나님 아버지"와 "우리 주 예수 그리스도"에게 함께 적용되는 것으로 해석한다. 칼빈은 "바울이 전적으로 신적인 사역을 그리스도에게 돌리고 최고의 축복의 저자로 아버지와 함께 그리스도를 지칭하므로 우리가 그리스도의 신성의 분명한 증거를 가진 것처럼, 우리는 우리가 그리스도 안에서 구하지 않으면 하나님으로부터 아무 것도 얻을 수 없다는 사실을 일깨움 받고 있다"[92)]라고 약간 불분명하지만 예수 그리스도와 하나님 아버지의 역할을 함께 설명하고 있다. 개역한글판의 구조도 "우리를 사랑하시고 영원한 위로와 좋은 소망을 은혜로 주신"이라는 수식 구절을 "우리 아버지 하나님"과만 연결시킨다.

그런데 "좋은 소망"은 현세의 축복뿐 아니라 그리스도의 구속에

---

89) Leon Morris, *The First and Second Epistles to the Thessalonians,* p. 242.

90) Gene Green, *The Letters to the Thessalonians,* pp. 330-331.

91) Charles Wanamaker, *Commentary on 1 and 2 Thessalonians,* pp. 270-271.

92) Calvin, *The Epistles of Paul to the Romans and Thessalonians,* p. 412.; James E. Frame, *A Critical and Exegetical Commentary on the Epistles of St. Paul to the Thessalonians* (Edinburgh: T & T Clark, 1912), p. 286.; F. F. Bruce, *1 and 2 Thessalonians(Word Biblical Commentary),* p. 196.; I. Howard Marshall, *1 and 2 Thessalonians* (Grand Rapids: Eerdmans, 1983), p. 211.

근거하여 내세를 보장해 주는 확실한 소망이다. 헨드릭센(Hendriksen)은 "바울이 말하고 있는 좋은 소망은 하나님의 약속과 그리스도의 구속적 사역에 잘 기초한 소망이요, 실망으로 결코 끝나지 않은 충만한 기쁨이요, 삼위일체 하나님 안에 그 목적을 가지고 있다"[93]라고 설명한다. 바울은 사랑이 풍성하시고 좋은 소망을 은혜로 주신 예수 그리스도와 하나님 아버지께서 데살로니가 교회 성도들에게 두 가지를 이루어 주시도록 소원 기도를 드린다(살후 2:16~17). 첫째는 예수 그리스도와 하나님 아버지께서 데살로니가 교회 성도들의 "마음을 위로하시기를" 소원한다. 데살로니가 교회 성도들은 예수님의 강림 문제로 흔들리고 고민하고 있었다. 바울은 여기서 그들의 마음을 면밀히 아시는 예수 그리스도와 하나님 아버지로부터 내적인 위로가 있기를 소원한다. 바울은 인간이 줄 수 있는 위로 이상의 위로를 말하고 있다. 둘째는 예수 그리스도와 하나님 아버지께서 모든 선한 일과 말에 데살로니가 교회 성도들을 굳게 하시기를 원한다. 바울은 성도들의 내적인 위로에만 관심을 기울인 것이 아니요, 성도들의 외적인 태도에도 관심을 보인다. 데살로니가 교회 성도들은 핍박과 고난 가운데서도 선한 일과 선한 말이 그들의 태도에서 드러나도록 살아야 한다.

여기서 데살로니가후서 3장으로 넘어가기 전에 한 가지 관찰된 것을 주목하기 원한다. 데살로니가전후서는 고난 가운데 있는 성도들을 격려하고 위로하기 위해 쓰였기 때문에 믿음, 소망, 사랑의 순서를 믿음, 사랑, 소망의 순서로 배열함으로써 소망을 강조한다. 데살로니가전서 1:3에서는 "믿음의 역사," "사랑의 수고," "소망의 인내"로 배열했고, 데살로니가전서 5:8에서도 믿음, 사랑, 소망의 순서가 그대로 유지되며, 데살로니가후서 1:3~4에서 바울 사도는 믿음, 사랑, 인내(소망)의

93) Hendriksen, *I and II Thessalonians*, p. 189.

순서로, 데살로니가후서 2:13~16에서는 믿음, 사랑, 소망의 순서로, 그리고 데살로니가후서 3:2~5에서는 믿음, 사랑, 인내(소망)의 순서를 그대로 유지한다. 믿음, 사랑, 소망의 순서에 대한 이런 관찰이 임의적인 것일 수는 있으나 고난 가운데 있는 성도들을 위로하고 격려하고자 하는 바울 사도의 마음의 한 구석을 엿보게 하는 대목이다.

제3장 주해

3:1-5 · 바울의 기도 요청

3:6-15 · 재림의 소망과 성도의 바른 삶

3:16-18 · 바울의 기도와 마지막 인사

3:1~5 바울의 기도 요청

> 종말로 형제들아 너희는 우리를 위하여 기도하기를 주의 말씀이 너희 가운데서와 같이 달음질하여 영광스럽게 되고 또한 우리를 무리하고 악한 사람들에게서 건지옵소서 하라 믿음은 모든 사람의 것이 아님이라 주는 미쁘사 너희를 굳게 하시고 악한 자에게서 지키시리라 너희에게 대하여는 우리의 명한 것을 너희가 행하고 또 행할 줄을 우리가 주 안에서 확신하노니 주께서 너희 마음을 인도하여 하나님의 사랑과 그리스도의 인내에 들어가게 하시기를 원하노라(살후 3:1~5).

이제 바울 사도는 예수님의 재림에 대한 잘못된 인식으로 혼란에 빠진 데살로니가 교회 성도들에게 꼭 필요한 교훈과 권면을 하고 편지를 마무리하기를 원한다. 그래서 바울은 "종말로"(살후 3:1)라는 표현을 쓴다. "종말로"(τὸ λοιπόν)라는 표현이 항상 마무리 지을 때 사용되는 것은 아니다(참조, 고전 1:16; 4:2; 7:29; 빌 3:1). 하지만 이 구절에서 "종말로"는 지금까지 중요한 문제들을 언급했는데 이제 편지의 말미에 한두 가지 문제를 더 언급하고 편지를 끝내기를 원하는 바울의 마음이 담겨 있다.

3:1~2 복음 전파를 위한 바울의 기도 요청

바울은 이 구절에서 기도의 부탁과 데살로니가 교회 성도들에 대한 확신을 밝힌다. 바울은 먼저 데살로니가 교회 형제들에게 자신과 일행을 위해 기도해 주기를 부탁한다. 바울은 기도의 효능을 믿는 기도의 사도였다. 그는 회심했을 때 기도했으며(행 9:11) 사도로 파송 받을 때 기도했고(행 13:3) 또한 중요한 일을 앞에 두고 항상 하나님께 기도했다(행 16:25; 20:36; 28:7~9).[1] 바울은 하나님의 기도 응답에 재미를 본 사도였다. 바울은 성도들의 기도가 하나님의 팔을 비틀어 없는 것을 강요하는 방법이 아니요, 하나님께서 성도들을 위해 계획하시고 뜻하신 것을 실현하는 통로 역할을 한다는 사실을 잘 알고 있었다. 그래서 바울은 항상 기도할 때 자신의 뜻을 강조하지 않고 하나님의 뜻을 강조하고 하나님께 의존했다. 스토트는 "기도는 하나님이 하시지 않겠다고 말씀하신 것을 하도록 유도하는 방법이 아니다. 기도는 하나님이 하시겠다고 약속하신 것을 하실 수 있도록 힘을 실어주는 하나님의 정하신 방법이요, 우리들이 그의 약속을 유업으로 받을 수 있도록 힘을 실어 주는 하나님의 정하신 방법이다. 하나님의 약속과 우리들의 기도는 분리되어서는 안 된다"[2]라고 설명한다.

바울은 데살로니가 교회 성도들에게 두 가지를 위해서 기도해 달라고 부탁한다(살후 3:1~2).[3] 그러나 두 가지의 기도 부탁은 "복음 전파"라는 한 가지 주제에 포함된다. 바울이 데살로니가 교회 성도들에게 기도 요청을 한 첫 번째 내용은 주님의 말씀 선포에 관한 것이다. 바울은 "너희는 우리를 위하여 기도하기를 주의 말씀이 너희 가운데서와 같이 달음질하여 영광스럽게 되고"(살후 3:1)라는 기도 부탁을 한다. 바울이 데살로니가 교회 성도들에게 기도 부탁을 한 "주의 말씀이 달음질하여"는 무슨 의미인가? 바울은 비유의 방법으로 자신의 뜻을 생생하게 전달한다. 여기서 주의 말씀을 달음질하는 것으로 묘사한 것은 주의 말씀을 달리는 자로 의인화하여 말씀이 신속히 전파되는 것을 뜻한다. 시편 147:15은 "그 명을 땅에 보내시니 그 말씀이 속히 달리는도다"[4]라고 기록한다. 시편의 말씀은 구약의 맥락에서 하나님의 명령이 신속히

---

1) 박형용, 『바울신학』 (수원: 합동신학대학원출판부, 2005), p. 298.
2) Stott, *The Gospel and the End of Time*, 179.
3) 본 구절의 구조는 바울의 기도 부탁과 함께 두 개의 히나(ἵνα)구절이 뒤 따른다.
4) 시편 147:15(LXX): "ὁ ἀποστέλλων τὸ λόγιον αὐτοῦ τῇ γῇ, ἕως τάχους δραμεῖται ὁ λόγος αὐτοῦ."

전달되는 것을 뜻한다. 그러나 바울은 예수 그리스도께서 그의 죽음과 부활을 통해 성취하신 구속의 복음, 화목의 복음, 생명의 복음이 땅 끝까지 속히 전파되기를 원하고 있다.

그러면 "주의 말씀이 너희 가운데서와 같이 달음질하여 영광스럽게 되고"라는 표현에서 주의 말씀이 영광스럽게 된다는 말은 무슨 뜻인가? 칼빈은 "영광스럽게 되는 것"을 복음 선포 이상을 뜻하는 것으로 생각하면서 그것은 "그의 복음 선포가 사람들을 하나님의 형상으로 개조하는 능력과 효과를 가지는 것을 뜻한다. 따라서 성도들에게 있어서 삶의 거룩함과 정직은 복음의 영광이다"[5]라고 해석한다. 바울의 기도 요청은 단순히 복음이 신속히 전파되는 것이 아니요, 복음 전파를 통해 복음이 영광스럽게 되고 궁극적으로는 하나님 자신이 영광을 받으시는 것을 포함한다. 이디(Eadie)는 모든 곳에서 유대인들과 이방인들이 복음을 기쁘게 수용하여 복음을 계시하신 구세주를 영접하고 구원에 이르는 신적인 능력을 맛보며 고상한 영향으로 영적인 균형을 갖춘 성격의 소유자로 빚어질 때 주님의 위대한 목적인 신적 메시지의 영광이 드러나게 된다고 설명한다.[6] 바울은 복음 선포와 복음 선포가 가져오는 영광을 함께 생각하며 기도 요청을 하고 있다.

그러면 "주의 말씀이 너희 가운데서와 같이 달음질하여 영광스럽게 되고"라는 표현에서 "너희 가운데서와 같이"의 뜻은 무엇인가? 바울은 이 말씀을 쓰면서 데살로니가전서 1:8을 기억했을 것이다. 데살로니가전서 1:8은 "주의 말씀이 너희에게로부터 마게도냐와 아가야에만 들릴 뿐 아니라 하나님을 향하는 너희 믿음의 소문이 각처에 퍼지므로 우리는 아무 말도 할 것이 없노라"고 기록한다. 바울이 데살로니가에 복음을 처음으로 전파했을 때 복음은 신속하게 퍼져나갔고 복음은 사람의

---

5) Calvin, *The Epistles of Paul to the Romans and Thessalonians,* p. 413.

6) Eadie, *Thessalonians,* p. 301.

말로가 아니라 하나님의 말씀으로 받아졌다(살전 2:13). 데살로니가 교회 성도들은 핍박 가운데서도 바울 사도의 칭찬을 받고 감사의 대상이 될 만큼 복음에 합당한 삶을 살았다. 그래서 바울은 데살로니가 교회 성도들을 가리켜 "주를 본받은 자"(살전 1:6)와 "모든 믿는 자의 본"(살전 1:7)이라는 표현을 사용하여 진심으로 칭찬하고 있다. 그래서 바울은 여기서 담대하게 "너희 가운데서와 같이"라는 표현을 사용한다.

바울의 기도 요청의 두 번째 내용은 "우리를 무리하고 악한 사람들에게서 건지옵소서 하라"(살후 3:2)이다. 이 말씀은 바울이 자신과 일행의 생명 보호를 위해 데살로니가 교회 성도들에게 기도 부탁을 하는 것처럼 보인다. 하지만 우리는 이 말씀을 복음 전파라는 넓은 맥락에서 보아야 한다. 박윤선 박사는 본 구절의 말씀을 해석하면서 "바울이 그 전도를 방해하는 유대인들에게서 해 받지 않기를 위하여 기도하라는 말씀이다(행 18:6, 12~17; 살전 2:14~16; 롬 15:31 비교). 이것도, 바울이 자기 육체의 생명 그것을 위한 부탁이 아니고, 복음 전하기를 위한 것뿐이다"[7]라고 설명한다. 바울은 자신의 안위보다는 복음 전파와 하나님의 영광을 우선 순위에 두었다(빌 1:15~26). 그러면 본문의 "무리하고 악한 사람들"(ἀτόπων καὶ πονηρῶν ἀνθρώπων)은 어떤 사람들을 가리키는가? 아토포스(ἄτοπος)는 신약에서 3회 사용되었고 바울 서신에서는 본 절에서만 사용되었다(눅 23:41; 행 28:6; 살후 3:2). 원래 아토포스는 "장소가 없는"(placeless), "바르지 않은 장소"(not in the right place) 등의 뜻을 가지고 있다. 개역한글판은 누가복음에서 아토포스를 "옳지 않다"라는 의미로 사용했고, 사도행전에서는 정상의 반대인 "이상"으로 사용했으며, 본 절에서는 "무리하고"로 사용했다. 브루스(Bruce)는 바울이 유대인이나 이방인을 막론하고 복음을 전파하는 사람들을 공격하므로 복음

7) 박윤선, 『바울서신 주석』, p. 446.

의 진보를 방해하는 자들을 가리켜 "무리하고 악한 사람들"이라고 말했다고 설명한다.[8] 브루스의 해석이 원칙적으로는 타당하지만(참조, 살전 2:14~16; 고후 11:26) 바울이 본문에서 생각하고 있는 "무리하고 악한 사람들"은 바울이 데살로니가를 방문했을 때 소란을 주도하고(행 17:1~9), 베뢰아로 피신하여 복음을 전파할 때 베뢰아까지 원정 와서 복음 전파를 방해한(행 17:10~15) 광적인 유대인들을 가리킨다고 생각하는 것이 더 타당하다.[9] 바울은 구속의 복음이 속히 전파될 수 있도록 복음의 반대자들로부터 보호함을 받을 수 있도록 기도 부탁을 한다.

이어서 바울은 마치 금언과 같은 말을 한다. "믿음은 모든 사람의 것이 아님이라"(살후 3:2). 이 구절의 뜻을 이해하려면 먼저 "믿음"(ἡ πίστις)이라는 말이 어떤 의미로 사용되었는지를 밝혀야 한다. "믿음"을 복음 선포에 대한 긍정적인 반응으로 이해하는 견해도 있고, "믿음"이 정관사와 함께 사용되었으므로 "믿음"은 "복음 자체"나 "기독교의 객관적 교리"로서 사람들이 믿어야 할 교훈으로 이해하는 견해도 있다. "믿음"이 정관사와 함께 사용되었을지라도 후자의 견해를 따라 "복음 자체"를 뜻하는 것으로 이해하는 데는 몇 가지 어려움이 뒤따른다. 첫째, 브루스는 이런 이른 시기에 복음 자체를 가리키는 뜻으로 "믿음"(ἡ πίστις)을 사용했을 가능성이 희박하다고 지적한다.[10] 데살로니가전후서가 바울 서신 가운데서 빠른 시기에 기록된 서신인 것을 생각하면 브루스의 지적이 설득력을 얻는다. 둘째, 바울이 데살로니가 교회 성도들에게 복음의 활발한 확산과 복음의 반대자들로부터의 보호를 기도한 다음 곧 이어서 "믿음은 모든 사람의 것이 아님이라"(살후 3:2)고

---

8) F. F. Bruce, *1 and 2 Thessalonians*(*WBC*), p. 198.

9) Calvin, *The Epistles of Paul to the Romans and Thessalonians*, p. 413.; Hendriksen, *I and II Thessalonians*, p. 195; Stott, *The Gospel and the End of Time*, 185; Eadie, *Thessalonians*, p. 304.

10) Bruce, *1 and 2 Thessalonians*(*WBC*), p. 198.

말한 사실은 "믿음"을 복음 자체로 보기보다는 신뢰의 의미, 즉 믿는 기능으로 이해하는 데 더 무게를 두게 한다. 셋째, 바울은 사람의 신실하지 않음(살후 3:2)과 주님의 신실하심(살후 3:3)을 대조시키고 있다. 주님은 신실하시다는 말과 대칭되는 표현이라면 앞에 사용된 "믿음"이 믿음 자체나 기독교의 객관적 교리를 뜻하기보다 사람의 신실성의 결여를 뜻한다고 생각할 수 있다. 그러므로 바울은 복음을 대적하는 자들이 믿음으로 하나님의 메시지를 수용하지 못한다는 뜻으로 "믿음은 모든 사람의 것이 아님이라"고 말한 것이다.

3:3~5 신실하신 주님의 기도 응답

바울은 이제 사람의 신실성 없음과는 대조적으로 주님의 신실성을 말한다. 바울은 "그러나"(δέ)를 사용하여 신실성 없는 사람과 신실하신 주님을 비교한다. 사람은 신실하지 않지만 주님은 신실하시다. 특별히 주님의 신실하심을 강조하기 위하여 바울은 삽입하지 않아도 뜻이 잘 통하는 문장에서 "이다"(ἐστιν)를 넣어 주님의 신실성을 강조하고 있다.[11] 주님은 자기 백성들에게 변함이 없고 진리에서 떠나시지 않는다. 주님은 자신의 약속을 잘 지키신다. 주님은 자신의 말씀을 바꾸시지 않는다. 그래서 주님은 믿을 만하고 신뢰의 대상이 되신다. 하나님이 신실하시고 주님이 신실하시다는 말은 하나님과 주님이 자신의 말씀을 지킬 수 있는 능력이 있음을 증거한다. 사람은 약속을 지키려고 노력할지라도 약속을 지킬 수 있는 능력이 없어서 결국 신실성을 상실하게 된다. 하지만 하나님과 주님은 자신의 능력으로 신실성을 지키신다.

바울은 이런 신실하신 주님이 데살로니가 교회 성도들을 위해 두

---

11) 바울은 "하나님이 신실하시다"를 표현할 때 일반적으로 ἐστιν을 넣지 않는다. 고전 1:9은 πιστὸς ὁ θεός로, 고전 10:13과 고후 1:18은 πιστὸς δὲ ὁ θεός로 ἐστιν 없이 사용한다.

가지 일을 하실 것을 확신한다. 첫째는 신실하신 주님이 그들을 굳게 하실 것이다(살후 3:3). "굳게 한다"는 뜻은 데살로니가 교회 성도들의 마음을 강하게 하고 확고하게 하여 어떤 고난과 핍박이 엄습해도 흔들리지 않고 자신의 본분을 지킬 것이라는 뜻이다(참조, 살후 2:17). 신실하신 주님이 데살로니가 교회 성도들을 강건하게 하심으로 어떤 유혹도 그들을 넘어뜨리지 못할 것이다. 둘째는 신실하신 주님이 그들을 악한 자에게서 지키실 것이다(살후 3:3). 본문의 "악한 자"(τοῦ πονηροῦ)는 남성으로도 가능하고 중성으로도 가능한 표현이다. "악한 자"를 남성으로 생각하면 "악한 자"는 인격적인 존재(a person)를 가리키고(참조, 마 13:19; 엡 6:16; 요일 3:12), 중성으로 생각하면 "악한 것"(evil)을 가리키는 것(참조, 롬 12:9; 살전 5:22)으로 생각해야 한다. 문법적으로 볼 때는 어느 쪽이든 큰 문제는 없다. 그런데 문맥에 비추어 볼 때 "악한 자"를 인격적인 존재로 생각하는 것이 더 적합하다. 왜냐하면 바울이 데살로니가후서 2장과 3장 서두에서 악한 자에 대해 말했기 때문이다(살후 2:3~12; 3:2). 칼빈은 "그 용어 '악'(evil)은 '악함'을 가리킬 수도 있고, 악한 사람들을 가리킬 수도 있다. 그러나 나는 그 용어를 모든 악함의 머리인 사단을 가리키는 것으로 해석하기를 더 좋아한다. 만약 주님이 모든 영적인 해악으로부터 우리를 보호하시지 않는다면, 사람들의 술책이나 억압으로부터 구함 받는 것은 별로 큰 의미가 없다"[12]라고 해석한다. 바울은 신실하신 주님이 데살로니가 교회 성도들을 악한 자와 그의 간계로부터 보호하실 것을 확신한다. 바울이 여기서 사용한 "지킨다"라는 용어는 죄수를 지키듯이 어떤 이를 감금된 상태로 지킨다(참조, 눅 8:29; 11:21; 행 12:4; 23:35; 28:16)는 뜻이 아니요, 목자가 양 떼를

12) Calvin, *The Epistles of Paul to the Romans and Thessalonians,* p. 415. Cf. Leon Morris, *The First and Second Epistles to the Thessalonians,* p. 247; Gene Green, *The Letters to the Thessalonians,* pp. 337.; Hendriksen, *I and II Thessalonians,* p. 195.

보살피고 보호한다(눅 2:8; 딤후 1:12; 벧후 2:5; 유 24)는 뜻이다. 바울은 여기서 성도들이 어떤 고난과 고통도 받지 않고 핍박도 받지 않을 것이라고 말하지 않는다. 바울은 성도들이 고난과 핍박을 받을지라도 신실하신 주님께서 성도들이 궁극적으로 넘어지지 않도록 보살필 것이라고 말한다. 이 말씀은 "너희 속에 착한 일을 시작하신 이가 그리스도 예수의 날까지 이루실 줄을 우리가 확신하노라"(빌 1:6)의 뜻과 맥을 같이 하며 따라서 종말론적인 사상을 함축한다.[13] 신실하신 주님은 성도들을 악한 자의 궤계로부터 매일매일 보호하시지만 궁극적으로 악한 자로부터 성도들을 보존하실 것이다.

바울은 이제 이런 소망이 주님 안에 있다고 확신한다. 바울은 데살로니가 교회 성도들이 사도들의 교훈을 행하고 있고 또 계속해서 행할 것을 확신하는데 그 확신이 "주 안에서"라고 말한다. 바울 서신에서 "주 안에"(ἐν κυρίῳ)는 예수 그리스도와 성도들의 연합을 설명할 때 자주 사용된다. 바울은 "너희가 영 안에 있다"(롬 8:9), "하나님의 영이 너희 안에 거한다"(롬 8:9, 11), "하나님의 성령 안에서 거룩함을 얻었다"(고전 6:11), "그리스도 안에서 거룩하게 되었다"(고전 1:2), "주님 안에서 기쁨을 가졌다"(빌 3:1; 4:4)와 같은 표현을 자연스럽게 사용한다. 바울은 "성령 안에"와 "주 안에"를 교대로 사용하면서 성도들이 구속 경험에서 그리스도와 밀접하게 연합되어 있다고 천명한다.[14] 데살로니가 교회 성도들은 사도의 교훈들을 계속해서 실천할 것이다. 바울은 성도들이

---

13) Hans-Georg Schuetz, "Guard(φυλάσσω)," *The New International Dictionary of New Testament Theology*, vol. 2 (Grand Rapids: Zondervan, 1977), p. 135.; Hendriksen, *I and II Thessalonians,* p. 196.

14) A. Deissmann(*The Religion of Jesus and the Faith of Paul*, New York: George H. Doran Co., 1926, p. 171)은 "그리스도 안에"와 그 병행 구절이 바울 서신 안에 164회 사용되었다고 주장한다. 바울 사도는 "주 안에"(ἐν κυρίῳ)와 "그리스도 안에"(ἐν χριστῷ)를 사용하여 신자들의 구속적 경험을 즐겨 표현했다. Cf. L. Smedes, *All Things Made New*(Grand Rapids: Eerdmans, 1970), p. 78.; 박형용, 『바울신학』(수원: 합동신학대학원출판부, 2005), pp. 153-156.

성실하게 실천할 것을 신뢰하고 있다.

바울은 데살로니가 교회 성도들을 신뢰하지만 주님의 도움이 없으면 성도들이 사도의 교훈들을 실천할 수 없을 것으로 생각한다. 그래서 바울은 "주께서 너희 마음을 인도하여 하나님의 사랑과 그리스도의 인내에 들어가게 하시기를 원하노라"(살후 3:5)고 소원한다. 바울이 소원하는 내용은 데살로니가 교회 성도들의 영적 본질의 중심인 그들의 마음이 "하나님의 사랑"과 "그리스도의 인내"로 인도되는 것이다. 그런데 본 구절을 자세히 관찰하면 "주께서"(ὁ κύριος)가 그리스도를 가리키지 않는 것처럼 보인다. 왜냐하면 "주"가 그리스도라면, 본문의 의미가 그리스도께서 성도들의 마음을 인도하여 그리스도(자신)의 인내에 들어가게 하시기를 원하는 것처럼 보여 약간 어색하기 때문이다. 마치 바울이 주와 그리스도가 서로 다른 존재인 것처럼 말하고 있는 듯 보인다. 하지만 비록 이런 어려움이 있을지라도, 본문의 "주"는 앞의 구절들이 지지해 주듯이(살후 3:1, 3, 4) 구주이신 예수 그리스도를 가리킨다. 바울은 여기서 하나님과 그리스도를 비교하면서 하나님이 보여주신 사랑과 그리스도가 보여주신 모본을 데살로니가 교회 성도들이 본받게 되기를 소원하고 있다.

그런데 본문의 "하나님의 사랑"과 "그리스도의 인내"라는 말이 무슨 의미인가를 찾는데 어려움이 뒤따른다. 그 이유는 "하나님의"와 "그리스도의"를 주격적 소유격으로 취급하느냐(우리를 향한 하나님의 사랑), 목적격적 소유격으로 취급하느냐(하나님에 대한 우리의 사랑)에 따라 그 뜻이 달라지기 때문이다. 박윤선 박사는 "하나님의"와 "그리스도의"를 목적격적 소유격으로 이해하여 "여기 '하나님의 사랑'이란 말은, 하나님께 대한 신자들의 사랑이고, '그리스도의 인내'란 말은 그리스도의 재림을 기다리는 그들의 인내를 의미한다"[15]라고 해석한다. 박윤선 박사는 데살로니가후서의 바울 저작권을 인정하면서 본문의 가능한 뜻을 제시하였다.

하지만 트릴링(Trilling)은 데살로니가후서의 바울 저작권을 부인하기 때문에 본문 이해에는 바울의 일반적인 사상과 관계가 없다고 주장한다. 그래서 그는 데살로니가후서의 저자가 데살로니가후서 2:16에서는 데살로니가 교회 성도들에 대한 하나님의 사랑을 언급했으므로 이제 이 구절(살후 3:5)에서 저자는 독자들이 하나님을 사랑하도록 인도되기를 소원하고 있다고 해석한다.16) 그러나 트릴링의 견해가 설득력을 얻으려면 저자가 "하나님의 사랑"(εἰς τὴν ἀγάπην τοῦ θεοῦ)이라는 표현 대신 부정사(infinitive)를 사용하여 "하나님을 사랑하도록"(τὸ ἀγαπᾶν τὸν θεόν 혹은 τὸ ἀγαπῆσαι αὐτόν)이라는 표현을 사용했어야 한다.

우리는 데살로니가후서의 바울 저작권을 인정한다. 그런데 본문의 뜻을 찾을 때 "하나님의"와 "그리스도의"를 목적격적 소유격으로 이해하여 하나님에 대한 성도들의 사랑으로 이해해도 큰 문제는 없다. 하지만 본문을 이해할 때 바울 사도의 일반적인 사상에 근거하여 본문의 소유격을 "주격적 소유격"으로 받는 것이 더 자연스럽고 타당한 해석이다. 그러므로 "하나님의 사랑"은 하나님이 자기 백성들에게 보여 주신 사랑이요(롬 5:5, 8; 8:39; 고후 13:13; 요일 4:7, 9), "그리스도의 인내"는 성도들이 따를 수 있도록 그의 삶과 십자가상에서 보여 주신 그리스도의 인내를 가리킨다(롬 15:4~5; 히 12:2~3).

그린(Green)은 바울이 이 구절에서 인간을 향한 하나님의 사랑을 말하고 있고, 성도들의 모델로서의 그리스도의 인내를 말하고 있다고 설명한 다음 "하나님이 행한 것처럼 행하라"(Act as God acts!)가 유대주

15) 박윤선, 『바울서신 주석』, p. 447.; Cf. Eadie, *Thessalonians*, p. 307.

16) Wolfgang Trilling, *Untersuchungen zum zweiten Thessalonischerbrief* (Leipzig: St. Benno, 1972), p. 139.

의와 기독교 도덕의 주요한 권면이라고 설명한다.[17] 성도들이 우리를 향한 하나님의 사랑을 더 깊이 이해하면 할수록 그 사랑을 본받아 하나님을 사랑하고 다른 사람들을 사랑하게 된다. 또한 성도들은 그리스도께서 보여주신 인내를 본받아 고난과 역경 가운데서도 참을 수 있어야 한다.[18] 하나님은 우리를 조건 없이 사랑하셨다(롬 5:8). 그리스도는 그를 핍박하고 십자가에 못 박는 사람들을 향해 끝까지 참으셨다(빌 2:8; 히 12:2~3). 바울은 주께서 데살로니가 교회 성도들을 감동시켜 하나님의 사랑과 그리스도의 인내를 본받는 삶을 살 수 있게 되기를 소원한다.

3:6~15 재림의 소망과 성도의 바른 삶

형제들아 우리 주 예수 그리스도의 이름으로 너희를 명하노니 규모 없이 행하고 우리에게 받은 유전대로 행하지 아니하는 모든 형제에게서 떠나라 어떻게 우리를 본받아야 할 것을 너희가 스스로 아나니 우리가 너희 가운데서 규모 없이 행하지 아니하며 누구에게서든지 양식을 값없이 먹지 않고 오직 수고하고 애써 주야로 일함은 너희 아무에게도 누를 끼치지 아니하려 함이니 우리에게 권리가 없는 것이 아니요 오직 스스로 너희에게 본을 주어 우리를 본받게 하려 함이니라 우리가 너희와 함께 있을 때에도 너희에게 명하기를 누구든지 일하기 싫어하거든 먹지도 말게 하라 하였더니 우리가 들은즉 너희 가운데 규모 없이 행하여 도무지 일하지

---

17) Gene Green, *The Letters to the Thessalonians,* p. 340; Cf. Hendriksen, *I and II Thessalonians,* pp. 197, 198: "Both 'of God' and 'of Christ' are to be considered subjective genitives. Not 'their love for God' but 'God's love for them' is what is meant." "The meaning is this: just like Christ ran the race with endurance of stedfastness-enduring the cross, despising shame-, so we(in this case, the Thessalonians) in the midst of our afflictions should follow the same course." See also, Charles Wanamaker, *Commentary on 1 and 2 Thessalonians,* pp. 278-279.

18) Bruce, *1 and 2 Thessalonians(WBC)*, p. 202.

> 아니하고 일만 만드는 자들이 있다 하니 이런 자들에게 우리가 명하고 주 예수 그리스도 안에서 권하기를 종용히 일하여 자기 양식을 먹으라 하노라 형제들아 너희는 선을 행하다가 낙심치 말라 누가 이 편지에 한 우리 말을 순종치 아니하거든 그 사람을 지목하여 사귀지 말고 저로 하여금 부끄럽게 하라 그러나 원수와 같이 생각지 말고 형제같이 권하라(살후 3:6~15).

바울은 이제 예수님의 재림에 대한 오해로 말미암아 성도의 삶에 적합한 삶을 살지 못하고 있는 사람들의 잘못을 구체적으로 지적하고 교정하도록 권면한다.

3:6~12 규모 없이 행하는 자들에 대한 명령

바울은 본 문맥에서 "명한다"(παραγγέλλομεν)라는 동사를 반복적으로 사용하여 사건의 중요성을 부각시킨다(살후 3:4, 6, 10, 12). 바울은 "우리 주 예수 그리스도의 이름으로" 명한다고 말함으로 이 명령이 사람으로부터 온 것이 아니요, 예수 그리스도로부터 온 것임을 확실히 한다. 따라서 이 명령은 권위 있는 명령이므로 받는 사람들이 경외심을 가지고 수용해야 한다.[19]

데살로니가 교회 내에 다수의 성도들과 문제를 일으킨 소수의 사람들이 있었다. 바울은 문제된 인물들을 "규모 없이 행하여 도무지 일하지 아니하고 일만 만드는 자들"(살후 3:11; 참조, 살후 3:6)로 규정한다. 그러면 "규모 없이 행한다"(ἀτάκτως περιπατοῦντος)는 말은 무슨 뜻인가? "규모없다"라는 용어는 동사, 형용사, 부사의 형태로 신약성경에서 오직 데살로니가전서와 후서에서만 발견된다(살전 5:14; 살후 3:6, 7, 11). 우리는 이미 데살로니가전서 5:14에서 "규모 없는 자들"(τοὺς ἀτάκτους)이란 말은 바 책임을 감당하지 않고 게으름 피는 자들을

---

19) Calvin, *The Epistles of Paul to the Romans and Thessalonians*, p. 417.

가리키는 것으로 해석했다. 데살로니가후서 3:6~15의 맥락에서 "규모 없이"는 "양식을 값없이 먹지 않고 오직 수고하고 애써 주야로 일"(살후 3:8)해야 한다는 사상과 연계되어 사용되었고, "도무지 일하지 아니하고 일만 만드는 자들"(살후 3:11)인 그들에게 바울은 "종용히 일하여 자기 양식을 먹으라"(살후 3:12)고 권하고 있다. 이렇게 볼 때 "규모 없이 행한다"는 뜻은 일차적으로 자신의 책임을 성실히 이행하지 아니하고 나태하므로 교회 공동체에 부담을 주는 일을 하는 것으로 생각된다.[20]

그런데 바울은 이런 규모 없는 자들이 "우리에게 받은 유전대로 행하지 아니했다"(살후 3:6)고 말한다. 여기서 바울이 데살로니가 교회에 전했다는 유전은 그가 데살로니가 도시를 처음 방문했을 때 말로 전한 것일 뿐 아니라 데살로니가전서를 통해 글로 이미 전한 사도의 교훈을 가리킨다(살후 3:10; 살전 4:11~12). 데살로니가 교회 성도들이 바울 사도로부터 받은 유전은 믿음의 공동체 안에서도 자신의 일을 성실하게 하므로 다른 사람에게 부담이 되지 아니하고 오히려 유익하게 되어야 한다는 것이었다(참조, 살후 3:7~11). 칼빈은 사도적 유전이 "일하는 것을 거부하는 사람에게는 음식을 주지 말라"는 교훈이었다고 해석한다. "규모 없이 행하는 자들"은 예수님의 재림의 임박함을 근거로 자신들이 해야 할 일들을 하지 아니하고 그리스도의 제자로서의 책임을 외면했다.[21]

바울 사도는 교회 공동체 내의 순종 잘하는 다수 성도들에게 사도적

---

20) Gerhard Delling(ἄτακτος, *Theological Dictionary of the New Testament*, vol. VIII. Grand Rapids: Eerdmans, 1972, p. 48)은 본 절의 ἄτακτος 의 뜻이 일차적으로 "게으름"(laziness or sloth)을 가리키기보다 "일에 대한 의무에 대해 책임감 없는 태도"("an irresponsible attitude to the obligation to work")를 가리킨다고 해석한다. 하지만 이 두 의미에는 약간의 차이는 있지만 근본적인 큰 차이가 있는 것 같지 않다.

21) James Moffatt, *The First and Second Epistles to the Thessalonians: The Expositor's Greek Testament*, p. 52.

유전을 지키지 아니하는 소수를 어떻게 취급할 것인지를 권면한다(살후 3:6). 바울은 여기서 사도의 교훈을 따르지 아니하고 교회 공동체에 부담만 주는 사람들에 대한 권징을 말하고 있다. 바울은 권징 받은 대상을 "형제"라고 부름으로 그들이 복음의 대적이거나 교회의 적이 아님을 분명히 한다(살후 3:6). 그리고 권징의 방법은, 규모 없이 행하는 자들이 교회 공동체 안의 친밀한 교제에 들어오지 못하게 함으로 잘못을 깨닫고 회개할 수 있도록 해야 한다는 것이다. "권징은, 범한 죄를 회개케 함을 목적하는 것이고, 범죄자를 끊어 버리려고 하는 것이 아니다. 그러므로 권징도 일종의 사랑이다."[22] 그린(Green)은 "분리의 책망은 그들로 하여금 부끄러움의 원인이 되게 하며(살후 3:14), 회개의 소망과 함께 시행되었다. 이 권징은 그 중심에서 구속적이요, 사람을 파괴하기 위해 고안된 것이 아니었다(살후 3:15)"[23]라고 해석한다.

바울은 데살로니가 교회 다수의 순종하는 성도들에게 사도의 교훈을 실천하지 않는 소수의 규모 없이 행하는 자들로부터 "떠나라"(στέλλεσθαι ὑμᾶς)고 권면함으로 교회 공동체의 깊은 교제가 이 세상에서의 삶에 얼마나 중요한지를 암시하고 있다. 여기서 "너희들"(ὑμᾶς)은 부정사 "떠나라"의 의미상 주어이며, "떠나라"는 "멀리하라," "피하라"는 뜻이다. 이 말씀은 권징의 대상으로부터 거리를 두고 교제함으로 그들로 하여금 깨닫게 하고 회개하여 다시 정상적인 교회 공동체의 교제 안으로 들어오도록 기회를 주자는 것이지 원수처럼 대하라는 것은 아니다. 그래서 바울은 "누가 이 편지에 한 우리 말을 순종치 아니하거든 그 사람을 지목하여 사귀지 말고 저로 하여금 부끄럽게 하라 그러나 원수와 같이 생각지 말고 형제같이 권하라"(살후 3:14~15)고 권면하고 있다.

---

22) 박윤선, 『바울서신』, p. 450.
23) Gene Green, *The Letters to the Thessalonians*, p. 345.

이제 바울은 자신을 포함한 선교사 일행이 데살로니가 교회 성도들에게 친히 보여준 본을 명령의 근거로 제시한다. 바울은 데살로니가 교회 성도들이 바울 자신과 그 일행이 규모 없이 행하지 아니하고 열심히 일한 사실을 스스로 안다고 말한다. 바울은 여러 곳에서 데살로니가 교회 성도들이 알고 있다는 표현을 사용한다(살전 1:5; 2:1, 2, 5, 9, 11; 3:3, 4; 5:2; 살후 2:5; 6; 3:7). 바울은 생활을 유지하기 위해 일하는 본을 바울과 선교사 일행이 보여 주었으므로 데살로니가 교회 성도들은 그 본을 반드시(δεῖ μιμεῖσθαι) 본받아야 한다. 사람들은 귀로 듣는 것보다는 눈으로 보는 것을 더 신뢰한다. 바울 사도 일행은 무질서한 태도로 생활하지 않았다. 바울은 양식을 값없이 먹지 않았다(살후 3:8). 바울은 수고하고 애써 밤과 낮으로 일했다(살후 3:8). 바울 사도의 삶은 그가 가르친 교훈과 일치하는 삶이었다. 바울은 빌립보 교회의 도움(빌 4:15~16)과 자신의 노력으로 생계를 이어 나가면서 복음을 전했다. 바울이 이처럼 열심히 일해서 생계를 꾸려나가면서 복음을 전한 것은 "아무에게도 누를 끼치지 아니하려 함이었다"(살후 3:8). 바울은 항상 복음의 진보를 위해 자신을 희생하는 사도였다(빌 1:15~18; 20~24).

바울이 여기까지만 말하고 멈출 경우 오해를 불러일으킬 수 있다. 그것은 데살로니가 교회 성도들이 복음을 위한 모든 사역자들은 스스로 생계를 책임지면서 복음을 전파해야 한다고 생각할 수 있기 때문이다. 그래서 바울은 이어서 "우리에게 권리가 없는 것이 아니요 오직 스스로 너희에게 본을 주어 우리를 본받게 하려 함이니라"(살후 3:9)고 말하고 있다. 칼빈은 데살로니가 교회 성도들이 경제적 부담 없이 복음을 받았기 때문에 그것을 미래의 모든 복음 사역자에게 규칙으로 적용할 수 있는 위험이 있다고 지적하고 그래서 바울은 본 구절에서 "우리에게 권리가 없는 것이 아니요"라고 말했다고 해석한다.[24] "우리가 권리를 가졌다"(ἔχομεν ἐξουσίαν)라는 표현은 법적 권한을 가진 사실을 문서에

표시할 때 사용하는 표현이다.[25] 고린도전서 9:1~18의 논리는 복음 사역자들이 생활을 위해 교회로부터 경제적 지원을 받을 수 있다는 것이다. 바울은 이런 권리를 행사할 수 있음을 알고 있으면서도 복음 선포에 유익이 된다고 생각하여 이 권리를 포기하고 생계를 위해 열심히 일한 것이다. 바울은 그렇게 함으로 데살로니가 교회 성도들에게 일의 신성함을 본으로 보이기를 원했다(살후 3:9).

그래서 바울은 데살로니가 교회 성도들과 함께 있을 때 "누구든지 일하기 싫어하거든 먹지도 말게 하라"(살후 3:10)고 가르치고 명령했고 데살로니가전서에서도 일에 관해 가르쳤을 뿐 아니라(살전 4:11~12) 또 다시 데살로니가후서에서 이 명령을 상기시키고 있다(살후 3:7~11).

"누구든지 일하기 싫어하거든 먹지도 말게 하라"는 명령은 그 근거를 구약에서 찾을 수 있다. 하나님은 아담과 하와를 창조하시고 에덴 동산에 두시고 거기서 일하게 하셨다(창 2:15). 하나님은 인간이 타락한 후에 수고와 노동을 통해 살아가게 될 것이라고 말씀하셨다(창 3:17~19). 구약은 인간이 일을 통해 생계를 유지하게 될 것을 반복해서 가르친다(시 128:2; 잠 10:4; 12:11, 24; 19:15; 21:5).

흥미 있는 사실은 열두 사도의 교훈(The Didache)이 기독교인을 빙자하여 놀고먹어서는 안 된다고 가르치는 점이다. 열두 사도의 교훈은 여행자가 찾아와서 함께 머물기를 원하면 삼일 동안 머물 수 있도록 허락하고 더 머물기를 원하면 일하고 먹게 하라고 말한다. 열두 사도의 교훈은 계속해서 "아무도 기독교인임을 빙자하여 너희 가운데서 게으르게 살지 못하도록 하라"(Didache, 12. 4)고 명령한다.[26] 바울 사도도

---

24) Calvin, *The Epistles of Paul to the Romans and Thessalonians,* p. 418.

25) Werner Foerster, ἐξουσία, *TDNT*, vol. II, pp. 560-575.

26) 박형용, 『신약정경론』(수원: 합동신학대학원출판부, 2002), p. 139 참조. 필자의 신약정경론 부록 I로 첨가된 "열두 사도의 교훈"(The Didache)의 헬라어 원본과 번역의 참고를 원하면 pp. 114-147을 보라.

같은 교훈을 계속해서 가르쳤다(참조, 엡 4:28; 살전 4:11~12). 바울이 여기서 "누구든지"(τις)를 사용함으로 규모 없이 행하는 사람들이 데살로니가 교회 성도들 중에 일부라고 지적한다. 바울은 성도들 중에 일부가 일을 해서 정당하게 생계를 유지하라는 사도적 교훈을 따르지 아니한 자들에 대해 교회 공동체가 도와주지 말고 "먹지도 말게 하라"고 강한 어조로 권면하고 있다(살후 3:10).

바울은 이제 어떤 동기로 지금까지 규모 없는 자들에 대해 말했는지를 밝힌다. 바울은 데살로니가 교회 성도들 중 어떤 이들이 규모 없이 행하고 일은 하지 않으면서 일만 만들고 있다는 소식을 들었다(살후 3:11). 바울은 "일하지 아니하고 일만 만드는 자들이 있다"는 표현을 언어 유희(play on words)를 통해 효과를 극대화시킨다. "일하지 아니하고"(μηδὲν ἐργαζομένους)라는 표현은 "일만 만드는 자들"(περιεργαζομένους)과 대칭을 이룬다. 규모 없는 자들은 당연히 해야 할 자신의 일은 하지 아니하고 이리저리 다니면서 예수님의 재림에 대한 허황된 이야기로 다른 사람의 일까지도 방해하고 다니는 사람들이다.[27] 바울은 이런 사람들에 대해 강한 어조와 권위 있는 태도로 교정을 명령한다. 여기서 바울이 "주 예수 그리스도 안에서"를 사용한 것은 이 명령이 주님의 명령과 같은 것임을 암시한다.

바울은 이제 해야 할 일은 하지 아니하고 다른 사람의 일까지 방해하는 소수의 규모 없는 성도들에게 엄숙한 명령을 하고(살후 3:12), 사도의 도덕적 전통을 존중하는 다수의 성도들에게 소수의 규모 없는 자들을 어떻게 다루어야 할지를 명령한다(살후 3:13~15). 먼저 바울은 규모 없이 행동하는 자들에게 "종용히 일하여 자기 양식을 먹으라"(살후 3:12)고 가장 강한 어조로 명령한다. 본문의 "주 예수 그리스도 안에서"

---

27) Hendriksen, *I and II Thessalonians*, p. 203.

라는 표현과 "명하고" "권면한다"는 표현을 함께 사용한 점은 바울이 이 명령을 얼마나 엄숙하게 선언하고 있는지를 보여준다. 바울은 이미 데살로니가 교회 성도들에게 도덕적 교훈을 가르칠 때 "명령한다"(살전 4:11; 살후 3:4, 6, 10)와 "권면한다"(살전 4:1, 10; 5:14)를 사용한 바 있다. 그런데 본 구절(살후 3:12)에서 두 용어를 함께 사용한 것은 이 명령에 권위를 부여하고 반드시 순종해야 한다는 뜻이 들어있다. 규모 없는 자들이 순종해야 할 바는 열심히 일해서 생계를 이어 나가고 다른 사람을 방해하지 말고 조용한 생활을 해야 한다는 것이다. 성도들은 자신의 손으로 일을 해서(살전 4:11) 그들이 얻은 수확으로 "자기 양식을 먹어야 한다."

3:13~15 믿음의 공동체와 정상적인 권징

바울은 이제 사도의 교훈을 잘 지키는 다수의 성도들에게 "형제들아 너희는 선을 행하다가 낙심치 말라"(살후 3:13)는 마치 격언과 같은 말을 한다. "선을 행하다가"(καλοποιοῦντες)라는 표현은 신약성경 가운데서 단 한 번 사용된 용어로 이 구절에서만 사용되었다. 그 뜻은 일상생활의 모든 부분과 관련하여 선을 행하는 것으로 이해할 수 있지만, 여기서는 특히 규모 없는 자들을 정상적인 교회의 교제권 안으로 들어 올 수 있도록 하는 일이다.[28] "선을 행하다가 낙심치 말라"는 것은 우리의 도움을 필요로 하는 사람들을 돕는 데 지루하게 생각하거나 지쳐서는 안 된다는 것이다. 칼빈은 "그의(바울) 진술은 연약한 자들(가난한 자들)의 배은망덕, 성가시게 하는 일, 교만, 건방짐, 다른 가치 없는 행동이 우리를 괴롭히거나 혹은 우리를 실망시키고 메스껍게 할지라도, 그래도 우리는 선을 행하려는 열망을 결코 버려서는 안 된다"[29]라고

---

28) Leon Morris, *The First and Second Epistles to the Thessalonians*, p. 257.
29) Calvin, *The Epistles of Paul to the Romans and Thessalonians*, p. 420.

해석한다. 바울은 이미 범사에 좋은 것을 취하는 것이 하나님의 뜻이라고 밝혔다(살전 5:21). 그러므로 성도들은 어려움이 있을지라도 선을 행하면서 낙심하지 말고 계속해서 노력해야 한다.

바울은 계속해서 사도의 유전을 지키지 않고 말썽만 피우는 사람들로부터 일정한 거리를 유지하라고 권면한다(살후 3:14). 바울은 여기서도 "누가"(τις)를 사용하여 사도의 교훈을 순종하지 않는 사람들이 소수임을 암시한다(참조, 살후 3:10). 다수인 믿음의 공동체는 불순종하는 소수를 교정하기 위해 권징을 시행하여야 한다. 바울은 믿음의 공동체가 불순종하는 사람을 "지목하여" 그를 교제권 밖에 두라고 말한다. "지목하여"(σημειοῦσθε)는 신약에서 이곳에만 사용된 용어로 공동체에 속해 있는 모든 사람이 사도의 교훈을 불순종하는 사람이 누구인지를 알 수 있도록 해야 한다는 뜻이다.[30] 교회 공동체는 그들의 의견에 동의하거나 그들의 행동을 인정하는 그런 친밀한 교제 관계에 있어서는 안 된다.[31] 바울이 한 명령의 목적은 이들을 부끄럽게 하여 자신들의 잘못을 깨닫게 함으로 다시 교회 공동체의 교제권 안으로 들어오게 하는 것이다.

그런데 칼빈은 데살로니가후서 3:14을 해석하면서 바울이 교회 공동체에게 불순종하는 사람들을 출교하도록 명하고 있다고 해석한다.[32] 하지만 칼빈의 해석은 데살로니가후서 3:6에서 규모 없는 자들을 "형제"라고 부른 사실이나, 데살로니가후서 3:15에서 "원수와 같이 생각지 말고 형제 같이 권하라"고 권면한 사실로 볼 때 설득력이 약하다.

---

30) Karl H. Rengstorf, "σημειόω," *TDNT*, vol. VII, p. 266.

31) Hendriksen, *I and II Thessalonians*, pp. 205-206.

32) Calvin, *The Epistles of Paul to the Romans and Thessalonians*, p. 421.: "Paul is referring, I am quite sure, to excommunication.…… By this we are taught that we must employ the discipline of excommunication against all unyielding individuals who will not otherwise allow themselves to be brought to order."

본 구절(살후 3:14)의 "사귀지 말고"는 고린도전서 5:9, 11에서 음행하는 자들과 사귀지 말라는 뜻으로 사용되었는데 본 구절의 "사귀지 말고"는 그 맥락으로 보아 고린도전서의 요청보다는 더 약한 것으로 이해된다.[33] 원수는 더 이상 교제의 대상이 될 수 없지만 형제는 아직도 믿음의 공동체 안에 속한 사람이다. 바울은 권징의 대상이 되는 사람들이 사도의 교훈을 실천하지 않고 교회 공동체에 부담이 되는 사람들이지만 그들의 복지와 그들의 태도의 변화를 통한 회복에 큰 관심을 가지고 있다. 그래서 바울은 교회 공동체에게 그들을 "형제 같이 권하라"(살후 3:15)고 말한다. 교회에 속한 성도들은 동료 성도의 죄는 미워하되 동료 성도가 잘못을 뉘우치고 회복될 수 있도록 끝까지 인내하며 기다려야한다.

3:16~18 바울의 기도와 마지막 인사

> 평강의 주께서 친히 때마다 일마다 너희에게 평강을 주시기를 원하노라 주는 너희 모든 사람과 함께 하실찌어다 나 바울은 친필로 문안하노니 이는 편지마다 표적이기로 이렇게 쓰노라 우리 주 예수 그리스도의 은혜가 너희 무리에게 있을지어다(살후 3:16~18).

바울 사도는 평강의 축복으로 편지를 끝내려 한다. 바울은 데살로니가전서 5:23에서는 "평강의 하나님"께 데살로니가 교회 성도들을 거룩하게 해달라는 기원을 드렸는데(참조, 롬 15:33; 16:20; 빌 4:9), 데살로니가

33) F. F. Bruce, *1 and 2 Thessalonians*(*WBC*), p. 210.

후서 3:16에서는 "평강의 주"께 평강 주시기를 기원한다. 예수 그리스도는 평강의 주님이시다. 예수님은 공생애 기간 중 "평안을 너희에게 끼치노니 곧 나의 평안을 너희에게 주노라. 내가 너희에게 주는 것은 세상이 주는 것 같지 아니하니라 너희는 마음에 근심도 말고 두려워하지도 말라"(요 14:27)고 제자들에게 평강을 약속하셨다.

성도들이 누리는 평강은 객관적인 평강과 주관적인 평강이 있다. 객관적인 평강은 그리스도 안에서 구속 받음으로 하나님과 화목의 관계에 들어가는 것이다(참조, 고후 5:18~21). 이 평강은 궁극적으로 하나님의 진노에서 자유 함을 얻는 것이다. 주관적인 평강은 객관적인 평강을 근거로 성도들이 매일매일 삶의 모든 상황 가운데서 평화로운 마음을 갖는 것이다. 객관적인 평강과 주관적인 평강은 서로 뗄 수 없는 관계에 있다.[34)]

바울 사도는 규모 없이 행동하는 자들로 인해 데살로니가 교회가 평강을 누리지 못하고 있음을 기억했을 것이다. 교회 내에 혼란을 일으키는 자들이 사도의 유전을 지켜 열심히 일해서 자신의 생계를 유지하고 예수님의 재림에 관한 잘못된 사상으로 다른 성도들을 혼란스럽게 하지 않고 교회 전체가 한 마음을 가질 때 교회와 개인은 진정한 평강을 누릴 수 있다. 한 개인의 평강은 그 개인이 속한 공동체의 평강과 직결되어 있다. 공동체가 분란에 빠지면 그 공동체에 속한 개인도 평강을 누릴 수 없다. 바울은 진정으로 평강의 주님이신 예수 그리스도가 "친히 때마다 일마다 평강을 주시기를 원한다"(살후 3:16). 어떤 어려움이 앞을 가로 막을지라도 평강의 주님이 함께 하시면 평강을 누릴 수 있다. 그래서 바울은 "주는 너희 모든 사람과 함께 하실찌어다" 라고 기원한다. 바울은 그의 기원 속에 "규모 없는 자들"까지 포함시켜

34) Hendriksen, *I and II Thessalonians*, pp. 207-208.

"너희 모든 사람"(살후 3:16)이라고 표현한다. 그 이유는 그들도 구속함을 받은 성도들이기 때문이다.

바울이 편지의 말미에 "나 바울은 친필로 문안하노니"(살후 3:17)라고 쓴 것은 당시의 편지 쓰는 관습에 따른 것이다. 이런 편지 형식이 바울의 다른 편지에도 나타난다(고전 16:21; 골 4:18; 몬 1:19; 참조, 갈 6:11). 로마서 16:22에서는 대필자가 더디오라는 사실도 밝힌다. 고대에는 편지 쓸 때 대필자를 자주 활용했다. 바울이 대필자를 사용하여 편지를 쓴 다음 편지 끝에 "친필로 문안하노니"라고 쓴 목적은 그 편지가 자신의 것임을 확증하고 또한 개인적인 친밀함을 나타내기 위함이었다.[35] 바울이 처음 친히 쓴 편지 원본(The autograph)에는 이 대목에 와서 필체가 달랐을 것이다. 그래서 바울은 "이는 편지마다 표적이기로 이렇게 쓰노라"(살후 3:17)고 하여 데살로니가후서가 자신의 편지임을 확인한다.

이제 바울은 데살로니가전서에서와 같은 말로 편지를 끝맺는다. 바울은 "우리 주 예수 그리스도의 은혜가 너희 무리에게 있을찌어다"(살후 3:18)라는 말로 편지를 마친다. 그런데 데살로니가전서는 "너희에게"라는 말로 마지막 인사를 하지만 데살로니가후서는 "너희 무리에게" 혹은 "너희 모두에게"라는 표현을 쓴다. 바울은 "모두에게"를 첨가함으로 지금까지 권징의 대상으로 삼았던 규모 없이 행하는 소수의 성도들까지도 자신의 마지막 인사에 포함시키고자 하는 넉넉한 마음을 보였다. 사도의 교훈을 순종하는 다수의 성도들뿐 아니라 사도의 유전대로 살지 못하고 오히려 교회 공동체에 누를 끼치며 살았던 사람들도 매일매일 주 예수 그리스도의 은혜가 필요하다. 바울은 예수 그리스도께서

---

35) Leon Morris, *The First and Second Epistles to the Thessalonians,* p. 261; F.F. Bruce, *1 and 2 Thessalonians*(*WBC*), p. 216; Stott, *The Gospel and the End of Time,* 198.

조건 없이 베푸시는 호의가 데살로니가 교회 성도들 모두에게 있기를 기원한다.

참고문헌

Annen, F. "θαυμάζω," *Exegetical Dictionary of the New Testament.* Vol. 2. Grand Rapids: Eerdmans, 1991. pp. 134-135.

Arndt, W. F. and Gingrich, F. W. *A Greek-English Lexicon of the New Testament.* Chicago: The University of Chicago Press, 1957.

Augustine (Saint). *The City of God,* trans. Marcus Dods. New York: The Modern Library, 1950(xx, 20).

Aus, Roger D. "The Liturgical Background of the Necessity and Propriety of Giving Thanks according to 2 Thes. 1:3," *Journal of Biblical Literature,* 92(1973), pp. 432-438.

Bailey, John A. "Who wrote II Thessalonians?" *New Testament Studies* 25(1978-79), pp. 131-145.

Balz, H. "ἅγιος," *Exegetical Dictionary of the New Testament* (*EDNT*), Vol. 1. Grand Rapids: Eerdmans, 1990, pp. 16-20.

Bauder, W. "Fall, Fall Away, ἀποστασία," *The New International Dictionary of New Testament Theology.* Vol. 1. Grand Rapids: Zondervan, 1975, pp. 606-608.

Baumgarten, J. "ἀγαθός," *Exegetical Dictionary of the New Testament.* Vol. 1. Grand Rapids: Eerdmans, 1990, pp. 5-7.

Behm, J. "νουθετέω," *Theological Dictionary of the New Testament* (*TDNT*), Vol. IV. Grand Rapids: Eerdmans, 1973, pp. 1019-1022.

Bengel, John A. *Bengel's New Testament Commentary.* Vol. 2. Grand Rapids: Kregel Publications, 1981.

Berkhof, Louis. *Manual of Christian Doctrine.* Grand Rapids: Eerdmans, 1973.

Best, Ernest. *A Commentary on the First and Second Epistles to the Thessalonians. BNTC,* London: Black, 1977.

Böcher, Otto. "πλανάω," *Exegetical Dictionary of the New Testament,* Vol.3. Grand Rapids: Eerdmans, 1993, pp. 98-100.

Bornkamm, Günther. *Paul.* New York, Hagerstown, Francisco, London: Harper & Row, 1971.

Bray, Gerald. *Biblical Interpretation: Past and Present.* Downers Grove: IVP, 1996.

Broadus, John A. *Matthew: An American Commentary on the New Testament*, ed. by Alvah Hovey. Valley Forge: Judson Press, 1886.

Brown, David. *Christ's Second Coming: Will it be Premillennial?* Grand Rapids: Baker, 1983.

Bruce, F.F. *1 and 2 Thessalonians. Word Biblical Commentary.* Vol. 45. Waco: Word Books, Publisher, 1982.

Calvin, John. *The Epistles of Paul to the Romans and Thessalonians*, Trans. R. Mackenzie. Grand Rapids: Eerdmans, 1973.

________. *Institutes of the Christian Religion.* Vol. I, trans. Ford Lewis Battles. Philadelphia: The Westminster Press, 1967.

Carson, D. A., Douglas J. Moo and Leon Morris. *An Introduction to the New Testament.* Grand Rapids: Apollos, 1992.

Cousins, Peter E. "1 Thessalonians," *New International Bible Commentary.* General Editor, F. F. Bruce. Zondervan Publishing House, 1979.

Cousins, Peter E. "2 Thessalonians," *New International Bible Commentary.* General Editor, F. F. Bruce. Zondervan Publishing House, 1979.

Cox, William E. *Why I Left Scofieldism.* McLean, VA: P/C Publishing Company, n.d.

Cullmann, Oscar. *Christ and Time*, rev. ed. London: SCM, 1962.

Davies, W.D. *Paul and Rabbinic Judaism.* New York and Evanston: Harper and Row, 1948.

Deissmann, A. *The Religion of Jesus and the Faith of Paul.* New York: George H. Doran Co., 1926.

Delitzsch, Franz. *Biblical Commentary on the Prophecies of Isaiah.* Vol. II, Trans. James Martin. Grand Rapids: Eerdmans, 1969.

Delling, Gerhard. "ἄτακτος," *Theological Dictionary of the New Testament.* Vol. VIII. Grand Rapids: Eerdmans, 1972, pp. 47-48.

Denney, James. *The Epistles to the Thessalonians. Expositor's Bible.* Hodder and Stoughton, 1902.

Donfried, Karl P. "The Epistolary and Rhetorical Context of 1 Thessalonians 2:1-12," *The Thessalonians Debate*, eds. Karl P. Donfried and Johannes Beutler(Grand Rapids: Eerdmans, 2000), pp. 31-60.

Donfried, Karl P. "The Theology of 1 Thessalonians," *The Theology of the Shorter Pauline Letters*, General Editor: James D. G. Dunn. Cambridge: Cambridge University Press, 1993.

Donfried, Karl P. "The Theology of 2 Thessalonians," *The Theology of the Shorter Pauline Letters*, General Editor: James D. G. Dunn. Cambridge: Cambridge University Press, 1993.

Dunn, James D. G. *Unity and Diversity in the New Testament: An Inquiry into the Character of Earliest Christianity*. London: SCM, 1977.

Eadie, John. *Commentary on The Greek Text of the Epistles of Paul to the Thessalonians*. Grand Rapids: Baker, 1979.

Edwards, David L. and John Stott. *Essentials*. London: Hodder & Stoughton, 1988, pp. 313-320.

Elwell, W.A. "Election and Predestination," *Dictionary of Paul and His Letters*. Downers Grove: Inter Varsity Press, 1993, pp. 225-229.

Foerster, Werner. "ἐξουσία," *Theological Dictionary of the New Testament*. Vol. II(Grand Rapids: Eerdmans, 1971), pp. 560-575.

Frame, James E. *A Critical and Exegetical Commentary on the Epistles St. Paul to the Thessalonians. ICC.*, Edinburgh: Clark, 1912.

France, R. T. *Matthew* (*Tyndale New Testament Commentaries*). Grand Rapids: Eerdmans, 1990.

Frankemölle, H. "ἀντί," *Exegetical Dictionary of the New Testament*. Vol. 1. Grand Rapids: Eerdmans, 1990, pp. 108-109.

Fudge, Edward William. *The Fire That Consumes*. Houston: Providential Press, 1982.

Giblin, Charles H. *The Threat to Faith: An Exegetical and Theological Re-examination of 2 Thessalonians 2*. Rome: Pontifical Biblical

Institute, 1967.

Goldingay, John E. Daniel. *Word Biblical Commentary.* Vol. 30. Dallas: Word Books, 1989.

Green, Gene L. *The Letters to the Thessalonians: The Pillar New Testament Commentary.* Grand Rapids: Eermans, 2002.

Grudem, Wayne. *Systematic Theology.* Grand Rapids: Zondervan, 1994.

Grundmann, Walter. "ἀπεκδέχομαι," *Theological Dictionary of the New Testament.* Vol. Ⅱ. Grand Rapids: Eerdmans, 1971, p. 56.

Hauck, F. "κόπος, κοπιάω," *Theological Dictionary of the New Testament.* Vol. Ⅲ. Grand Rapids: Eerdmans, 1972, pp.827-830.

Hendriksen, William. *Exposition of I and II Thessalonians. NTC,* Grand Rapids: Baker, 1974.

________. *Exposition of Paul's Epistle to the Romans* (New Testament Commentary), Grand Rapids: Baker, 1980.

Hillyer, Norman. "σαλεύω," *The New International Dictionary of New Testament Theology.* Vol. 3. Grand Rapids: Zondervan, 1979, pp. 558-560.

Holtz, Traugott. "ἀποκάλυψις," *Exegetical Dictionary of the New Testament.* Vol. 1. Grand Rapids: Eerdmans, 1990, pp. 130-132.

Hughes, Philip E. *A Commentary on the Epistle to the Hebrews.* Grand Rapids: Eerdmans, 1977.

Hughes, P. E. *The True Image.* Grand Rapids: Eerdmans, 1989.

Jeremias, J. *The Prayers of Jesus., SBT,* 2nd Series, 6. London, 1967.

Josephus, Flavius. *The Works of Flavius Josephus.* Vol. III. IV, Trans. by William Whiston, Grand Rapids: Baker, 1974.

Keil, C. F. *Biblical Commentary on the Book of Daniel.* Grand Rapids: Eerdmans, 1971.

Kemmler, Dieter Werner. "Faith and Human Reason: A Study of Paul's Method of Preaching as Illustrated by 1-2 Thessalonians and Acts 17,2-4," *Novum Testamentum Supplements* 40. Leiden: Brill, 1975.

Kremer, J. "ἀνάστασις," *Exegetical Dictionary of the New Testament.*

Vol. 1. Grand Rapids: Eerdmans, 1990, pp. 88-92.

Kretzer, A. "παραλαμβάνω," *Exegetical Dictionary of the New Testament.* Vol. 3. Grand Rapids: Eerdmans, 1993.

Ladd, G. E. *A Theology of the New Testament.* Grand Rapids: Eerdmans, 1974.

Lake, K. *The Earlier Epistles of St. Paul.* London: Rivingtons, 1914.

Lang, F. "σβέννυμι," *Theological Dictionary of the New Testament.* Vol. VII. Grand Rapids: Eerdmans, 1971, pp. 165-168.

Laubach, F. "ἐπιστρέφω," *The New International Dictionary of New Testament Theology.* Vol. I. Grand Rapids: Zondervan, 1975, pp. 354-355.

Lenski, R.C.H. *The Interpretation of St. Paul's Epistles to the Colossians, to the Thessalonians, to Timothy, to Titus and to Philemon.* Minneapolis: Augsburg Publ. House, 1964.

Lewis, C. S. *The Problem of Pain.* London, New York: MacMillan Publishing Company, 1962.

Lightfoot, J. B. *Notes on Epistles of St. Paul.* London: Macmillan, 1895.

________. *St. Paul's Epistles to the Colossians and Philemon,* 7th ed. London: Macmillan, 1884.

Louw, Johannes P. and Eugene A. Nida(editors). *Greek-English Lexicon of the New Testament based on Semantic Domains.* New York: United Bible Societies, 1988.

Mahoney, R. "εὐδοκία," *Exegetical Dictionary of the New Testament.* Vol. 2. Grand Rapids: Eerdmans, 1991, pp. 75-76.

Marshall, I. Howard. *1 and 2 Thessalonians. NCBC,* London: Marshall, Morgan, and Scott, 1983.

Metzger, Bruce M. *A Textual Commentary on the Greek New Testament.* London, New York: United Bible Societies, 1971.

Moffatt, James. *The First and Second Epistles to the Thessalonians. The Expositor's Greek Testament,* Grand Rapids: Eerdmans, 1980.

Morris, Leon. *The First and Second Epistles to the Thessalonians.*

NICNT, Grand Rapids: Eerdmans, 1970.

________. *1 and 2 Thessalonians: Word Biblical Themes*. Dallas, London, Sydney, Singapore: Word Publishing, 1989.

Moule, C.F.D. *The Origin of Christology*. London: Cambridge University Press, 1978.

Murphy-O'Connor, Jerome. *Paul: A Critical Life*. Oxford: Oxford University Press, 1997.

Murray, John. *The Epistle to the Romans* (*NICNT*). Grand Rapids: Eerdmans, 1968.

________. *Redemption Accomplished and Applied*. Grand Rapids: Eerdmans, 1968.

Nützel, J. M. "γρηγορέω," *Exegetical Dictionary of The New Testament*. Vol. 1. Grand Rapids: Eerdmans, 1990, pp. 264-265.

Petzke, G. "δέχομαι," *Exegetical Dictionary of the New Testament*. Vol. 1. Grand Rapids: Eerdmans, 1990.

Pfammatter, J. "οἰκοδομέω," *Exegetical Dictionary of the New Testament*. Vol. 2. Grand Rapids: Eerdmans, 1991, PP. 495-498.

Pinnock. Clark. "The Destruction of the Finally Impenitent," *Criswell Theological Review* 4 (Spring, 1990), pp. 243-259.

Popkes, W. "παράδοσις," *Exegetical Dictionary of the New Testament*. Vol. 3. Grand Rapids: Eerdmans, 1993, p. 21.

Procksch, Otto. "ἁγιασμός," *Theological Dictionary of the New Testament*. Vol. 1. Grand Rapids: Eerdmans, 1972), pp. 113-115.

Plummer, Alfred. *A Commentary on St. Paul's Epistles to the Thessalonians*. Robert Scott, 1918.

Ramsay, W. *St. Paul the Traveller and the Roman Citizen*. Hodder and Stoughton, 1895.

Reicke, Bo. "προΐστημι," *Theological Dictionary of the New Testament* (*TDNT*). Vol. VI. Grand Rapids: Eerdmans, 1971, pp. 700-703.

Rengstorf, Karl H. "σημειόω," *Theological Dictionary of the New Testament*. Vol. VII, pp. 265-266.

Rigaux, Béda. *Saint Paul: Les Épitres aux Thessaloniciens*. ÉBib; Paris:

Gabalda, 1956.

Salmond, S.D.F. *The Epistle to the Ephesians: Expositor's Greek Testament.* Vol. Ⅲ. Grand Rapids: Eerdmans, 1980.

Schippers, R. "θλῖσις(Persecution)," *The New International Dictionary of New Testament Theology.* Vol. 2. Grand Rapids: Zondervan, 1977, pp. 807-809.

Schmitz, Otto. "παρακαλέω, παράκλησις," *Theological Dictionary of the New Testament.* Vol. V. Grand Rapids: Eerdmans, 1973, pp. 793-799.

Schneider, J. "κολακία(κολακεύω)," *Theological Dictionary of the New Testament* (*TDNT*). Vol. III. Grand Rapids: Eerdmans, 1972, pp. 817-818.

Schuetz, Hans-Georg. "Guard(φυλάσσω)," *The New International Dictionary of New Testament Theology.* Vol. 2 (Grand Rapids: Zondervan, 1977), pp. 134-135.

Smedes, L. *All Things Made New.* Grand Rapids: Eerdmans, 1970.

Smith, J.B. *Greek-English Concordance to the New Testament.* Scottale: Herald Press, 1974.

Stevens, William Arnold. "Commentary on the Epistles to the Thessalonians," *An American Commentary on the New Testament.* Vol. V, ed. Alvah Hovey. Valley Forge: The Judson Press, 1887.

Stott, John. *The Gospel and the End of Time: The Message of 1 and 2 Thessalonians.* Downers Grove : Inter Varsity Press, 1991.

Tertullian. *Apology.* ch. 39.

Thiselton, A.C. "Truth," *The New International Dictionary of New Testament Theology.* Vol. 3. Grand Rapids: Zondervan, 1979, pp. 874-901.

Thomas, J. "παρακαλέω, παράκλησις," *Exegetical Dictionary of The New Testament* (*EDNT*). Vol. 3. Grand Rapids: Eerdmans, 1993, pp. 23-27.

Trilling, Wolfgang. *Untersuchungen zum zweiten Thessalonischer-brief.* Leipzig: St. Benno, 1972.

Turner, Nigel. *A Grammar of New Testament Greek* (by James Hope Moulton). Vol. Ⅲ: Syntax. Edinburgh: Clark, 1963.

Vincent, Marvin R. *Word Studies in the New Testament.* Vol. Ⅱ. Grand Rapids: Eerdmans, 1975.

________. *Word Studies in the New Testament.* Vol. IV. Grand Rapids: Eerdmans, 1975.

Vos, Geerhardus. *The Pauline Eschatology.* Grand Rapids: Eerdmans, 1966.

Wanamaker, Charles A. *Commentary on 1 and 2 Thessalonians. NIGTC.* Grand Rapids: Eerdmans, 1990.

Westcott, B. F. *A General Survey of the History of the Canon of the New Testament.* London: MacMillan and Co., 1870.

Wiles, Gordon P. *Paul's Intercessory Prayers: The Significance of the Intercessory Prayer Passage in the Letters of Paul.* Cambridge: Cambridge University Press, 1974.

Wilson, Geoffrey B. *Romans: A Digest of Reformed Comment.* London: The Banner of Truth Trust, 1969.

Winer, George Benedict. *A Grammar of the Idiom of the New Testament.* Andober: Warren F. Draper, 1869. pp. 184-187(section 30. 1).

Young, Edward J. *The Prophecy of Daniel.* Grand Rapids: Eerdmans, 1970.

________. *The Book of Isaiah* (*NICOT*). Vol. Ⅲ. Grand Rapids: Eerdmans, 1972.

Zerwick, Maximilian. *Biblical Greek.* Roma: Editrice Pontificio Istituto Biblico, 1985.

박윤선. 『바울서신 주석』. 서울: 영음사, 1964.

박형용. 『바울신학』. 수원: 합동신학대학원출판부, 2005.

________. 『사도행전 주해』. 수원: 합동신학대학원출판부, 2003.

________. 『산상보훈 40강』. 서울: 성광문화사, 1984.

________. 『성경해석의 원리』. 수원: 합동신학대학원출판부, 2007.

________. 『에베소서 주해』. 수원: 합동신학대학원출판부, 2006.

________. 『신약정경론』. 수원: 합동신학대학원출판부, 2002.

________. 『신약 30주제』. 서울: 도서출판 하나, 1996.

________. 『히브리서』. 서울: 도서출판 횃불, 2003.

벨드캄프, 헤르만. 『데살로니가전서 강해』. 이일호 옮김. 서울: 개혁주의 신행협회, 1988.

이기문(감수). 『동아 새 국어사전』. 서울: 동아출판, 1997.

조병수. 『데살로니가전서』. 수원: 합동신학대학원출판부, 1998.

찾아보기_인명·주제·성구

찾아보기_인명

찾아보기_주제

찾아보기_성구